Romance Mediúmnico

REDENCIÓN

Psicografiada por
ZILDA GAMA

Por el Espíritu
VÍCTOR HUGO

Traducción al Español:
J.Thomas Saldias, MSc.
Trujillo, Perú, Febrero 2024

Título Original en Portugués:
"Redenção"
© Zilda Gama, 1917

World Spiritist Institute
Houston, Texas, USA
E– mail: contact@worldspiritistinstitute.org

De la Médium

Proveniente de una de las familias más ilustres de Brasil, Zilda Gama nació el 11 de marzo de 1878 en el municipio de Juiz de Fora, MG. Dotada de una cuidada cultura, desde joven colaboró con textos publicados en periódicos de Minas Gerais, São Paulo y Río de Janeiro. En 1912 ya era seguidora de la Doctrina Espírita, "aunque no de manera ostensible", como ella misma declaró.

Todavía en 1912, Zilda Gama psicografió, con inmensa emoción, el primer mensaje firmado por Allan Kardec, en Espírito Santo, quien, durante los siguientes quince años, asumió la dirección de sus labores espirituales.

Hacia el año 1916 comenzó a psicografiar su primera novela, a través de espíritu Víctor Hugo, con el título *Entre la sombra y la Luz*, seguida de otras.

Zilda Gama fue, en Brasil, la primera médium en obtener abundante literatura espírita del mundo espiritual, habiendo causado sensación con la aparición de sus obras mediúmnicas, tanto en el mundo espírita como entre los lectores no profesionales.

El 10 de enero de 1969, a la edad de 90 años, regresó a su patria espiritual, de la que era un estándar de honor y honestidad, legándonos un ejemplo inolvidable de abnegación en la labor de difusión de la Doctrina Espírita

Del Autor Espiritual

El autor espiritual, cuando encarnó, fue un brillante poeta y un novelista exquisito. Nacido en Francia el 26 de febrero de 1802, con el nombre de Víctor Marie Hugo, pasando a ser más conocido como Víctor Hugo. Fue miembro de la famosa Academia Francesa y reconocido autor de *Los Miserables*, entre otros.

Se convirtió al Espiritismo después de observar las experiencias de las mesas giratorias con la médium Delphine de Girardin, cuando pudo comprobar la inmortalidad del alma a través de varias comunicaciones mediúmnicas, incluso con su hija Leopoldina.

Víctor Hugo falleció el 22 de mayo de 1885. En el mundo espiritual, según información que leemos en el capítulo 3 de la obra *Revelando lo Invisible*, de Yvonne A. Pereira, fue elegido por mentores espirituales para coordinar, después del año 2000, una falange brillante con el compromiso de moralizar y sublimar las Artes.

A través de la mediumnidad psicográfica de Zilda Gama envió las siguientes obras editadas por la FEB: *Entre la sombra y la Luz, Del Calvario al Infinito, Redención, Dolor Supremo y Almas Crucificadas*, y también *Proscritos en la Redención y Expiación Sublime*, a través del médium Divaldo Pereira Franco.

Del Traductor

Jesus Thomas Saldias, MSc., nació en Trujillo, Perú.

Desde los años 80's conoció la doctrina espírita gracias a su estadía en Brasil donde tuvo oportunidad de interactuar a través de médiums con el Dr. Napoleón Rodriguez Laureano, quien se convirtió en su mentor y guía espiritual.

Posteriormente se mudó al Estado de Texas, en los Estados Unidos y se graduó en la carrera de Zootecnia en la Universidad de Texas A&M. Obtuvo también su Maestría en Ciencias de Fauna Silvestre siguiendo sus estudios de Doctorado en la misma universidad.

Terminada su carrera académica, estableció la empresa *Global Specialized Consultants LLC* a través de la cual promovió el Uso Sostenible de Recursos Naturales a través de Latino América y luego fue partícipe de la formación del **World Spiritist Institute**, registrado en el Estado de Texas como una ONG sin fines de lucro con la finalidad de promover la divulgación de la doctrina espírita.

Actualmente se encuentra trabajando desde Peru en la traducción de libros de varios médiums y espíritus del portugués al español, habiendo traducido más de 300 títulos así como conduciendo el programa "La Hora de los Espíritus."

Índice

LIBRO I..8

DESEOS Y VISIONES...8

    CAPÍTULO I..9

    CAPÍTULO II...18

    CAPÍTULO III..26

    CAPÍTULO IV..34

    CAPÍTULO V..38

    CAPÍTULO VI..42

    CAPÍTULO VII...47

    CAPÍTULO IX..57

    CAPÍTULO X..67

    CAPÍTULO XI..73

LIBRO II...80

CORAZONES ROTOS..80

    CAPÍTULO I...81

    CAPÍTULO II...85

    CAPÍTULO III..95

    CAPÍTULO IV..103

    CAPÍTULO V..111

    CAPÍTULO VI..120

    CAPÍTULO VII...129

LIBRO III..138

LA DIVINA THEMIS...138

    CAPÍTULO I...139

    CAPÍTULO II 147

    CAPÍTULO III 152

    CAPÍTULO IV 156

    CAPÍTULO VI 169

    CAPÍTULO VII 174

LIBRO IV 178

DE LAS SOMBRAS DEL PASADO 178

    CAPÍTULO I...179

    CAPÍTULO II 184

    CAPÍTULO III..193

    CAPÍTULO V 203

LIBRO V 211

EN EL CAMINO DE LA CRUZ..211

    CAPÍTULO I...212

    CAPÍTULO II 221

    CAPÍTULO V 251

    CAPÍTULO VI..258

    CAPÍTULO VII..263

    CAPÍTULO VIII 269

    CAPÍTULO X 281

    CAPÍTULO XI 286

    CAPÍTULO XIII...298

    CAPÍTULO XIV 304

LIBRO I

DESEOS Y VISIONES

CAPÍTULO I

No puedo dejar de querer, durante unas horas, captar su atención, querido lector, con el relato de una trágica odisea que tuvo lugar a principios del siglo XIX, en el departamento de Normandía occidental.

Existió un castillo feudal, construido por los galos, que poblaron esa región – en la margen derecha del sinuoso afluente del Sena, que fluía hacia atrás formando un semicírculo. A veces, durante las lluvias torrenciales, las aguas crecidas de ambos le daban el aspecto de un lago extenso y profundo, con salida al Canal, que no está muy lejos.

En este castillo vivía una pareja de noble cuna, los condes d'Argemont, descendientes de bretones, con su hija Eloísa, muchacha de belleza peregrina, que, en la época a que me refiero, había completado diecisiete manantiales de azúcar.

Los padres, austeros y virtuosos, educados en una época en la que el orgullo, el despotismo y la vanidad eran prerrogativa de los blasones, no se dejaron abrumar por prejuicios reprobables.

La única hija que el Señor les había concedido como don celestial, recluida en un instituto religioso de Rouen, desde muy joven desconocía por completo las festividades mundanas, pues hasta esa edad aun no las había presenciado. Admitida a las oraciones, a los retiros espirituales y a todos los preceptos católicos, sin descuidar ninguno de ellos, pero sin excesos devocionales, se vio a veces inmersa en una tormenta de dudas íntimas, surgidas de objeciones antagónicas a las enseñanzas que le impartían los clérigos.

Perceptiva, inteligente, sumisa, era adorada por sus preceptores y por el rector del internado, el señor de Bruzier, un sacerdote serio y muy comprometido con sus deberes espirituales. Una percepción sorprendente y lúcida de cosas trascendentales flotaba en su mente, haciéndola meditativa y aprensiva ante el futuro.

Un día, siendo adolescente, sintiéndose algo febril, la excusaron de los servicios matutinos, ya fueran escolares o espirituales.

Estaba en el jardín de la vieja escuela, seguida por una de sus institutrices. Una amargura visible e intensa, un secreto presagio de desgracia, apareció en su hermosa frente.

Sabiendo que estaba enferma, el señor de Bruzier fue a su encuentro.

Había una estrecha afinidad espiritual entre los dos, a pesar de la diferencia de edad – algo así como entre el anochecer y el amanecer, el final y el florecimiento de un día. Él, sesenta años, quebrantado por el rigor de los inviernos terrenales y por el bronce de los dogmas de la religión de la que se había modelado como pastor; ella estaba en medio de una nueva existencia; sin embargo, se amaban profundamente.

El señor de Bruzier, después de discutir con ella sobre su salud, se sentó a su izquierda y, sonriendo, preguntó:

– ¿En qué estás pensando así, Eloísa?

Miró el vasto parque en pleno florecimiento de verano, con arbustos adornados de flores, un ambiente de suaves aromas, y habló melancólicamente.

– ¿Por qué, querido maestro, rodeado de esta hermosa Naturaleza, viviendo con maestros y condiscípulos temblorosos, querido por padres sin velo, cuando todo parece contribuir a mi felicidad, siempre me siento angustiada y presagio un futuro de tormento?

– Es que las almas angelicales, hija mía, cuando aterrizan en la Tierra, a veces por momentos, como golondrinas celestiales en lo alto de un campanario, sienten nostalgia del paraíso y no están acostumbradas a las tinieblas y los inviernos de este planeta…

–¿Qué dices, maestro? ¿Entonces me consideras un espíritu angelical? ¿Y si te dijera que me considero un alma delincuente y, por eso, siempre me ves aprensiva, ya que me preocupan mucho las sentencias irremisibles?

– Es que eres humilde y piadosa, Eloísa, a pesar de la situación distinguida de tus dignos padres. Sin embargo, no te lances a asuntos inapropiados para tu edad y solo compatibles con aquellos que, como yo, ya se acercan a la tumba…

La bella adolescente permaneció en silencio por un momento, contemplando la grava que plateaba los senderos del jardín. Era visible el esfuerzo que hacía por controlar el estallido de pensamientos que vulcanizaban su cerebro.

De repente, sus mejillas se tornaron moradas por la emoción desenfrenada y su mirada deslumbrante fijada en el sacerdote, habló con extraña elocuencia:

– Perdóneme si le causo algún disgusto, pero no debo ocultarle a mi querido confesor lo que sucede dentro de mí…

Me es imposible sufrir más estas preguntas que me atormentan desde hace mucho tiempo: ¿Qué le espera al pecador cuando deje este mundo? ¿Sufrimiento eterno? ¿Cómo interpretar la justicia divina que condena perpetuamente a los criminales?

¿No desmienten los castigos irremisibles la misericordia del Creador?

¿Cómo, siendo el Padre Creador amabilísimo, no se compadece de los réprobos encerrados en las mazmorras infernales, y permanece impasible ante los rugidos del dolor, ante los gemidos de quienes le han pedido perdón durante milenios...? ¿Qué digo? ¡Durante la eternidad inconmensurable...!

– Están cumpliendo condenas severas pero justas, Eloísa – respondió sorprendido el sacerdote.

¿No son transgresores de las Leyes sagradas y humanas? ¿Se solidarizaron con el sufrimiento de nuestros vecinos?

– Pero, si el criminal es despiadado, Dios es la misericordia suprema y no se deben juzgar los sentimientos de una persona por los de otra.

Aquí, en un mundo de oscuridad en el que todo es falible e imperfecto, la sentencia dictada por un magistrado humano puede ser apelada ante un tribunal superior, en algunos países; en otros, apelan a la magnanimidad de un monarca. Puede haber esperanza que la pena sea conmutada por otra más benigna, que tenga un límite, después del cual se restituya la libertad al acusado... Además, en la jurisdicción suprema, presidida por el más justo e indulgente de los jueces, las sentencias no se pueden apelar, son interminables e inflexibles...

– ¿Olvidas, Eloísa – dijo el señor de Bruzier, emocionándose –, que existen cadenas perpetuas para quienes cometen crímenes atroces?

– Pero esos acabaron con la vida de la galera. No hay condena que supere la existencia humana. La muerte da libertad al acusado. No hay vida perpetua en la Tierra. Son raros los que cumplen condenas de más de medio siglo.

Pero consideremos lo que sufre uno de esos desafortunados durante el tiempo que pasa en prisión: segregado de la sociedad que lo teme a él y a las personas que más ama; alimentarse escasamente; a veces cubiertos de harapos; sin luz, sin piedad, sin palabra de consuelo; temblando de frío o asfixiado en una mazmorra infectada; indignado, asombrado... ¿Será que, después de tanta tortura física y moral, aun le espera el infierno, el calabozo eterno?

Los magistrados son crueles cuando dictan sentencias que solo concluyen al final de una existencia convulsa que llega a la decrepitud avanzada, pues el dolor redime todo delito. ¡A veces basta una década, un año, un mes, una hora de martirio, de remordimiento, de lágrimas, para que un crimen cometido quizás en un momento de locura, de inconsciencia o de odio incontenible sea reparado! El hombre peca porque es ignorante e impuro, sujeto a pasiones violentas. Dios es perfección suprema, bondad infinita. ¿Cómo no simpatizar con los criminales miserables cuando, arrepentidos, contritos y torturados, le suplican clemencia? ¿Por qué permanece inexorable ante los gritos de dolor eterno de los condenados por los siglos de los siglos, porque Él mismo puede redimirlos y perdonarlos? ¿Por qué desafían sus sublimes decretos?

Porque no los conocen, innumerables veces...

– Si no hubiera severidad y represión, el crimen proliferaría con mayor intensidad en este mundo, donde los malos superan a los buenos...

– No me refiero al castigo merecido, sino a su duración ilimitada, querido maestro.

Después de unos momentos de reflexión, sin haber recibido explicaciones convincentes por parte del canoso sacerdote, le hizo una pregunta nueva y diferente.

– ¿Quién ofende al Creador? ¿Es el cuerpo o el alma?

– El alma, hija. ¿Por qué me preguntas? ¿Tienes alguna objeción?

– Sí. Porque, en mi opinión, supongo que nuestro espíritu puede planear un crimen monstruoso, pero, sin la acción material de las armas, nunca lo ejecutará... Pienso, por tanto, que el alma es la responsable de la iniquidad concibe, pero el cuerpo es cómplice y por eso es castigado mediante deformidades o enfermedades extremadamente dolorosas. Ella es un motor; en él está el hecho.

El espíritu es señor; el cuerpo, esclavo. Este obedece a aquel. ¿Sería ilegal castigarlo por el crimen que fue obligado a cometer?

¿Por qué, entonces, se excluyen de los cementerios católicos los restos de suicidas y herejes? ¿Por qué se les niegan las oraciones? ¿No tienen las almas atormentadas en las llamas infernales, si las hay, más necesidad de oraciones que las de los buenos y justos?

¿Cuál es la culpa del esclavo por haber obedecido a su amo tirano?

Para que muchas criaturas, asustadas por lo que les espera, eviten cometer el suicidio y la herejía condenados por la Iglesia, sabiendo que sus cuerpos serán enterrados como irracionales, en lugares no sagrados para los sacerdotes, ni para Dios...

¿Y qué lugar de este mundo no está bendecido por Dios, si fue Él quien creó todo el Universo?

El sacerdote, perplejo y atónito, guardó silencio.

– Escucha – prosiguió Eloísa – a veces tengo ideas extrañas y singulares, que creo que no se originan en mi cerebro. ¿De dónde vienen? ¿Quién me inspira? ¿Y por qué no están de acuerdo con la enseñanza que he recibido desde pequeña? ¿Quién me sugirió esto? ¿No es entonces la Tierra un infierno aterrador, un lugar de castigo y reparación? ¿No nos proporciona así el Padre magnánimo los medios de redención y, por tanto, en lugar de castigos perpetuos, no serán remisibles todas las iniquidades?

– ¡Cállate, hija! – Murmuró De Bruzier, desorientado por los argumentos de la joven colegiala, a quien consideraba, hasta entonces, una niña ingenua –. ¿De dónde sacaste estas locas interpretaciones teológicas?

– De mi propio corazón, en las noches de vigilia y meditación...

– Bueno, solo cuenta para poco más de tres lustros. Eres una adolescente que apenas ha despertado de las travesuras infantiles y ya tienes vigilias y preocupaciones por estos dogmas trascendentes, ¡Eloísa! Estos pensamientos no son tuyos, pero ciertamente fueron sugeridos por agentes satánicos.

– ¿Por qué, padre? ¿Qué daño le habré hecho a nuestro prójimo? ¿No me has oído en confesión? ¿Alguna vez me ha acusado de alguna falta grave? ¿No cumplo escrupulosamente todos los preceptos cristianos? ¿Qué garantiza la salvación de las almas, si Satanás se apodera de quienes abrazan la fe y la conducta correcta? ¿No recibo el sacramento de la eucaristía, que según los sacerdotes es el cuerpo, el alma y la divinidad de Jesús? ¿Cómo es que el audaz tentador no le teme? ¿No rezo mañana y noche? ¿Así que todos estos actos son impotentes para evitar las trampas de Belcebú?

– ¡Fascina a las almas más cándidas y devotas para llevarlas a las Gehenas, cuando oyen sus perversas insinuaciones...!

– ¿Y por qué el Altísimo lo consentiría? ¿Cómo es que nuestro ángel de la guarda no nos repele, nos defiende de estas artimañas y nos entrega, indefensas, a las insidias mefistofélicas?

Un silencio doloroso interrumpió el vehemente diálogo de la joven con el señor Bruzier.

Al cabo de unos instantes, el anciano la rompió, diciendo lentamente, sacudiendo su frente gris:

– ¡Quiero liberarte de las garras del maldito, que tentó al mismo Jesús! Eres buena, piadosa, humilde. Te diriges al cielo... y él codicia la valiosa presa...

Conozco sus trucos y astucias. ¿Quién te inspira estas ideas subversivas que; sin embargo, revelan astucia y razonamiento? ¿Las sugerencias diabólicas no son reconocibles?

–¡Oh! Así, la majestad universal, el supremo poder y la suprema sabiduría tienen un rival prepotente e invencible, creado por Él mismo.

– ¿No sabes, hija, que Lucifer, arcángel de la luz, inflado de orgullo y vanidad se rebeló contra su creador y Padre?

– ¿Y Dios, cuando lo creó, ignoró sus facultades y defectos? ¿No previó el futuro hasta el fin de los tiempos? ¿No sabía que Lucifer tendría que rebelarse? ¿Cómo lo hizo con todos los atributos de un Ente superior y los atributos degenerados en cavilaciones, traición y maldad satánica?

¿Por qué la alquimia del universo transforma el oro en plomo y la luz en oscuridad? ¿Por qué, siendo la justicia superlativa, no hizo que Lúsbel expiara su orgullo de manera compatible con la Ley, incorruptible, quitándole todos los privilegios angélicos y todos los poderes, en lugar de concederle la amplia libertad y soberanía, que tanto se jacta de tan nefasto uso? ¿Por qué no lo castigó, encarceló y humilló y, en cambio, le concedió poder ilimitado, supremacía de potentado y tirano del reino de tortura y llamas incombustibles? ¿Por qué somos juzgados y castigados con gravedad, severidad y menor infracción de las leyes divinas, mientras que Satanás disfruta de todas las inmunidades en la Creación? No es comprensible; ¡por tanto, si así fuera Dios, magnanimidad e integridad incomparables, sería parcial y conforme con la maldad suprema, que indefensa libera a todas las almas, preciosas o santas!

– ¡Hija, blasfemas! ¡No te conozco, Eloísa! ¡Cállate! ¡Estoy aterrorizado!

– Sácame de esta atroz tortura, padre mío.

– Mañana, al amanecer, serás oída en confesión y me revelarás tus dudas y temores.

Luego, con calma, porque ahora mi espíritu está turbado, te daré las explicaciones que necesites. Ve ahora a la capilla – prosiguió dulcemente el clérigo, viendo a la colegiala llorando, olvidando que pensaba que estaba enferma –, y, mientras tus compañeras reciben la Sagrada Partícula, debes orar durante mucho tiempo rogando por ella a la compasiva Madre de Jesús ¡su cuidado, para que no caigas en las emboscadas del tentador!

Eloísa d'Argemont se retiró con sus hermosos ojos nublados de lágrimas, al santuario del internado, consagrada a la Máter Dolorosa.

Al quedarse solo, el canoso sacerdote mostró una consternación invencible en su rostro.

Luego, cerrando lentamente los párpados, alzó sus pálidas manos hacia el radiante firmamento, suplicando luces y argumentos que destruyeran los de su amada discípula, lo que lo dejó atónito, con el alma sublevada y sumergida en torrentes de amargura y perplejidad.

Le parecía, entonces, en el silencio absoluto del viejo parque, escuchar en un violento maremoto el estruendoso choque de los dogmas seculares de su amada Iglesia, convertidos en vidrio y destrozados por aluviones colosales, descendidos del cielo infinito, manejado por titanes invisibles...

Y el angustiado anciano no se daba cuenta que, para su espíritu refinado en virtud, había llegado el bendito momento de escuchar, a través de labios de una niña, ¡las radiantes verdades que, difundidas por los heraldos siderales, destruirían los errores milenarios que han eclipsado a la justicia de Su majestad suprema!

CAPÍTULO II

La hija de los condes d'Argemont era esbelta y blanca como camelias nevadas expuestas a la luz de la luna, con un ligero tinte púrpura en las mejillas, que se encendía ante la menor emoción. Su cabello era negro ónix, ligeramente ondulado.

Desde su hermosa y amplia frente de jazmín, esa nobleza soberana, reflejo o radiación de las almas evolucionadas, a punto de desatar la oleada final de mameis terrenales hacia las regiones consteladas - como un prisma de cristal atravesado por una daga solar -, forma los cambios más encantadores.

Los ojos grandes y mercenarios, velados por largas pestañas aterciopeladas, parecían lúcidos diamantes negros, asemejándose a sentimientos profundos y dignos.

Rara vez sonreía.

Sus palabras siempre revelaron discreción y amabilidad.

A menudo advertía a sus frívolos condiscípulos cuando hacían alguna broma menos sensata, y luego les daba consejos inolvidables que permanecían en lo más profundo de sus corazones.

Por esta razón, era amada por todos los que vivían con ella: sirvientes, colegas, maestros y clérigos.

Los argumentos que aquella mañana – un sábado radiante –, dirigió al venerable, austero y perspicaz confesor, violando muchos preciosos dogmas del catolicismo, alarmaron a quienes la conocían.

Eloísa, obedeciendo las órdenes del señor de Bruzier, se dirigió a la capilla donde estaban los cándidos condiscípulos y se postró junto a un confesionario.

Aislada, arrepentida y conmovida, intentaba, mediante vehementes oraciones, enfriar los pensamientos que, en su mente, iluminada por el brillo astral, vibraban como clarines encantados, despertando ideas extraterrestres y desconocidas.

– ¿Es creíble – se preguntaba –, que Belcebú pueda dañar a criaturas honestas e inmaculadas, sin que los ángeles guardianes las defiendan? ¿Cuál es entonces, en estos momentos tan graves, la conducta de los centinelas divinos, a quienes estamos confiados desde la cuna hasta la tumba? ¿Están impasibles ante el asedio del poder del mal? ¿Le temen? ¿No supera el poder de Dios el suyo?

¿Por qué le tiene miedo a Bruzier si la demostración me sugiere? ¿He cometido algún acto injusto o pecaminoso? ¿He dejado de orar fervientemente?

¿Quién inspira mis pensamientos externos, porque siento que se infiltran en mí y no se originan en mi cerebro? ¿No son; sin embargo, contrarios a Satanás y favorables al Creador? ¿Puede el dragón inspirar réplicas contra sí mismo?

Contempló, entre lágrimas, la efigie de la Máter Dolorosa y rezó febrilmente:

– ¡Santa Madre, ilumíname! ¡Perdóname si cometí un delito reprobable al no estar de acuerdo con las enseñanzas recibidas desde pequeña! No puedo creer; sin embargo, que el eterno haya creado a Satanás para atraernos a sus guaridas llameantes, arrastrarnos a los sumideros de la iniquidad y arrancarnos del redil de Jesús, sin que Él lo castigue, enjaulándolo en alguna fortaleza inexpugnable, hasta que se arrepienta, se humille, se regenere y cambie su conducta; porque basta que Dios lo quiera, que Lúsbel quede sojuzgado, refrenado, impotente, su orgullo y su rebelión, como se describe en los Libros Sagrados, pulverizados…

El barco estaba lleno de muchachas y doncellas con ropas inmaculadas, como una bandada silenciosa de palomas níveas, que, por un momento, se hubieran posado en el suelo y estábamos a punto de partir, el espacio afuera, en busca de los brillantes campanarios de la catedral azul del infinito...

Una suave melodía que emanaba del viejo órgano llenaba de sonidos cristalinos el recinto blanco, oloroso y florido del santuario.

Una emoción indomable sacudió lo más íntimo de Eloísa, quien por un momento sollozó, arrastrada por una melancolía insoportable, sintiendo algo doloroso e irremediable, que parecía acercarse como una tormenta rugiente.

Con los ojos llenos de lágrimas, contempló la imagen de María de Nazaret, que le parecía rodeada de una aureola centelleante, su frente con cántaros eterizados, de diversos tonos, en gradaciones de piedras preciosas o diminutas constelaciones en un cielo tropical.

Al verse así, a través de este camino diáfano de lágrimas, se encontró tan viva que nunca había comprendido tanto de su tortura sin precedentes, ni su martirio le había parecido tan grande, con su corazón rojo – una rosa apenas florecida –, en flor de su pecho lanceado, por claros coronados como rayos de sol metálicos.

Nunca hasta entonces había orado con tanto fervor. Observó una luminosidad astral, de luz de luna opalina, que la rodeaba haciéndola adquirir vida y color. Le pareció que lentamente le estaba extendiendo sus translúcidos brazos de jaspe.

Un eco de revelaciones siderales iluminó su alma y comprendió que los desacuerdos teológicos, expresados al confesor, no habían sido inspirados por Mefistófeles o sus secuaces, sino, más bien, por entidades benéficas.

Comenzó a conjeturar, sintiendo que las ideas corrían por su cerebro.

– ¿Por qué – preguntó –, los sacerdotes engañan a las ovejas del Señor? ¿Cuándo transmitirán a las criaturas las verdades celestiales compatibles con la justicia y la magnanimidad del Divino Legislador, en lugar de querer eternizar los errores que ensombrecen las potencias espirituales?

Con fervor, para desviar el flujo de ideas, comenzó tranquilamente el saludo del Ángelus. De repente sufrió el pensamiento en rápida fermata y reflexionó, mientras pronunciaba la expresión: ¡Santa María Madre de Dios! ¿No es, pues, increado el Soberano del Universo?

¿Qué no fue preparado por Él? Si el Omnipotente tuviera madre, ¿no sería ella la creadora del Cosmos? ¡Cielos! ¿Dónde terminaré con estas conjeturas? ¡La duda me aplasta, me oprime, me atormenta, me tortura! ¿Cómo puedo profesar una religión que no satisface mi curiosidad, que no satisface mi deseo incontenible de ver esclarecidos problemas trascendentales?

De repente sintió la desaparición o la parálisis de todos los pensamientos, como si fueran agotados por un gentil vampiro.

Un fluido sutil recorrió su cuerpo. Tenía una leve alteración de los sentidos, una completa alienación del lugar en el que se encontraba.

Dejó de escuchar la música y los cantos sagrados, solo para comprender en su alma:

– ¡No te engañas, hija querida! Las inspiraciones que emanan de las regiones etéreas, por influencia de los Legionarios del Monarca Supremo, son percibidas por los espíritus, ya encendidos en los torneos del dolor y de la virtud, como el tuyo, y que aspiran a la redención definitiva.

La creencia que profesas no es otra que la establecida por el divino pastor. Escúchame, hija amada: no existe Satanás, como los seguidores del catolicismo y sus sectas. Este cruel e irresistible seductor no es más que un símbolo – el Mal –, con el que toda la

Humanidad tiene que luchar para adquirir valiosos méritos y mejorar los sentimientos.

Si el Mal no existiera, las criaturas serían uniformes, sin individualidad definida, indiferentes al progreso psíquico, adversas; sin embargo, ¡Dios, siempre compasivo y generoso, no la destierra por los siglos de los siglos de sus mansiones de paz y de resplandor, no la precipita al Reino de las sombras y de las llamas inextinguibles, donde se convertiría en perpetua adversaria de su creador, donde convertiría, el grillete perenne del sufrimiento, en inmortalidad inútil! Este imperio aterrador, no eterno, sino transitorio, lo sabemos: la Tierra es uno de sus departamentos...

Aquí es donde el Sol se esconde cada día de los ojos materiales; donde siempre hay un hemisferio sumergido en sombras; donde hay llanto, azotes, calamidades, crujir de dientes y las llamas del sufrimiento moral, tortura, sin ardor, corazones sensibles.

Pero estos dolores pueden consumirse, todos los crímenes remitidos con la práctica del bien y del deber, con el cincelado del alma. No existen, por tanto, crímenes irremisibles, ni castigos ilimitados o interminables.

Al igual que este planeta, hay otros mundos dispersos en el Infinito, y todos destinados al progreso y la difícil situación de la Humanidad.

Las almas viajan a través de ellos en una etapa incesante, como si se tratara de una maravillosa cromática: la de la regeneración del alma. Adquieren, en cada uno, conocimientos preciosos; refrescan los sentimientos nobles, inmersos en la paz y la pureza, como barras de acero en fraguas en llamas, diluyendo los instintos dañinos; conquistar las ciencias, las artes, la felicidad infinita...

Estás, por tanto, en uno de los mundos escolares, donde predomina el sufrimiento, pero donde mejoran los criminales...

Lúsbel nunca existió, como lo describen los teólogos, solo simboliza el Mal. Todos hemos sido, como dicen que es, ángeles caídos del paraíso de la inocencia, pecadores insumisos, que hemos olvidado los dones del Padre misericordioso, su cuidado por nosotros... Muchas veces nos rebelamos contra sus designios redentores, blasfemamos, practicamos envilecimientos, perversidades deplorables e indescriptibles. Luego, deseoso de nuestra remisión, nos destierra a lugares inferiores del Universo – "*inferis*" –, que los sacerdotes suponen como una cueva de tormentos eternos... Los rebeldes sufren las consecuencias de sus transgresiones de las Leyes divinas, pero nunca bajo dominio de Satanás – caudillo del Mal –, sino de los representantes del Señor, que son las almas redimidas y cristalizadas en el crisol de la moral y de los trabajos fructíferos.

Estos gendarmes divinos nos acompañan, nos aconsejan, nos guían hacia la virtud y nunca nos repelen ni nos suplican inútilmente. Cuando nos ven bordeando los torbellinos de la iniquidad y la ignominia, nos extienden manos fraternas, nos susurran palabras de dulzura, de humildad, de sumisión a los decretos supremos, nos recuerdan todo lo que es digno y meritorio.

Después de un viaje terrenal – si los Calcetas fueron dóciles y escucharon las sabias advertencias –, los llevan por el espacio estrellado, les muestran las maravillas siderales – que no podrán disfrutar hasta después de adquirir el permiso de liberación, dolorosamente, heroicamente conquistados en los planetas de expiación. De esta manera, inculcan en ellos la admiración por su Creador y Soberano, el deseo de evolucionar y aspiraciones dignificantes.

Somos, pues, hija amada, las desconfiadas de la majestad suprema, las caídas del Edén de la pureza, los temibles Satanás, que a través de las regiones de los diferentes orbes, sembramos dolor, discordia, odio, venganza...

Sin embargo, no somos galeras perpetuas de pecado. Podemos liberarnos de todas las imprecisiones, alcanzar la libertad y la felicidad eterna trabajando, sufriendo cristianamente, resignándonos en los momentos de duras pruebas, orando, estudiando, elevándonos moralmente, purgando del corazón los restos de la vida y del mal...

Pasan siglos de amargas expiaciones... pero los castigos no son interminables: ¡cesan un día, y entonces los contritos y los redimidos alcanzan una felicidad ilimitada!

Por tanto, es la felicidad, y no el dolor, lo que dura para siempre.

Sin embargo, la dicha o la inacción no aguardan a los evolucionados, lo que haría que la inmortalidad pasada en un solo paraíso sea aburrida e improductiva, lo que podría ser un presagio, pero perdería todo encanto; sería banalizado en los sumideros de milenios, en el mismo ambiente, en el mismo horizonte, cumpliendo los mismos deberes, con los mismos conocimientos, disfrutando a veces de una felicidad egoísta, sabiendo que un ser idolatrado – padre, madre, hermano, hijo, consorte o amigo -, está atrapado en Gehennas, atormentado por las llamas implacables, siempre avivado por los tridentes diabólicos... ¡por toda la Eternidad!

Los regenerados deben completar su formación, recién iniciada en este orbe, en un horizonte más amplio: ¡el infinito les está patentado!

Viajan a todos los rincones del universo, en miríadas de décadas, de aprendizaje fructífero.

Adquieren valiosos conocimientos sobre todas las Artes y Ciencias, atesoran en sí mismos tesoros de virtudes, sirven y obedecen inteligentemente, como súbditos fieles, de cuya alteza incomparable, a veces, son emisarios develados, prestando a su vez benéfica asistencia a aquellos que inician viajes difíciles, en planetas inferiores, donde la luz es limosna del Sol, donde la oscuridad reina en el aire y en los espíritus...

Esta es la redención del Lucifer humano.

He aquí, hija amada, han sido respondidas las primeras preguntas de tu alma ávida de revelaciones superiores. Satisfácete con ellas, así como los hebreos guiados por Moisés disfrutaron del maná celestial...

Hubo un interregno en la expresión del Mentor invisible.

Eloísa, sin saber si estaba inmersa en un sueño o en plena realidad, sintió una suave perturbación invadir su cerebro, como si estuviera a punto de desmayarse.

CAPÍTULO III

– Responderé ahora a vuestras últimas preguntas – prosiguió la entidad servicial, en un susurro – María, la Virgen de Nazaret, no es la madre de Dios, Creadora de todas las cosas, tangibles e intangibles.

Quien no interpreta así la Historia divina, falsifica la verdad.

¿Cómo podría la galilea inmaculada ser la madre de quienes la crearon? ¡Absurdo! ¿Puede la estatua producir al escultor?

Dios es increado. Él es el Poder Supremo, el Astro–Rey del Cosmos, cuya luz irradia a lo largo de la inconmensurable amplitud. Este poder sublime, infinito en perfección, poder y atributos indescriptibles, no podría ser limitado ni siquiera por un átomo de tiempo, en un ámbito humano: el útero de María. Es imposible encerrar todas las constelaciones dentro de una nuez… Si esto sucediera, en un rápido segundo todo el Universo quedaría pulverizado, las estrellas y los planetas chocarían locamente, desgobernados en el vórtice del infinito, por falta de del mecanismo supremo, como un cronómetro sin péndulo, barco sin palinuro y sin brújula en un océano tormentoso, ¡o en medio de un maremoto…!

La incomparable luz del Cosmos, que se materializa en brillantes estrellas y nebulosas, no podría circunscribirse, limitarse a un cenotafio: el cuerpo humano; nadie podría causarle la muerte – porque Dios es la esencia de la vida –, y, si pudiera hacerlo… nunca le sería restituida, porque solo Él la posee en un torbellino, para diseminarla en átomos por lo ilimitado. Creación; todo quedaría eclipsado, se convertiría en polvo, oscuridad, blancura, ¡Nada!

María, la Inmaculada Doncella de Palestina, no podría ser al mismo tiempo hija y madre de su excelente Autor, y, si esto sucediera, sería una inversión de las leyes naturales, un incesto divino...

¡Blasfemia! ¡Locura! ¡Absurdo!

¡Las religiones seculares, en lugar de iluminar espíritus para elevarlos al Todopoderoso, se preocupan por estos dogmas falsos, oscuros e insolubles, para ofuscar la razón y dominar las conciencias de los ignorantes o de débil voluntad!

Jesús no es Dios sino su ministro plenipotenciario, el jefe de todos los países terrenales, el líder de todos los pueblos, el recogedor de todas las almas descarriadas de los rebaños divinos, acampadas en este minúsculo y sombrío planeta; ¡Sin embargo, no es el factótum, el arquitecto de lo ilimitado, el omnipotente y soberano de todo el Universo, de todo el infinito océano etéreo, donde gravitan todos los cuerpos siderales, que ni nuestra visión ni nuestro pensamiento pueden alcanzar!

Nunca fue humano ni mortal, porque su naturaleza es divina e inmortal.

Nunca vistió la librea de la materia pútrida, que ata nuestros espíritus mientras cumplimos las determinaciones del exaltado magistrado del Universo.

Si Jesús tiene divinidad, todos la tenemos: es inmortalidad, es la chispa de una estrella que nos anima, vitaliza, eterniza y nos alía, indisolublemente, con el Padre; ella es quien perpetúa las almas durante la consumación de los evos...

La misión del Rabino preclaro no era la de Señor, sino la de Hijo sumiso a los designios de su augusto genitor. Lo dijo repetidamente: *"¡No he venido a cumplir mi voluntad, sino la voluntad de mi Padre que está en los cielos! Padre mío y vuestro Padre."*

¿Cómo quieren los exégetas enseñar lo contrario de lo que decía el lúcido Zagal sobre todas las ovejas terrenales?

La verdad es como la luz del sol, que irradia a través de docenas de mundos planetarios: ¡superará toda oscuridad e iluminará todas las mentes!

Entonces, ¿para valorar la sublime misión del Heraldo Celestial quieren que Él sea el Creador mismo?

¿Cómo podría permanecer – aunque sea por un segundo –, confinado en un cuerpo perecedero, sin que se produzcan los cataclismos más estupendos y asombrosos del Universo?

Si Dios muriera, ¡asombrosa incredulidad! ¿Aunque fuera por una milésima de segundo, ¿quién podría después concederle vida sin igual, si con Él todas las luces astrales, todos los mundos, todos los seres vinculados al Creador se apagaran de repente, rápidamente, como una antorcha destruida en las profundidades? ¿Galería, en el centro del globo terrestre, un fanal en un océano tormentoso e interminable? ¿No entrarían todos los planetas y satélites que rodean al Sol en una oscuridad perpetua si éste fuera extinguido por un soplo divino?

¡No, querida hija! Ama siempre a la cándida y piadosa Madre de Jesús; venera a su bellísimo Hijo, cuyo amor nos guía en los laberintos de la existencia, nos consuela en los momentos de amargura, nos señala con el radiante báculo del armamento de las almas, las resplandecientes moradas del imperio sideral, en cambio, ¡ama con mayor fervor y admiración al Creador de todas las criaturas, al forjador de estrellas, de flores, de mágicos portentos diseminados en la etérea inmensidad donde vuelan tus pensamientos fascinados por la luz...!

Siempre que vaciles sobre algún enigma trascendente, vendré a iluminarte como uno de tus mentores invisibles.

Yo te ayudaré a llevar la pesada bitácora de las pruebas hasta el Gólgota de la Redención.

Tienes que sufrir y reparar mucho, pero si te resignas, sumisa a los decretos supremos, estarás exentas, en esta existencia, de todo dolor terrenal. Pronto conocerás la vida desde otros aspectos, otras modalidades. Por fin entrarás en plena batalla de las expiaciones santificadoras. Tienes que contener sentimientos que brotarán desde dentro, como lava ardiente de un cráter, pero solo aumentarás aquellos que son justos, buenos y ennoblecedores.

Nosotros, seres humanos miserables e imperfectos, somos verdaderos mundos en miniatura: contenemos abismos de impurezas, corrientes de sentimientos remitentes, Etnas de pasiones y, a veces, suceden en nuestro interior catástrofes aterradoras que solo nosotros percibimos...

Hay resplandores y oscuridad, guaridas de sombras y cielos venecianos en cada rincón del alma.

Los bárbaros; sin embargo, de estos mundos microscópicos, pueden transformarse en estrellas, en chorros de luz: dejan de gravitar en la oscuridad y dividen el espacio como cóndores celestes; ¡pueden aspirar a la gloria de conocer el poder supremo, de alcanzar la culminación moral, de colaborar en los planes divinos para alcanzar los compromisos más atrevidos!

No te dejes impresionar por lo que te revelo hoy. Ahora, sé virtuosa, humilde en la opulencia, nunca te rebeles en tiempos de duras expiaciones y serás abrazada por una fuerza invencible...

Muchas veces percibirás manos diáfanas que te sostienen a través de los sumideros del dolor, de los que están plagados los bosques de las existencias planetarias.

Eloísa, que hasta entonces había escuchado tranquilamente todas las palabras que el desconocido instructor le susurraba, sufrió un desmayo que le hizo olvidar el lugar donde estaba.

Conducida a su cama por sus alarmadas compañeras de estudios, se quedó profundamente dormida.

Le pareció, de repente, que había sido despertada y transportada a regiones lejanas, algunas de sorprendente belleza, otras inhóspitas, áridas, escarpadas, de una tristeza estimulante.

Navegaba por el aire suavemente, como si lo hiciera en una góndola de terciopelo o en los brazos tutelares de una madre amorosa. Finalmente llegó a una extraña ciudad adornada de murallas intransitables, bañada por un río profundo y caudaloso, que la cortaba de Norte a Sur. Edificios sólidos, algunos rectangulares, otros casi cilíndricos como torres aisladas, erigidas en el suelo, formaban innumerables caminos por los que pasaba una multitud compacta, vestida al estilo de los antiguos asiáticos, con túnicas de todos los tonos, formando un torrente policromado. Espléndidos jardines adornaban amplias plazas. Palacios de mármol y mampostería, todos de exquisita arquitectura, le daban un aspecto regio. Hubo un ajetreo festivo en toda la suntuosa ciudad.

De repente oscureció. El escenario cambió de repente. Eloísa fue conducida a la más lujosa de todas las habitaciones, que creía ya inmersa en el silencio de la medianoche, solo iluminada por una suave y radiante media luna, como un machete de diamantes, vista a través de un vitral opaco.

Se estremeció al entrar en aquella imponente morada… que le parecía familiar y cuyas puertas se abrían silenciosamente al acercarse, como por arte de magia. ¿Dónde la había visto antes? ¿Cuándo viviste allí?

Guiada por una antorcha sostenida por un brazo intangible, atravesó rápidamente extensas galerías, distintas salas, subió interminables escaleras sin que nadie la detuviera, como si fuera irrelevante. De repente, un intenso destello, como proyectado por un gigantesco semáforo, la iluminó por completo, y entonces pudo ver una enorme multitud de seres mudos, vestidos con elegancia principesca. Terciopelo, brocado, seda, adornos dorados y brillantes adornaban los cuerpos escultóricos.

Nadie había notado su presencia hasta entonces. Tenía miedo que se fijaran en ella, sintiéndose humillada, confrontando su modesto atuendo con las maravillosas prendas que la rodeaban.

Todos hablaban sombríamente y parecían infelices.

Inesperadamente, sin poder comprender el insólito fenómeno, se hizo visible y su vestimenta, por su opulencia, superó a la de todos los que estaban a su alrededor...

Un suntuoso vestido de seda y espuma plateada, blanco y luminoso, adornado artísticamente con perlas y diamantes, la hacía fascinante. Una cola larga y ligera rozaba las alfombras moradas y doradas, flanqueada por graciosos niños. Un largo y diáfano velo de gasa, forrado con arpillera, la envolvía de pies a cabeza. Y se deslizó sobre las alfombras como impulsada por una fuerza invencible, honrada por toda la multitud que se inclinaba a su paso.

Entró en un salón majestuosamente decorado con flores raras, rosas rojas y nieve, iluminado por lámparas de bronce dorado, incrustadas de gemas centelleantes, colgando del techo florido, como luces de alguna mansión encantada y portentosa, de un Aladino o de un Montecristo...,

Vio entonces, a su izquierda, siguiéndola paso a paso, con los ojos fijos en su grácil figura, el espectro de un joven y hermoso guerrero, que, a veces, le rozaba los brazos, como si quisiera impedirle el paso o arrebatársela a algún potentado que se le acercara. Era un individuo vestido de púrpura y oro, de gran estatura, inusual, tez bronceada, nariz aguileña prominente, ojos negros y centelleantes, frente alta, barba espesa, cabello espeso, representando cuatro décadas de existencia y revelando ferocidad en su fisonomía, sentimientos impuros y violentos.

Al verla dirigirse hacia él, le apretó el brazo derecho. El contacto de sus dedos la hizo estremecerse convulsivamente, infundiéndole un miedo y desagrado secretos e inexplicables.

El espectro que la seguía, de una belleza delicada, digna de ser inmortalizada por el cincel mágico de Fidias, contrastaba con la mandíbula de quien la agarraba del brazo, se arrodillaba sollozando, retorciéndose en espasmos de dolor moral, colocando su mano derecha en el pecho, donde destacaba el corazón cortado por un filo de acero.

Nadie lo vio excepto ella, para su tormento.

¿Por qué? No sabía cómo decirlo. Sufría verlo llorar. Quería que lo quitaran de su vista, para no ser atormentada con esa actitud dolorosa, pero no podía expresar una idea: sus pensamientos estaban tapiados en su cerebro, su voz era inarticulada o imperceptible y entendía que tanto él como ella, estaban unidos por el pecho, por una cadena de fuego, como una serpiente de dos cabezas atravesando sus corazones... Posteriormente, ella y su magnífica pareja se postraron sobre la alfombra de brocado rojo.

Un sacerdote, vestido con ropas exóticas, celebró la boda, colocando en sus cabezas coronas brillantes, extraídas de un relicario de plata.

Eloísa, a partir de ese momento, sintió un peso formidable en su frente, como si hubiera sido oprimida por una avalancha que se deslizaba desde las cumbres del Himalaya, comprimiendo su cabeza, donde tomó sus manos temblorosas, tratando de quitarle la conmovedora diadema; pero lo hizo en vano, pues la sintió soldada a su cráneo, como si tuviera tentáculos ardientes, que penetraron su carne, sus huesos, todo su ser...

Sonidos de címbalos, laúdes, cantos de juglares invisibles, mezclados con sollozos y gemidos, vibraban en el ambiente, donde llovían pétalos de flores, intercalando esencias embriagadoras.

Un séquito de doncellas, alabarderos y lanzas relucientes le rindió incesante homenaje.

Todos se levantaron de repente; Eloísa no pudo ignorar el doloroso espectro. Se sentía magnetizada hacia él por una atracción poderosa e invencible, de la que no podía escapar.

Entonces quiso acercarse para cuestionar la causa de su sufrimiento, pero cuando intentó hacerlo, este se disolvió como sutil incienso, desapareciendo en el aire como por efecto de una varita mágica, dejando un vacío en su alma, un dolor incontenible, una compunción infinita...

CAPÍTULO IV

Sintió que había pasado algún tiempo.

Eloísa se encontraba en el mismo palacio suntuoso, ahora desierto y lúgubre. Intentó escapar, pero en el vestíbulo, donde se alineaban columnas de mármol, había centinelas silenciosos con rostros siniestros.

Se encontró en un lecho de proporciones gigantescas, de aspecto regio, abandonada por su marido, a quien despreciaba y sabía pasar las noches en fiestas báquicas.

La vida en común le resultaba intolerable. En ese momento tomó una decisión decisiva: escapar por cualquier medio posible, incluso sacrificando su propia vida, que se había vuelto insoportable para ella. Se levantó de la cama, bajó la pequeña escalera dorada, pero, cuando cruzó el umbral del vestíbulo, vio de pie, bloqueando su salida, al joven soldado que, desolado, había presenciado su matrimonio.

–¿Qué deseas? – Podía tartamudear con íntimo terror.

– ¡Véngame! – respondió en tono sombrío, lentamente.

– Pero, ¿qué te hice? ¿Quién eres tú?

– ¡Oh! ¿Ya me has olvidado, Flávia?

Se destacó entre las sombras, como si de repente hubiera sido iluminado por una llama interior, que sobresalía de su pecho, como si estuviera en una jaula de huesos, un nido de luz; su corazón atravesado por una delgada hoja, casi completamente partido desde la base hasta el ápice.

– ¿Ves? – Dijo señalándolo con una entonación reprobable y angustiada –. Éste es tu crimen, infando, pérfido; ¡Y debes saber que tienes que rescatarlo con lágrimas y desesperación! ¡Sentirás también tu corazón apuñalado por el perjurio, por la traición, por el abandono! ¿Cómo es que ya no me recuerdas, mujer venal? ¿No eras entonces, en nuestra remota patria, compañera de infancia y novia adorada en tu juventud? El monstruo al que me uní, en una hora tan atroz, me repugna... ¡Me parece que siempre lo veo a través de una catarata de sangre pútrida y de limo!

¡Te odio! Te aborrezco... Tus besos me dan náuseas, me contaminan, contaminan mis labios y mi cuerpo. Él se da cuenta y se venga... pasando las noches en bacanales, llegando a palacio a altas horas de la noche, borracho, blasfemando. ¿Qué más quieres roer la tortura? ¿Tú también quieres romperme el corazón? Aquí lo tienes. Voy a esconder la daga ahí en la cama, para poner fin a mi martirio o quitarle la vida a ese asesino real. Cuando se acerca a mí, creo escuchar un sonido extraño y metálico de sollozos y maldiciones.

- ¡Mátame, Marcos! ¡Pero llévame contigo! Te perdonaré y te bendeciré. Quita de mi frente esta corona maldita y vergonzosa... ¿De mi frente? ¿Qué digo? ¡No! Del alma, a la que está unida, como un vampiro en llamas, torturándola, succionándola, triturándola, ¡empañándola...!

– No, desgraciada, aun no ha llegado el momento señalado por el Excelentísimo Juez, para que nos reunamos en este mundo en el que te encuentras y donde tienes que redimir dolorosamente tus crímenes y perfidias... Nuestras existencias, como dos pacíficos arroyos, iban a conectarse por los siglos de los siglos, unidos por un afecto sincero... ¡desviaste su curso, haciéndolos caer en abismos de sufrimiento sin nombre! Ahora, nuestra separación está establecida desde hace mucho tiempo... Es necesario que sufras mucho, que te redimas, para que esta espada pueda ser sacada de mi pecho... ¡y traspasar el tuyo! Solo entonces estarás cerca de la redención...

– Pero ten piedad de mí: ¡no me dejes aislada y viva, lo cual me resulta intolerable!

– Tú, Flávia, eres la que has creado esta situación dolorosa, cegada por la vanidad culminante, por el deseo de ostentación, de placeres efímeros, de dominar, de suplantar a otras mujeres... ¡mercenarias, como tú! Es demasiado pronto para que tus deseos sean satisfechos, la calceta no tiene libre albedrío ni puede elegir la sentencia que le hará pagar por sus propios crímenes... ¡Adiós!

¡De repente desapareció sin haber consolado su corazón exulcerado con una palabra de piedad o de esperanza!

Eloísa se encontró sola, arrodillada, descorazonada, infeliz, teniendo en su interior un pozo de penas, un vacío inllenable de desilusión y de remordimiento... De toda aquella lujosa habitación parecían emanar pútridas emanaciones.

Gemidos prolongados, gritos, blasfemias y agonías se mezclaban en el aire, creando vibraciones atronadoras o tormentas dolorosas.

Estaba aterrorizada, degradada, intimidada. No sabía orar, elevar mis pensamientos al Absoluto. Quería escapar de esa tortura indescriptible, olvidada por el brillante Alighieri en su trágico infierno, y estaba como encadenado, inmovilizado, clavado al suelo...

¿Cuánto tiempo estuvo moralmente torturada así por los invisibles Torquemadas, que se acechaban en su interior? Nunca podría decirlo si no recibiera una revelación sideral...

De repente, un sonido atronador de armas chocando resonó a través de las bóvedas de los vastos salones, sacudidos como por el efecto de un terremoto universal, haciendo temblar la mansión real y bailar violentamente, al ritmo de una orquesta de locos y duendes...

De repente, sintió como si estuviera siendo sacudida por un huracán infernal. Alguien la arrastró por el pelo por todos los pisos de pasillos interminables y escaleras increíbles. Jadeaba, sin voz para pedir ayuda, sin tener siquiera a quien suplicar ayuda, abandonada y execrada por todos, por Dios y la Humanidad...

Un soplo de ardiente harmattan excitó todo el vacilante edificio, envuelto en voraces y centelleantes llamas o tormentas. Gritos salvajes y feroces estallaron en el aire y alguien, el mismo ser que la arrastraba, la sacudió varias veces, como si fuera una pluma en un torbellino insondable... Tuvo la sensación inexpresable de ser arrojada desde lo alto de una cordillera en el cielo, la atmósfera de la Tierra, en el espacio ilimitado...

Cayó... cayó... indefinidamente, hasta que, al poder soltar un grito estridente, despertó convulsionada, asustando a la enfermera que la cuidaba.

Al verla, Eloísa revivió y la interrogó, todavía algo perturbada por el sueño que había tenido:

– Hermana, ¿dónde he estado? ¿Cuántos siglos pasaron desde que oré en la capilla del internado?

CAPÍTULO V

La congregada tembló y se santiguó. Luego le dijo dulcemente:

– ¿Qué dices, hija mía? Te desmayaste en la capilla y, transportada a esta cama, te quedaste dormida hace seis horas. ¿Cómo te sientes?

Una luz suave se filtraba a través de las vidrieras del gran dormitorio, con las contraventanas cerradas.

Eloísa suspiró, aliviada al estar segura que el presente era muy diferente al oscuro pasado, y comprendió que sería inútil informar lo sucedido, porque si lo hacía parecería loca y poseída por Satanás…

Luego guardó silencio, pero no dejó de comentar mentalmente lo que había oído y presenciado en un sueño inolvidable:

– Lo que pasó no pudo haber sido una fantasía de Morfeo… – dijo.

Tenemos, por tanto, más de una existencia y en cada una recuperamos los errores cometidos en la anterior o en la misma… Somos, por tanto, responsables de todas nuestras acciones, buenas o malas; somos herederos de nosotros mismos, de nuestros crímenes o de nuestras virtudes, y, por tanto, castigados o recompensados por Dios. Hay más justicia y equidad en esta hipótesis que en sentencias irremisibles. ¡Cuántas iniquidades he cometido, oh! ¿Jesús? Qué abyecta perfidia cometí contra el desgraciado de Marcos… ¿Cómo expiaré este tremendo crimen? Te veré en esta vida., ¿Y el horrible tirano que fue mi marido? ¡Horror! ¡Horror!

Estaba llorando, pero de repente escuchó, como en lo más profundo de su alma, un susurro como una brisa...

– Pues hija, ten fortaleza y triunfarás de todas tus pruebas redentoras...

Luego cerró los párpados y oró con profundo fervor y gran elevación de ideas y sentimientos. Reconfortada por el bálsamo de las súplicas más vehementes, se incorporó en la cama, pero la enfermera le impidió levantarse.

Se dio cuenta, mediante una lúcida intuición, que en su interior se había producido una gran metamorfosis.

Una tristeza invencible, que revelaba pensamientos dolorosos, se cernía sobre su bello rostro, espiritualizándolo, embelleciéndolo, haciéndolo más angelical que nunca.

A los pocos días, la junta directiva del internado la llamó a su presencia.

Eloísa temía que el señor de Bruzier le hubiera transmitido algo de la conversación que tuvieron en el antiguo parque del colegio.

El aspecto del venerable educador era serio y enigmático. Eloísa juntó las manos respetuosamente.

– Hija mía – dijo el superior del Instituto, abrazándola –, tu ilustre padre me ha encargado darte una noticia que debes recibir con calma y resignación: tu madre está gravemente enferma y desea tu compañía. Así que prepárate para regresar al castillo d'Argemont. Allí te espera un emisario del señor conde. Confía en la protección celestial; tal vez ya encuentres a la querida enferma en condiciones halagadoras. Oraremos por ti y por ella.

Una emoción indescriptible sacudió el alma sensible de la colegiala, como si en esos momentos se desatara un violento vendaval, presagio de una tormenta inminente. Se puso pálida como mármol de Carrara. Sollozó por un momento, abrazando a su antiguo maestra.

– Ánimo, Eloísa – continuó la monja –. ¿No sabes que la voluntad del Creador debe superar la nuestra y ser acogida con serenidad y humildad?

Eloísa, después de algunos preparativos para el viaje, le pidió permiso para orar – quizás por última vez –, en la capilla dedicada a Señora de la Amargura.

Oró, suplicante, mirando con lágrimas en los ojos la imagen de quien, herida por las iniquidades humanas, tenía su corazón magnánimo desgarrado por la espada de los más duros sufrimientos.

Nunca le pareció la Virgen de Nazaret tan hermosa y merenosa, tan evidente su dolor, con su diestra nívea sobre el pecho destrozado y los ojos piadosos alzados al firmamento, al que consagraba sus angustias, su corazón.

Un repentino adelanto de futuros éxitos la hizo estremecerse y conjeturar que, en un futuro no remoto, al igual que aquella Madre amorosa, su íntima prisionera se sentiría golpeada al borde del dolor y del anhelo...

Le pareció que la piadosa Señora también estaba de luto y amorosamente le tendía los brazos.

– ¡Madre revelada! – dijo en voz baja, conmovida y ferviente –, ¡nunca me abandones en lo más profundo de la vida terrena! ¡Inspira siempre sentimientos nobles a la sierva imperfecta que quiere imitarte en resignación, pureza y bondad! ¡Protégeme, Señora, para que nunca transgreda los decretos divinos, para que sea sumisa a las determinaciones de lo Alto! ¡Permíteme, Madre compasiva, encontrar a mi madre aliviada en sus sufrimientos y seguir guiando mis pasos como tú lo hiciste, en la infancia de tu bellísimo y glorioso Hijo! Tú, en el cielo; ¡ella, en la Tierra, ambas estrellas brillantes de cariño y dedicación, vencerás las tinieblas de la culpa y me guiarás a los lugares azules donde se incrustan las estrellas!

Una calma tranquilizadora fluyó por su agonizante pecho, como ondas balsámicas que descendieron hasta la extensión cerúlea, prodigándole una serenidad inefable.

Se levantó pacíficamente y se dispuso a partir.

Abrazó afectuosamente a sus maestros y condiscípulas, sin olvidar las hambrunas, con las que compartió diversos dones.

El señor Henrique de Bruzier, meritorio y pálido, estaba presente y no pronunció una palabra hasta que llegó el momento de estrecharle la mano derecha.

– Hija mía – dijo entonces, conmovido, teniéndola en sus brazos, con los ojos empañados por las lágrimas –, te recordaré, siempre, en mis súplicas a Jesús. Te aconsejo paternalmente que no ahondes en los misterios de la existencia, ni en los de la religión que profesamos... si no quieres envejecer en tu juventud, ¡cúbrete la frente y el corazón con nieve!

– Pero – objetó enérgicamente – ¿quién puede detener el maravilloso curso del pensamiento? ¿Podemos detener el torrente del Volga con una rama de rosa o con la copa de nuestra mano? ¡Imposible!

– Eloísa, dijiste la verdad, el pensamiento es indomable, lo sé. Tienes una inteligencia inusual, pero lo que te aconsejo es que no consideres los problemas inadecuados para tu edad. No quieras investigarlos para que no te atormentes en vano en el período más gozoso de la vida y no envenenes las alegrías más puras que puedas disfrutar en ella... Dios te bendiga e ilumine tu conciencia para que nunca te desvíes del árido camino del deber y la virtud. ¡Adiós! Siempre tendrás en mí un amigo desvelado. Recuerda a tu viejo amigo en los momentos de desgracia, como lo hacen todos aquellos que peregrinan en este mundo miserable...

– ¡... Y nadie será tan amargada como yo! – Concluyó proféticamente la joven, sollozando...

CAPÍTULO VI

El regreso a casa, siempre festivo, fue entonces, para Eloísa, infinitamente doloroso.

Los espeluznantes presagios la mortificaban y atormentaban. Después de dos días de viaje, por la noche llegó a la mansión d'Argemont, de aspecto medieval, encaramada en la ladera de una colina.

Encontró a su madre temblorosa ya en coma. La condesa había sufrido inesperadamente una enfermedad cardíaca muy grave. Nunca reconoció a su amada hija y falleció al amanecer de un día de niebla.

El dolor de la niña huérfana fue, durante muchos días, intenso y sin precedentes. Tuvo la impresión que, hasta entonces, la vida no había sido más que un sueño feliz, sin temores dolorosos, lleno de consuelo y cariño y que, de repente, se había producido en ella el despertar de facultades desconocidas, afinando y avivando su emocionalidad.

Le parecía que había dejado de ser infantil y había avanzado en edad, llamado al escenario de la existencia para representar el drama de su destino.

Poco a poco; sin embargo, el sufrimiento moral fue disminuyendo, suavizándose, pero su fisonomía, a lo largo de su vida, se volvió seria y meritoria.

El solar, inmerso en un silencio sepulcral, la aterrorizaba, como si viviera en una catacumba romana.

Recordó los años de su primera infancia, las cosas maternales y sintió remordimiento por no haber sido más expansiva en sus manifestaciones de ternura hacia su extinta, lamentando el tiempo que había pasado alejada de su caricia, viéndola solo durante fugaces vacaciones. Comprendió entonces que el sacrificio de la condesa habría sido mayor, aislada en su casa, esperando ansiosamente la finalización de sus estudios, que nunca había visto, herida por la invencible Átropos.

Quería volver al internado, escapar del castillo oscuro y de luto, donde había tenido lugar el primer funeral de su existencia.

El conde d'Argemont, inmerso en un dolor inexpresable, solo se le aparecía a la hora de las comidas y la trataba con fría reserva.

Un día fue a buscarlo a la sala de lectura.

Era un noble pálido y esbelto, de rasgos faciales bien definidos, que revelaban serenidad espiritual, austeridad, nobleza de sentimientos, tan profundos como los de su hija.

Vestido con túnicas negras, su palidez de alabastro era más pronunciada.

Cuando Eloísa le explicó su intención, la miró largamente y respondió con desenfrenada amargura, sorpresa y reproche:

– ¿Entonces quieres dejarme abandonado en esta mansión donde viví el golpe más tremendo de mi existencia? ¿No entiendes que, con el fallecimiento de nuestra querida Claudia, tienes nuevos deberes que cumplir y no debes abandonar d'Argemont? ¿Es así como compartes mi desgracia inconsolable?

– Perdóname, querido padre, por haber concebido un proyecto que te hace daño; no menosprecio tu dolor, tan vivo como el mío, pero esta casa silenciosa, sin las caricias de mi madre, me parece un claustro, o más bien una prisión... Los recuerdos de los muertos amados me torturan sin piedad, me sacuden salud y tengo la impresión de ¡ser condenada al exilio eterno!

– Entiendo lo que te pasa, Eloísa. Eres una niña y aun no te has acostumbrado, como los mayores, al consuelo de la soledad y la sombra... ¡donde se recuerdan las aventuras perdidas! Cree; sin embargo, que mi dolor supera con creces el tuyo, en vehemencia...

– ¿Por qué crees eso, padre mío?

– ¿Por qué? ¡Porque sufres por primera vez el golpe de la adversidad, en la estación florida de la existencia, en la que las lágrimas no dejan surcos en las mejillas sonrosadas, teniendo que dorar tu alma todas las ilusiones de la juventud...! ¡A los diecisiete años! Las desventuras no se profundizan, no tienen raíces inquebrantables en el corazón, duran tanto como los alhelíes y los anhelos de los jardines primaverales...

A los sesenta, después de medio siglo de luchas, se alojan en el centro del pecho, como guijarros arrojados al fondo de una cisterna insondable... ¡y no salen nunca! Tú sufres en el amanecer, yo en el ocaso de una existencia. Nuestros dolores son, por tanto, muy diferentes.

La tuya desaparecerá ante la primera sonrisa de la esperanza, la mía me acompañará hasta la tumba. Llevas un luto momentáneo, yo, por el resto de tu vida. ¿Entiendes ahora la diversidad de nuestro malestar?

– Tienes razón, padre – susurró, conmovida hasta las lágrimas –. Perdóname. No soy egoísta. ¡No debo abandonarte en momentos tan angustiosos, porque si lo hiciera después que me abriste tu corazón herido, sería víctima de un remordimiento infinito! Olvida lo que te pedí, pareciendo indiferente a tus sufrimientos. No supongamos; sin embargo, que me siento y razono como una niña ingenua e inexperta. No, querido padre. Con el alma estremecida por el primer, pero intenso dolor, creo haber despertado de un sueño de mil años y superado tu edad...

Siento en mi espíritu el peso de los siglos... Tengo la sensación que ya he vivido mucho tiempo y que sufriré extraordinariamente durante esta peregrinación terrena. ¡Por tanto, no me trates de ahora en adelante como si fuera una doncella frívola, sino más bien como una compañera desvelada de tu dolor, cuyo cabello ya se está volviendo gris!

El venerable conde, con los ojos nublados por las lágrimas, la miró sorprendido: ¡era en efecto el descendiente del heroico d'Argemont quien le hablaba! Había tanta dignidad en su apariencia, tanta convicción en esas declaraciones, que inmediatamente se formó un concepto diferente de su amada hija. ¡Dejó de ser una niña sincera e inteligente, preocupada únicamente por sus deberes escolares, para convertirse en la compañera servicial de su amargura, la confidente de sus aprensiones, la confidente de sus pensamientos y recuerdos de su juventud! En aquella época se produjo una unión sagrada, el encuentro de dos almas nobles que, aunque estaban bajo el mismo techo, eran casi desconocidas hasta entonces.

Una afinidad ilimitada fortaleció para siempre sus espíritus, consolándolos, suavizando sus malestares más íntimos.

Se volvieron casi inseparables.

Permanecieron, desde el anochecer, en el porche de mármol de la mansión, intercambiando ideas, recordando el pasado y la bondad de los amados muertos.

El anciano admiraba, a su vez, con asombro, al lúcido talento de Eloísa, quien exponía argumentos incontestables sobre la religión que profesaban, y hablaba, con soltura y elocuencia, de Artes y Ciencias. Dos años después de la muerte de la condesa, un día el conde le dijo:

– Eloísa, tengo la intención de invitar a algunos amigos y sus familias para presentarte en nuestra sociedad.

–¡Oh! Padre mío – se sorprendió –, esta resolución inesperada involucra algún proyecto que no quieres revelarme...

– Eres muy perspicaz, Eloísa – respondió riendo –, y veo que no puedo ocultarte ningún pensamiento... Voy a revelarte el secreto paterno: me siento mal y temo dejarte enclaustrada en este castillo, sin parientes próximos ni amigos desinteresados... Por tanto, deseo que adquieras conocimientos con los jóvenes más sensatos para que, si uno te agrada, el consorcio se realice.

– Te agradezco tu tierno cuidado. No sé; sin embargo, cómo definir lo que sucede en mi ser: estoy convencida que me casaré, pero, de ser muy infeliz... Temo, por tanto, aliarme con alguien, sin conocer íntimamente el carácter de mi pareja, compañero de viaje terrenal...

– Temores justificables, hija querida, pero confío en tu criterio para que no elijas marido a la ligera, impulsada por el físico o la opulencia, únicamente... Algún noble de nacimiento y Valdevinos por forma de vida.
Tenemos una sólida fortuna y puedes elegir a cualquier chico según tu inclinación espiritual, guiado por sus predicados morales e intelectuales, incluso si no es de alta cuna. Valoro más la nobleza del alma que la nobleza de casta. Para mí, la moralidad prevalece sobre el escudo de armas...

– Gracias, padre mío, por lo que acabo de escuchar. Eres, en verdad, más noble de lo que suponía. Nuestras ideas están completamente en línea. Solo el orgullo y la jactancia pueden cegar a quienes no tienen una conciencia recta e iluminada, para dar más prestigio a la carrera que al mérito individual. No es el nacimiento lo que valora a la criatura, sino la virtud, o la inteligencia combinada con el mérito individual.

CAPÍTULO VII

La reunión en la mansión d'Argemont fue tranquila, pero selecta. En sus salas, artísticamente y sobriamente decoradas, se reunían familias de nobles normandos, diplomáticos e intelectuales.

Entre los invitados se encontraba un castellano de Arras, quien, cuando le presentaron a la hija del austero conde d'Argemont, se dio cuenta inmediatamente de su belleza y sus talentos peregrinos. Se llamaba Giácomo Dusmenil. Era de mediana estatura, frente amplia y cabello castaño rubio. Había asistido a una de las academias francesas. Conocía bien la Literatura y las Ciencias exactas y ya había viajado mucho por todo el continente asiático.

Desde el momento en que lo vio, Eloísa se sintió intensamente conmovida. Durante las horas que estuvieron juntos, en esa noche inolvidable para ambos, habló de la India, que había visitado recientemente.

Fue severo en el juicio de la sociedad contemporánea, expresando la nulidad y frivolidad de la mayoría de doncellas y jóvenes de los países más cultos, que no se dedicaban a un Arte, a una profesión, sin un objetivo en la vida que devenía, por tanto, aburrido además de inútil.

Algunos días después de la recepción en el señorío d'Argemont, Dusmenil se presentó nuevamente ante el venerable conde. Conversaron íntimamente en uno de los balcones de la casa de piedra, en presencia de Eloísa, quien, por momentos, hacía juiciosas consideraciones.

– Señor conde d'Argemont – dijo Giácomo durante la conferencia –, he viajado por casi todas las regiones europeas y asiáticas, ya que solo me falta visitar Siberia y Japón, y nunca me he dejado fascinar por ninguna belleza femenina, porque, en general, las mujeres son frívolas y banales. Parece exclusivamente comprometidas con la conquista a un marido o a un amante, a través de los encantos físicos, a través de la astucia, a través de adornos excesivos, olvidando que la moral, la educación y el sentido son los que forjan lazos indestructibles y unen suavemente los corazones, ¡tal vez por los siglos de los siglos!

Las jóvenes de sentimientos elevados no deberían querer imitar a las mujeres mundanas y a las odaliscas, que solo conquistan adoradores mediante la plástica helénica, ya que a veces inspiran pasiones violentas, pero efímeras, porque se enfrían de repente y no son la felicidad de los hogares honestos. Los hombres no deben aspirar a madres, consortes o hermanas hermosas, sino a madres puras y dignas, de las cuales puedan alzar la frente con santo orgullo, sin sonrojarse por su comportamiento...

– De acuerdo, doctor Dusmenil – respondió d'Argemont –, y lo felicito por pensar así, a pesar de su corta edad. En la Tierra, viví de esta manera particular una aventura integral, al vincular mi destino a una de las criaturas más dignas y hermosas que he visto... Estos ejemplares; sin embargo, no son comunes...

– ¡Pero existen, afortunadamente! – Dijo el castellano de Arras, mirando intencionadamente a Eloísa, quien se sonrojó y dijo:

– No estoy en desacuerdo con lo que usted dice, doctor Dusmenil, ya que revela sentimientos muy nobles, pero debe convenir en que los hombres, en general, valoran más la belleza física que la virtud. Al tener que elegir una compañera para el transcurso de su existencia, entre una Venus frívola y contemporánea y una Cornelia sensata, pero sin atractivos plásticos, preferirá la primera. ¿Cuántos hombres hay que niegan el hogar honesto, donde su esposa y sus amados hijos permanecen inconsolables, para buscar los antros dorados donde florecen las flores del vicio, el mal y la seducción...

– Tiene razón señorita, y me alegro mucho de expresar ideas que revelan aprecio por la virtud y la justicia. El delito moral al que usted se refiere debería ser castigado por las leyes sociales y, ciertamente, los códigos futuros se encargarán de ello.

Quién sabe, tal vez todavía pueda alcanzar mi ideal, combinando mi destino con el de una joven que combina la perfección física y espiritual.

Entonces haré todo lo posible para hacerte feliz, pero te exigiré que no transgredas ninguno de tus deberes morales.

También tengo la intención de continuar mis excursiones por el Nuevo Mundo y espero que, en mi ausencia, mi esposa me sea absolutamente fiel, digna de la consideración de mis amigos, sirvientes y conocidos.

Encuentro atenuantes para muchos crímenes humanos, excepto la perfidia. Y casi siempre la mujer bella y admirada es vanidosa, perjura, haciéndose pasar por muchos hombres, para dar celos a sus amigos... de los cuales no dudan en robarles a sus maridos y sus fortunas, y a profanar la vida de sus maridos, nombres. y los niños...

Alguien puede apuñalar a otro, impulsado por celos, odio o venganza que perturban los sentidos; puede ser un criminal, impulsado por la penuria o la impiedad humana, pero los traidores no tienen razón: siempre engañan y castigan a quienes les muestran su afecto a veces profundo; destrozan corazones dedicados, con premeditación. La perfidia, por tanto, para mí es el crimen supremo, la afrenta superlativa a los sentimientos dignos, el crimen imperdonable.

El cónyuge infiel es el asesino moral que daña a personas inocentes y queda impune bajo códigos penales, que solo consideran la lealtad debida al rey y a la patria, olvidando la que debe gravarse a la familia, que no merece menos nuestra veneración. Es ladrón de los demás y de su propio honor. Es el Iscariote abyecto, execrador, que no tiene el coraje necesario para acabar con su propia vida, con una soga al cuello, continuando vilipendiando a la sociedad con su abominable presencia.

Es el destructor de la esperanza, la felicidad y el honor en los hogares. ¿No cree que pienso bien, señorita?

– ¡Sí! – respondió con vehemencia –. ¡No encuentro justificación para el engaño practicado por novios, casados o amigos, que se convierten en monstruos sociales y deberían ser severamente castigados por magistrados incorruptos!

Eloísa, al decir esto, de repente se puso triste: recordó el sueño retrospectivo en el que había sido acusada de vil perfidia al hermoso Marcos, cuyo corazón había sido lacerado de dolor…

Poco después de esta amistosa conversación, tuvo lugar la auspiciosa ceremonia nupcial de Eloísa y Giácomo Dusmenil en la capilla del Señorío d'Argemont.

El conde, valetudinario y melancólico, incapaz de soportar la separación de su querida hija, había pedido a la pareja que se quedara en la mansión, temiendo que la muerte lo sorprendiera y lo alejara del cuidado filial.

Durante dos años permanecieron allí, serenamente, embelesados y dichosos, Giácomo y su bella consorte.

En aquella época les nació un niño de belleza angelical, pero de complexión muy delicada y salud sumamente cambiante. Los padres jóvenes vivían en inquietud constante.

Renê, como se llamaba el primogénito, era blanco como la nieve y rubio, con ojos color aguamarina que parecían traslúcidos; rastros de pureza que parecían efigies de alabastro rosa, modeladas por un Fidias celestial.

Un día, Dusmenil encontró a su esposa dormida arrodillada junto a la cuna de Renê. Ella sonrió, pero sus ojos estaban nublados por las lágrimas.

– ¿Que tiene? – Preguntó su marido con ternura.

– ¿No lo ves? Estoy velando por mi paraíso y mi calvario...

– Ojalá fuera Rembrandt o Murilo para pintar un lienzo inmortal – esperanza y miedo –, inspirado en ti, en este momento... ¿Por qué no me hice artista? ¡Cuánto lo siento ahora!

La enfermedad del señor d'Argemont empeoró repentinamente en el invierno de ese año. Sintiendo su inminente partida, le habló a su llorosa y querida hija:

– Muero en paz, Eloísa, porque te dejo casada con un perfecto caballero, de carácter irreprochable, bondadoso y solidario.

–Yo también lo creo, padre mío –respondió Eloísa–, puedo, en la actualidad, considerarme plenamente feliz como esposa. Nadie sabe; sin embargo, lo que me sucederá en el futuro... ¡Tu afecto, santo y profundo, es siempre inestimable y esencial para mí! Por eso, si te vas ahora, como piensas, ¡dejarás un vacío infinito en mi alma! No sé qué triste presentimiento me amarga mi felicidad actual... ¡Creo que, llegará el momento, lamentaré mucho la ausencia de mi padre incomparable, mi amigo insustituible! Si Dios te va a llevar ahora - ¡con qué dolor lo digo! -, a las benditas mansiones donde encontrarás a tu digna compañera, ¡nunca dejes de velar por mí!

– ¡Disipa estos pensamientos funestos, Eloísa! Giácomo te adora y ya tienes un vínculo de luz que lo une a su hogar, que será uno de paz y felicidad, como te mereces...

– ¡Dios te escuche, querido padre!

Una noche, el alma del bondadoso noble – que lo era en sus virtudes y magnanimidad –, se desprendió suavemente de la materia, que ya era incapaz de atarlo. No abandonó a su devota madre, que no lo confió al cuidado de nadie más. El nivel de su cama estaba paralelo al de ella. Se convirtió así en el centinela permanente del amado bambino.

Muchas veces me despertaba para acariciarlo, para tomarle la temperatura y el pulso. Ella salió temprano en la mañana, llevándolo de la mano, acompañada de su esposo y ambos comprometidos en fortalecer ese cuerpo débil.

Cuando cumplió seis años, intercalados por crisis espantosas, mejoró considerablemente, reviviendo las esperanzas de su padre.

Una tarde, Giácomo habló con su esposa:

– Eloísa, deseo, desde hace algún tiempo, retomar mis viajes. Tengo la intención de viajar por América en tu compañía y con el querido Renê. El viaje será largo y agotador, pero descansaremos en diferentes países.

– Perdóneme, Giácomo, pero no debo aceptar tu invitación – respondió ella, entristecida –. Sabes muy bien lo frágil que es nuestro Renê: someterlo a diferentes climas, a un cansancio incesante, tal vez provocaría su muerte... ¡Y ese pensamiento, el solo hecho de concebirlo, me aterroriza! ¡Me parece que me volveré loca si lo pierdo!

– Escuchemos la opinión de nuestro médico. Lo llamaré urgente.

El venerable Dr. Dudevant, de sesenta años, al llegar a la residencia de Dusmenil, después de escuchar atentamente al pequeño Renê, dio su opinión con firmeza:

– No debe llevárselo, señor Dusmenil. La salud del niño es extremadamente cambiante. También es aconsejable que, durante un tiempo, guarde reposo absoluto. Vendré a examinarlo con frecuencia y, con cuidados ininterrumpidos, tal vez puedas lograr tu propósito cuando llegue a la pubertad.

– Pero, ¿no le resultará favorable la diversidad del clima?

– ¿Y el cansancio del viaje por mar, señor Dusmenil? Si a bordo tiene náuseas – ya que es probable que los tenga, si lo llevas contigo – ¡estará perdido! Perdón por mi franqueza, ya que soy médico, pero; sobre todo, un padre cariñoso, no quiero rebelarme contra mí si soy imprudente...

– ¿Cuál es entonces la enfermedad de Renê, doctor Dudevant? – Preguntó el padre angustiado.

– Un ligero cambio... cardíaco. Su condición; sin embargo, tiende a mejorar. He notado que últimamente su salud ha ido volviendo a la normalidad. Sin embargo, debes evitar cualquier emoción. No se puede contradecir. Déjalo a mi cuidado, ya que lo someteré a un tratamiento metódico. Puedes irte en paz. Salvo un fracaso imprevisto...

Cuando estuvo a solas con su esposa, Dusmenil le habló:

– Estoy preocupado por lo que dijo el Dr. Dudevant. La razón me aconseja permanecer vigilante en nuestra casa, a tu lado y al idolatrado Renê; ¡pero no sé qué extraña influencia me impulsa a emprender largos viajes! Me parece que soy descendiente de Samuel Belibet...

– ¿Por qué no reaccionas, Giácomo, contra esta tendencia que te domina?

– Porque no lo considero perjudicial para nadie. Solo es costoso de realizar, pero nuestros recursos nos permiten satisfacerlo sin sacrificios...

– Arriesgas la vida cuando viajas...

– Nuestras vidas corren peligro dondequiera que vayamos. Si mi destino es morir en un accidente, nada lo impedirá. Viajar siempre ha sido para mí un placer incomparable: ¡conocer nuevos horizontes, diferentes pueblos, diferentes costumbres...!

Ahora lo que me molesta es no poder llevarte a ti y a nuestro Renê. Me iré con arrepentimiento y aprensión, pero tengo la intención de regresar dentro de un año y permanecer en mi puesto indefinidamente. Dejo a mi fiel Hamed para que cuide de mis seres queridos...

– ¡No, no, amigo mío! – exclamó Eloísa, enérgicamente – llévalo contigo, te expones a diversos peligros en regiones desconocidas y no debes separarte de él.

– Volveré a la primera llamada, querida. Si Renê se enferma, no me ocultes la verdad. Te escribiré desde todos los puertos donde fondeará el trasatlántico y podrás enviar tus cartas a los lugares que te designe con antelación. Por lo tanto, mantendremos correspondencia constante.

Dos meses transcurrieron tranquilamente después de la partida de Dusmenil.

Eloísa rara vez salía, solo para asistir a algún evento religioso, en uno de los templos de Arras, a dos millas de distancia. Fue en litera, en compañía de Renê y Marta, una criada muy cariñosa. Pasó algunas horas visitando algunas familias con las que tenía relaciones amistosas, especialmente la del Dr. Dudevant, el infatigable asistente de su amado hijo.

De repente, empezó a notar algo anormal o sospechoso en la actitud de Hamed. Desde la partida de Dusmenil, perfeccionó su traje y se presentó ante él todos los días pidiéndole órdenes.

– Señor Ariel – le dijo una vez Eloísa, sin apenas sufrir su disgusto –, no necesita recibir órdenes mías, salvo casos excepcionales. Cuando los tenga te mando a buscar. Giácomo te brinda confianza ilimitada y podrás actuar con total libertad.

– ¿Quiere, señora – respondió el indio con inaudita amargura –, evitar mi presencia? ¿Me encuentras tan horrible que me rechazas?

Se estremeció al darse cuenta que Hamed había interpretado maravillosamente sus pensamientos más ocultos, penetrando los arcanos de su espíritu, pero, por delicadeza, respondió:

– No trato a las criaturas por su apariencia, sino por el mérito que poseen o las acciones que realizan. El señor Ariel nunca me ofendió. No estoy rompiendo la verdad al decir que no tengo órdenes diarias que darte.

– Señora, no puede engañarme en sus sentimientos más secretos... He estado en privado con faquires, quienes durante muchos milenios han estado en posesión de muchos secretos del alma humana. Fui iniciado en los famosos templos del Himalaya y, para mí, la telepatía no tiene secretos: leo los pensamientos en el cerebro, tan pronto como son concebidos, como si estuviera mirando las estrellas que brillan en el cielo.... Lo entiendo... ¡ay! que me odias... ¡desde que me viste!

Levantó la mirada, hasta entonces fija en el suelo, contemplándola profundamente, como presa de un repentino éxtasis; entonces, había un brillo extraño en él, como el de un tigre indio, cuando se precipita hacia alguna trampa...

Eloísa no pareció amilanarse y, aunque palideció, respondió enérgicamente:

– ¡Señor Hamed, no hablemos de sentimientos secretos! ¡No es por eso que Giácomo, que lo considera un amigo, lo dejó para administrar sus propiedades!

Él, con humildad, la miró murmurando:

– Lo sé, señora reina...

– Reina. ¿Por qué me llamas reina? – Preguntó asustada la esposa de Dusmenil, recordando de pronto la revelación que había tenido en aquel inolvidable sueño en el internado. Entonces recordó de repente que aquel que tenía delante, en actitud humilde, no era un desconocido para ella… Recordó el palacio maldito en el que se produjo su compromiso con un déspota libertino… cuya apariencia estaba en todo parecido a Ariel…

¿Fue la transmigración de espíritus antiguos en nuevos organismos una realidad completa? ¿Podría haber reencarnado en Hamed el alma del monarca de Persépolis?

¿Estaban sus existencias, como antes, encadenadas entre sí por una fuerza suprema? ¿Cómo es que no ignoraba su nefasto pasado?

Al observar su animada agitación, Ariel le dijo entusiasmado:

– ¡Porque eres "señora", por tu belleza y orgullo! No eres una mujer corriente: ¡la inteligencia brilla en tu frente, como una lúcida corona imperial! ¿Qué cabeza más digna que la tuya puede soportarlo en el mundo?

– No lo quiero, señor Hamed – dijo Eloísa con sinceridad y desdén –. La única felicidad a la que aspiro es el amor de mi marido y de mi amado hijo.

La miró de nuevo, pero luego, con los ojos nublados por las lágrimas, se mordió los labios que estaban violáceos por la sangre. Él inclinó la cabeza

Casi tocando el suelo y se retiró silenciosamente y tambaleándose.

CAPÍTULO IX

Pasó algún tiempo sin que se produjera ningún accidente digno de mención en la residencia del matrimonio Dusmenil.

Eloísa; sin embargo, no estaba tranquila. Su alma evolucionada, que poseía facultades psíquicas de inestimable refinamiento, presagiaba algo aterrador.

A veces se daba cuenta – sin que sus ojos vieran la realidad de esta sospecha – cuando salía al parque en compañía del hermoso Renê, cuyos pasos eran seguidos subrepticiamente -; le parecía que una sombra lejana la seguía, pero en cuanto se daba la vuelta, la sombra desaparecía, en una depresión del suelo o detrás de algún tallo centenario.

Una vez, en plena noche, la despertó un canto de indefinible ternura, en un idioma desconocido, que vibraba suave y dolorosamente a través de la inmensidad de la Naturaleza, rompiendo el silencio absoluto de la mansión. Era un sollozo melodioso y apasionado, vibraba silenciosamente y como roto por un corazón angustiado, o sediento de cariño... Podría decirse que la Creación misma estaba sumergida en la oscuridad, cantando un canto meritorio, lleno de la nostalgia del Sol que recorría el otro hemisferio, inundándolo con el oro ardiente de sus rayos.

Eloísa, conmovida, sintió que se le contraía el pecho. Más que nunca, anhelaba el regreso de su marido.

Se sintió asustada, sin poder descifrar la causa del secreto temor que, desde la partida de Dusmenil, se había apoderado de su corazón. Cuando llegó el invierno, la salud de Renê volvió a cambiar,

El médico tratante, el Dr. Dudevant, al enfermar, lo había confiado al cuidado de un joven sobrino recién graduado. Eloísa le había escrito a su pareja informándole de lo sucedido. ¡Su intención; sin embargo, era liberarse de Ariel, cuya presencia se había convertido en un tormento indescriptible!

Se recluyó en la gran sala, acompañando siempre a su pequeño hijo, pálido y frágil.

Vio, con inquietud indescriptible, los duros días de invierno, a través de los vitrales, y una tristeza insoportable, un presagio tortuoso atormentaba su alma, arrancando copiosas lágrimas de sus ojos, que se deslizaban por su hermoso rostro de alabastro y subían....

El enfermo que la miraba, también se afligió y habló dulcemente:

– ¿Por qué lloras mami?

– Porque... ¡tu papá está tardando en volver!

– ¡Yo también lo extraño, pero no puedo separarme de ti, madre querida!

Ella lo besó tiernamente, escuchando sus expresiones afectuosas. Un día, para enterarse de los sentimientos de Renê, le dijo sonriendo tristemente:

– Cuando tengas que ir al colegio, cariño, ¿no dejarás a tu madre unos meses cada año?

El rostro pálido del niño se ensombreció con una repentina amargura y, sacudiendo su hermosa cabeza rubia, respondió con firmeza:

– ¡Nunca iré a la escuela, mami!

– ¿Por qué? ¿Quieres que sea tu maestro?

– Eso es porque… ¡pero no llores más mami!

– ¡Dilo! Dilo, hijito mío.

– ¡Me voy a… morir, mami!

Ella lo tomó en sus brazos, cubriéndolo de lágrimas y de besos y murmurando angustiada:

– ¿Por qué me haces sufrir así, hijo amado?

– No soy yo quien lo quiere, mami: es el Padre Celestial quien enviará a buscarme a su casa azul, donde los angelitos juegan... ¡con las estrellitas doradas!

– ¡No, cariño, pídele que te quedes conmigo! Él tiene muchos angelitos y yo... ¡solo tengo uno, aquí en la Tierra!

Ambos se movieron, se besaron y abrazaron en afectuosos abrazos, confundiendo sus lágrimas y deseando que ese abrazo durara para siempre...

Muchas noches pasó Eloísa despierta, dominada por una ansiedad sin nombre. Oró durante mucho tiempo, pidiendo la ayuda de la Madre Redentora para liberarla de tan tortuosa situación. Una noche, cuando había conseguido conciliar el sueño, soñó con verla con ropas brillantes, con un niño acurrucado en su regazo, en el que reconocía a la dulce Renê... Una angustia infinita desgarraba su alma, cuando le parecía oír la misma dulce voz del bondadoso invisible, que le había hablado en la capilla del internado de Ruan:

– ¿Tu espíritu milenario aun no está preparado para la prueba definitiva, hija mía?

¿No confías entonces tu René a la piadosa Madre de Jesús? ¿Eres acaso más sensible y tierno que Ella, que nunca se rebeló contra los designios del Altísimo cuando vio a su amado hijo en la cima del Gólgota, torturado en un árbol degradante? ¿Comprendes ahora la tormenta de dolor que azotó a esa noble criatura? ¡Por mucho que Ella esté resignada a las sentencias del juez supremo, Eloísa! No temas el sufrimiento que apuñala tu corazón: ¡déjalo sangrar como el de María, cuando vio a su Jesús vilipendiado y azotado! Convéncete, hija, que la felicidad es efímera en este planeta y solo el sufrimiento es duradero, porque todo el mundo es un zapatero que viene aquí a reparar los crímenes cometidos en muchas vidas perversas.

– Amiga descubierta – murmuró suavemente –, sé que dices verdades indiscutibles; pero como la Humanidad es frágil, tiene amargos momentos de vacilación y desaliento. El mismo Cristo, plenamente evolucionado, alma lúcida, tuvo momentos de dolorosos desmayos, y, en la cima del calvario, preguntó con infinito pesar: "*Eli, Eli, ¿lamma sabachthani?*"[1]

– ...cuando no revela la verdadera fe en los designios del Padre celestial – concluyó la consoladora entidad –. ¡Debes repeler estos pensamientos nocivos para tu progreso psíquico! Jesús no dudó de la justicia divina, era una entidad que había sido purificada por todas las luchas redentoras. Sus palabras revelan el desaliento que se apodera de las almas debilitadas en los momentos culminantes de la expiación suplicantes que el Todopoderoso ha querido enviarme.

– Sí hija, puedes estar tranquila. Muchos seres superiores velan por ti y por el cándido Renê, que ya es un ser digno del cielo, o de las mansiones de los convertidos y redimidos...

– ¡Líbrame de Hamed, a quien temo y por quien siento una aversión invencible!

– ¡Allá! Hija, ya has sido su compañera en dramas horripilantes... El destino, innumerables veces, te ha ligado indisolublemente... y solo de él podrás liberarte... ¡cuando sufras la prueba suprema con resignación estoica! Serás apoyada por amigos invisibles para superarlo cristianamente...

---

[1] Marcos, 16:34

¡Adiós! Rezaré por ti.

Eloísa despertó, y confiada en el auxilio de aquel desconocido amigo, exaltó sus pensamientos hasta lo más lejano, suplicando consuelo para su corazón, que, como un marinero entrenado en las luchas oceánicas, intuía, inquieto y temeroso, la llegada de la terrible tormenta.

Largos días de invierno se sucedían como si nunca amaneciera una nueva estación para los habitantes de aquella región.

Eloísa se quedaba a veces junto a una ventana, unida al pequeño enfermo, contemplando los nenúfares que danzaban en el aire, como desprendidos de los confines celestes por un tifón universal, y, separada del eje de cristal, se precipitaba, en miríadas, sobre esa zona del acantilado. A menudo formaban figuras fantásticas, seres aterradores de belleza ideal, planos y mutilados, como estatuas de jaspe modeladas por un escultor.

La aprensiva castellana parecía estar contemplando una escena maravillosa, destinada a representar una nebulosa tragedia wagneriana, en la que los personajes principales eran espectros o elfos...

Apretaba contra su pecho a su dulce hijito, temerosa, tal vez, que los fantasmas blancos que volaban por el aire la arrebataran de sus amorosos brazos... Se anunció la primavera, cuando Ariel, que hacía mucho tiempo que no se le aparecía, solicitó una audiencia.

El indio se presentó vestido al estilo oriental. Túnicas de terciopelo escarlata, con arabescos dorados y complicados, perfilaban su gigantesco cuerpo; un turbante de felpa negra envuelto alrededor de su cabeza, del que solo salían las puntas de sus mechones, que habían sido de ébano, pero ahora estaban mezclados con hilos blancos, recordando los flecos descoloridos de una charretera de mariscal carovingio, ahora plateada por el paso de los siglos....

La saludó con exagerada reverencia.

Renê, que se divertía saltando, hizo que el indio lo mirara, impresionado por su aspecto regio. Eloísa le devolvió el saludo con un leve movimiento de cabeza, diciendo en tono decidido:

–¿Qué quiere, señor Ariel?

–Aquí no hay amo, sino esclavo. Llámame, solo, por mi humilde nombre...

– Esclavo, vestido de púrpura, solo el Zar de toda Rusia puede poseerlos... No tengo tal pretensión. Di lo que quieras, sin preámbulos, mientras me preparo para partir hacia el castillo d'Argemont.

Fingió no haber comprendido la ironía de las alusiones y murmuró con la mirada fija en el suelo:

– Usted sabe por qué me odia, señora reina.

–¡Pero no te odio! No insistas en esta afirmación. Sé que salvaste la vida de mi marido y no puedo execrarte sin causarme ningún daño...

– Es por generosidad que hablas así... o más bien, es con inmenso sacrificio que te expresas de esta manera, en antagonismo con tus sentimientos de repulsión hacia mí. Sé que me odias con el refinamiento del miedo... ¡Todo lo contrario de lo que me pasa, señora! Te vi y fui inmediatamente atraído... por tu alma que, lo sé, fue una vez mi compañera de opulencia y muy querida en mi corazón...

¡Oh! Señora, tal vez no sepas que, en mi patria, es una antigua creencia que el espíritu transmigra durante siglos, en diferentes cuerpos, hasta purificarse, liberarse de toda imperfección, se desprende de la Tierra y asciende a las moradas serenas donde brillan las estrellas...

Pues bien: debes ser un alma a punto de abandonar este mundo vil, para no volver jamás a él... tal como este niño al que adoras...

porque, en diferentes avatares, sus destinos ya han sido unidos por los lazos sacrosantos de amor... ¿Y por qué me odias? Porque ya he sido tu cómplice en muchos crímenes, que resultaron en duros castigos. Te he hecho sufrir innumerables veces para ganarme tu cariño, pero ¡ay! ¡Siempre, siempre y siempre he sido repudiado! ¡En la marcha triunfal hacia el absoluto o Parabam, tú me precediste! ¡Yo cubrí la retaguardia, a muchos kilómetros de distancia! Todavía tengo muchos defectos... restos de las iniquidades de antaño. Lucho como un atleta para someterlos dentro de mí, pero, como víboras inanimadas por el invierno, calentadas así por las llamas del odio, reviven y causan daños irreparables... Hay momentos en que todavía me excitan los instintos leoninos. Soy vengativo y cruel. Me humillo contra los que me pisotean. Siento que de repente despierta en mí el orgullo indomable del déspota... de otros tiempos...

Se quedó en silencio por un momento. Luego, cambiando de tono, con infinita dulzura prosiguió:

– Más fuerte que mi voluntad de iniciado en los misterios del Más Allá, es la pasión la que me domina... Nunca me he dejado atrapar por los grilletes del amor.

Mi juventud, indiferente a las mujeres de mi tierra, que son hermosas, de tez dorada y ojos de ónice ardiente, se ha desvanecido de mí... Cuando te vi, señora, por primera vez, como una visión celestial, pensé que estaba contemplando una efigie de nieve coloreada por el resplandor del Sol.

Tu mirada pura, tu altivez, me fascinaron... El tesoro más codiciado por el hombre es el que está velado por dragones... Una mujer es el tesoro más valioso del mundo... cuando tiene los dragones invencibles del mundo. como atalayas, la virtud o la honestidad... ¡Eso es lo que a usted le pasa, señora, para mi desgracia! Siento que, a pesar de la brecha social que nos separa, nuestras fortunas ya estuvieron estrechamente unidas, en vidas pasadas... de las cuales yace dentro de mí – como la suave fragancia de las lilas –, el recuerdo o el anhelo indomable de aquella época. En ese momento, a veces florecido con ilusiones, otras veces plagado de cardos urticantes… Una vez fui poderoso y temido. Ya te he rendido pomposos homenajes, he perpetrado crímenes atroces para poseerte…

Hoy, miserable siervo, ya no tengo opulencias ni súbditos que se postren a su paso… pero ¿qué quiere, señora? El corazón, cegado por pasiones excitantes, ignora lo que es categoría social, y muchas veces tiene aspiraciones desenfrenadas… ¡Debes comprender, con la lucidez estelar que posees, que te adoro y sufro horriblemente por tu desdén, que me exacerba y degrada, martiriza y me vuelve loco…!

–¿Qué quiere que haga con usted, señor Ariel? – Dijo Eloísa enojada, levantándose dignamente, pálida de miedo y sorpresa.

–¿Qué quiero? ¿Qué quiero? ¿Y qué dices? – Respondió emocionándose –. Lo más sublime que hay en la Tierra: ¡solo un cariño, un beso, solo uno y seré para siempre tu esclavo, como lo he sido de tu marido!

– ¡Esclavo de Giácomo! – Respondió con irónica indignación que llenó sus níveas mejillas de jaspe –. Que aprovecha su ausencia para traicionarlo innoblemente, ¿cómo te atreves a proponerme una infamia? ¿No comprendes que este ángel, mi felicidad y mi tesoro terrenal – Renê –, nos mira, comprende lo que sucede ante sus ojos y tendría derecho a execrarme, cuando se acuerde de mí? ¿No sabes que un hijo es un centinela concedido por Dios para que quien le dio su ser nunca transgreda sus deberes conyugales y maternos, vele por su porvenir y su honra? Incluso si estuviéramos solos, no aceptaría lo que me pediste sin rodeos: nunca me considero completamente aislada: Dios vive en mi conciencia; mis ángeles protectores o tutelares me rodean; muchas veces los siento a mi lado; oigo el sonido de sus alas de armiño… ¡Me maldecirían si profanara mi alma con una traición, una abominación!

– ¡El amor opaca mi razón, me vuelve loco, señora! Cumpliste tus aspiraciones terrenales uniendo tu destino al del hombre que te idolatra... Eres intensamente feliz.

¡No sabes cuál es la tortura de un afecto no compartido y repelido con repugnancia... por alguien que sacrificaría su propia vida para conquistarlo! Yo era amigo del señor Dusmenil, por él con mucho gusto me sacrificaría una segunda vez, pero desde que te conocí... ¡empecé a odiarlo! Tengo celos de tus caricias. He tenido ganas de matarlo, para no poder besarte nunca. ¿Por qué te amo así? ¡Lamentable soy así! A pesar de todos los obstáculos que nos separan, sé que nuestras existencias ya están unidas, y este cariño que te consagro... ¡se remonta a siglos atrás! ¿Cómo puedes erradicarlo de tu corazón en tan solo un momento? ¡Imposible! ¡Imposible! ¡Qué pena, señora! Reconozco que eres virtuosa y te rebajarías convirtiéndote en mi amante o en el de cualquier otra persona... Lo único que quiero... lo que te pido... es un beso... para satisfacer esta pasión satánica – ¡si no fuera divina! – para apagar la llama voraz que consume mi alma... ¡temblando de amor y de celos!

–¿Está loco, señor Ariel? Si cometiera el crimen que me invitas a cometer, tendrías ascendiente sobre mí, destruirías mi felicidad conyugal por los siglos de los siglos.

¡Huiría de Giácomo pensando que era la más degenerada de las mujeres!

– ¡Me suicidaré ante sus hermosos ojos, para que pueda estar tranquila, señora!

– ¡Dios no permita que yo sea la causa de un crimen tan negro, es inútil, señor! ¿Un cadáver entre Giácomo y yo? ¡Sería una desventura perpetua para mí!

– ¡No provoques mi desgracia ni la tuya, señora! ¡Respóndeme!

– ¡Nunca, señor, su deseo será satisfecho! ¡Si accediera a esta petición, me sentiría degradada, manchada, infame ante mi austera conciencia! Prefiero la muerte al deshonor. ¿Quieres quitarme la vida? ¡Mátame! ¡Mátame, pero no quieras contaminar mi espíritu, que tendrá que ser juzgado por el Juez Supremo!

– ¡Ten piedad de mí, señora! Esta es la última vez que me ves… Considera las consecuencias de tu negativa: hoy te pido misericordia… ¡mañana, tal vez, me la rogarás de rodillas!

– Mi determinación es inquebrantable. ¡No insistas más en esta locura!

Rápidamente Ariel sacó la brillante daga de su cinturón dorado y la levantó hasta la frente de la indefensa esposa de Dusmenil. Renê dejó escapar un grito estridente y se desmayó en los brazos de Eloísa, quien, inmóvil, petrificada, también a punto de desmayarse, no se movió.

De repente, Hamed inmovilizó el brazo que sostenía el arma punzante, rio convulsivamente como si se hubiera vuelto loco y dijo, con entonación de ebrio, enfatizando cada palabra:

– No te mataré de un solo golpe… no; ¡pero lentamente, como a mí me han apuñalado desde hace mucho tiempo! Miles de millones de veces te arrepentirás del desdén y del orgullo con que me has aplastado…

Quiero vengarme… como lo hacen los tigres de mi tierra, cuando logran liberarse de alguna trampa en la que inesperadamente cayeron, hambrientos… Ya no tienes ante ti al humilde servidor Ariel… sino al ¡antiguo y poderoso tirano de Oriente, acostumbrado a ver multitudes postradas en su camino y hacer rodar cabezas rebeldes hacia Bolo! ¡No me volverás a ver, señora reina; sin embargo, nunca me olvidarás, hasta la eternidad!

Rápidamente volvió a guardar la daga en su cinturón y desapareció por el vasto pasillo que daba acceso a la entrada de la mansión.

CAPÍTULO X

El día inmediatamente posterior a esta trágica escena, Eloísa, llorando, se reveló a su amado Renê, que custodiaba su cama, con su salud profundamente alterada por lo que había presenciado el día anterior, cuando fueron a decirle que Hamed y Fabrício, el criado personal de Giácomo, que no lo había acompañado porque había caído gravemente enfermo en el momento de su partida, había desaparecido misteriosamente.

Sufriendo de una ansiedad indescriptible, Eloísa estuvo desesperada durante unos días por ver restablecido a su amado hijito.

Solo cuando lo vio convaleciente consideró la situación y comprendió que el rencoroso Ariel iba a preparar alguna trampa cuyas consecuencias no podía evaluar adecuadamente.

Pasaron dos meses, de aprensiones y amargas penas para la noble castellana.

Queriendo escapar de ese lugar donde creía ver constantemente la siniestra figura del hindú enojado, decidió regresar a la mansión d'Argemont hasta que regresara su marido.

El pequeño, reavivado por las ganas de salir a caminar con su entregada madre, juntó sus muñecos y cochecitos y los colocó en una de las maletas donde los sirvientes empacaban lo imprescindible para el repentino cambio.

Por la tarde, Eloísa ordenaba al nuevo mayordomo lo que debía hacer en su ausencia, cuando fue sorprendida por la llegada de Giácomo, pálido como el yeso y abrumado, visiblemente, por una intensa amargura. Al verlo, preguntó alarmada:

–¿Qué te pasa, estás enfermo?

El mayordomo se fue y Eloísa se acercó a su marido, quien con un gesto, en lugar de abrazarla, la empujó. René, radiante, se arrojó en el regazo de su padre, quien lo cubrió de besos, acunando su cuerpo diminuto y demacrado contra su pecho y sollozando por un momento. Luego, poniéndolo en el suelo, lo empujó suavemente, ordenando:

– Ve a jugar hijito, tengo que hablar… ¡con tu madre!

El niño obedeció, no sin antes besar tiernamente a su madre, quien, asombrada por la inusual actitud de Dusmenil, sintió una angustia indefinible.

– Señora – le habló el consorte con voz temblorosa, sin querer mirarla más – usted sabe bien lo intransigente que soy en cuestiones de honor. Se lo dije innumerables veces. Para mí no hay traiciones justificables.

– ¿Por qué me hablas de traición? ¿He incumplido mis deberes como esposa y madre?

Sin darle respuesta, Dusmenil continuó:

– Siempre la consideré una criatura noble, diferente en comportamiento a la humanidad común. Siempre la consideré digna de mi profundo amor, pero estaba engañado en mis convicciones. ¡Me sorprendieron brutalmente noticias degradantes sobre ti, que me hizo casi volverme loco de dolor, vergüenza y desesperación…!

–¿Qué otro sinvergüenza podría tejer contra mí calumnias odiosas aparte de Hamed?

– Ariel es un personaje intachable. Solo él es fiel y devoto de mí. ¡Ya salvó mi vida contra bestias peligrosas y ahora ha defendido mi honor!

– Defendió tu honor. ¿Qué insulto me estás haciendo? ¿Quién aquí no cumplió con sus deberes de honor?

– ¿Qué dices? – Gritó Giácomo, emocionándose – ¡Usted, a quien confié mi casa, mi nombre, mis esperanzas, mi futuro...!

–¡Pero esto es atroz e increíble! Bueno, ábrete. No salí durante tu ausencia, salvo algunas veces, para asistir a algunas ceremonias religiosas; no recibí a nadie más que a los médicos que atendieron a Renê, que estaba moribundo. Entonces, ¿qué hice para que me acusaran tan groseramente?

– ¡Fuiste a Arras... a encontrarte con tu amante... que se disfrazó de médico para poder entrar a esta casa sin escándalo y que se atrevió a venir aquí una noche, pero fue perseguido por Ariel y Fabrício!

¡Dios mío! ¡Parece que me voy a volver loco de dolor y de ira! ¿No sospechabas que la dolorosa verdad se descubriría tan rápidamente? No me conmueven vuestras falsas expresiones de indignación... ¡Todas las adúlteras las tienen, tan dramáticas, para proteger a sus maridos ultrajados!

– ¡Llama a mi presencia a esta gente infame!

– Te ahorraré esta humillación... Creo que tendrás el suficiente sentido común como para no discutir un caso de honor delante de dos sirvientes...

– ¿Crees entonces más en dos miserables sirvientes que en mí, que tengo un pasado intachable?

– Confié demasiado y ciegamente en su virtud ficticia... No hay mujer hermosa en la Tierra que sea honesta y fiel: ¡todas ceden fácilmente a las seducciones del hombre que les agrada!

– No me ofendas así, injustamente, Giácomo; Ariel no es tu amigo: ¡esa víbora te engaña!

– ¿Por qué? ¿Por qué le tuve miedo cuando le dije que los cuidaría a ti y a Renê hasta que yo volviera? ¿Por qué te negaste a acompañarme, pretextando la enfermedad de Renê?

– Porque el Dr. Dudevant no estaba a favor que nuestro pequeño hijo fuera. Porque me doy cuenta que Hamed nos odia. Solo que tú no entiendes esa mirada rencorosa de tigre.

– No intentes engañarme más: toda esta aversión que expresas hacia él se debe a que… ¡Ariel entorpeció tus planes de engaño y villanía!

– Pues bien: ya que no quieres creer en mi sinceridad; ya que me estás insultando sin pruebas, aceptando las calumnias de dos personas infames, ¡pide el divorcio y prueba las abyectas acusaciones que acabas de hacer contra mí!

– ¿Seguramente quieres hacerte otra víctima, liberándote de las ataduras jurídicas que inhiben contraer nuevos matrimonios…? ¿Separarte legalmente? ¡Nunca! El divorcio es la deshonra de la familia, vulgarizada y confirmada por las leyes sociales. No quiero arrastrar mi nombre y el de Renê por los tribunales y los sumideros de la curiosidad pública. No quiero arruinar el futuro de mi hijo. Separémonos, pero no judicialmente.

– ¡Restringes mi derecho a la defensa, Giácomo! Solo ahora reconozco – continuó llorando, sin tratarlo ya con familiaridad – que eres injusto y egoísta. Te tenía un afecto muy intenso, que pensaba que era inquebrantable.

Tus odiosas sospechas y agravios acaban de desilusionarme. Separémonos, pues, porque ya no podré tratarte como hasta ahora, pero tomo a Dios por testigo de la incriminación que me hiciste, dando crédito a dos villanos pérfidos. Escúchame por última vez y graba en tu alma lo que te voy a revelar: Ariel es tu rival disfrazado de amigo y humilde servidor. Cuando descubras la verdad, te arrepentirás de los insultos que acabas de proferirme. Sentirás un remordimiento punzante... ¡pero el arrepentimiento no te servirá de nada!

— ¡Demuéstrame que Ariel mintió y lo mataré como a un perro hidrofóbico! – Exclamó Dusmenil en el colmo de la emoción y la locura.

Eloísa, en uno de esos momentos en los que se cree que ha pasado un siglo – pensó en decirle la verdad, pero sintió un repentino aturdimiento y la dulce voz que hablaba dentro de su alma en momentos dolorosos, le susurró con energía:

— Previene el derramamiento de sangre, querida hija. Si lo haces, tu prueba fallará. Súfrelo todo, pero no te vengues. ¡Dios te hará justicia!

Luego, descolorida como una estatua de mármol, disuelta en lágrimas, dijo noblemente:

— ¿Cómo se puede probar lo que se exige, si no mediante una investigación judicial, o con el tiempo? ¿Cómo puedo obligar a los sinvergüenzas, que se atrevieron a manchar mi honor con innobles calumnias, a tomar conciencia y retractarse?

— Pues bien: sabré investigar lo sucedido para conocer la realidad de los hechos y castigaré al culpable o culpables, si los hubiere. Ahora; sin embargo, es urgente que vayas a d'Argemont. Me quedaré y me haré cargo, de ahora en adelante, del trato y educación de Renê... ¡quien pretendo que sea un caballero honesto!

— ¿Estás loco? ¿Quieres sacrificar la vida de un ángel en el furor de tu inicua venganza? ¿Dónde aprendiste a ser tan cruel y despiadado, si no fue fascinado por ese maldito hindú?

— Renê me ama tanto como a ti. ¡Lo cuidaré día y noche y pronto te olvidará!

— ¿Olvidar a mi amado Renê? ¿Quizás hacer que me odie? ¡Mátame, entonces, pero no practiques esta maldad indescriptible!

– Realmente pensé en quitarle la vida… Ese fue mi primer impulso, asqueado por lo que oí; pero luego reflexioné que estaría solo con mi desventura y dejaría a Renê con amargos disgustos futuros: ¡hijo de un asesino y de una adúltera! Es por amor a este niño que no te apuñalo. Más bien, quiero que sobrevivas, que sufras las consecuencias de tu crimen, que caigas en desgracia como tú… porque sé cuál será mi futuro… ¡que parece haberse derrumbado y rodado hacia un abismo!

Por un momento, Eloísa, abrumada, presa de una desesperación infinita, no pudo tomar una decisión definitiva. Luego habló medio alucinada:

– Señor, déjeme quedarme aquí hasta que Renê, aun convaleciente, se recupere por completo. Viviremos como extraños.

– Imposible atenderte. ¡Ya no tengo intención de viajar y tu presencia se me ha vuelto odiosa!

CAPÍTULO XI

Eloísa, no pudiendo ya sufrir el tormento moral causado por los agravios de su marido, salió apresuradamente de la habitación. Ella fue a su habitación, donde Renê la esperaba angustiado, sonriendo ante varios juguetes que inmediatamente arrojó al suelo al ver a su madre llorando. Le rodeó el cuello con sus débiles brazos, como un vivo collar que la castellana tenía la intención de no desatar nunca durante el transcurso de su existencia.

– ¿Por qué lloras tanto, mami? – Preguntó, angustiado, con infinita ternura –. ¿Fue papá quien te molestó? ¿Fue tu Renêcito? ¿Qué hice?

Ella, inundándolo de lágrimas, dijo sollozando:

– Mi amado angelito, nunca me molestaste. Lloro porque no te veré... durante unos días. Estás enfermo y no puedes viajar. Yo me voy al castillo d'Argemont y tú te quedarás con tu papá, que también te quiere mucho, pero nunca me olvidarás, ¿verdad?

El niño la abrazó con más fuerza y exclamó:

– ¡No voy a dejarte ir, mi querida madre! ¡Quiero ir contigo!

– Aun así... duerme, hijito, para que podamos salir temprano en la mañana. Dirigiéndose a una doncella, una aldeana robusta e insinuante que la miraba entre lágrimas – ordenó dulcemente:

– ¡Ve a buscar la leche para Renê, Marta!

La criada, antes de obedecer, bajó la voz y le dijo:

– Señora, perdone mi audacia y mi grosera franqueza: ¡sé lo que le pasa! Escuché toda la conversación mientras ordenaba casualmente la sala de estar... Sabes que estoy casada y que mi marido, o mejor dicho, mi verdugo, está en el Sur, visitando a su familia.

No me llevarás a d'Argemont, pero te lo ruego: ¡no me dejes aquí! ¡Deseo seguirte, como una esclava, dondequiera que vayas!

En aquellos momentos de amargura, dominados por un desánimo invencible, la dedicación de Marta conmovió intensamente a la infortunada señora.

– ¡Gracias Marta, te quedarás conmigo todo el tiempo que quieras!

Luego, con amarga ironía:

– A veces un alma noble no se refugia en un noble, sino en una noble...

La criada salió para cumplir sus órdenes.

Eloísa, siempre llorosa, siguió abrazando a su pequeño hijo, hasta que, al verlo a punto de dormirse, lo acostó en la cama.

La noche ya había descendido su crespa estela sobre el hemisferio oriental. Nunca había parecido tan sombría. Se podría decir que un océano de oscuridad inundaba su alma.

Marta volvió. Eloísa, controlando la angustia que oprimió su corazón, después de darle de comer a Renê, lo hizo orar, arrodillándose sobre la cama. Luego lo besó en la frente, en el cabello y murmuró:

–Ahora duerme, hijito...

– ¡Entonces no llores más, mami!

Ella, conteniendo los sollozos, se calmó, arrodillándose junto a la cama del pequeño, acariciando su angelical cabeza. Al verlo dormir, murmuró extendiendo los brazos sobre él:

– Santa María, te lo entrego… ¡Ten piedad de él… y de esta desdichada madre que era! ¡Dame valor sereno para, siguiendo el ejemplo de tu buen Hijo, beber el cáliz de la amargura hasta la última gota!

Luego se levantó lentamente, sintiéndose impotente para ejecutar la aplastante sentencia que pesaba sobre ella. Miró largo y ansiosamente a su pequeño hijo dormido, comprendiendo que aquella amada imagen quedaría grabada de forma indeleble en su alma adolorida.

Se envolvió en una larga capa negra, con la que había llorado a su tembloroso padre – y, seguida de Marta, atravesó a trompicones el largo pasillo que conducía a la casa señorial, el mismo por el que, poco tiempo atrás, había visto alejarse tambaleándose al desaforado Ariel…

El recuerdo de la siniestra figura, que parecía seguir sus pasos constantemente, le hacía temblar convulsivamente… ¡Cómo se había vengado el terrible hindú de su noble fidelidad! – Pensó. Él fue, ya ves, el cruel e implacable verdugo de Persépolis…

Pero, ¿qué había hecho sino resistirse a la denigrante propuesta de traicionar a su amado ausente, quien ahora, fascinado por sus hechizos, la expulsaba del hogar, que había sido una vigilante inmaculada y heroica?

¡No aceptar el crimen, para los criminales, es ser peor que ellos, a juicio de sus conciencias turbadas! Es la guerra perenne de las tinieblas contra la luz. Es el grito furioso del mastín encadenado, viendo pasar en el azul la galera radiante de la Luna, es la rabia del león enjaulado viendo más allá, en el prado florido, pasar inocentes ovejas que quiere devorar….

La virtud, como el vicio, tiene adversarios inexorables. Algunos; sin embargo, esperan siglos de sufrimiento; para otros, milenios de bendiciones y fortunas.

Ella nunca aceptaría un acto indigno. Prefería la muerte, la tortura moral. No lloraba, pero una profunda agonía desgarraba su pecho oprimido. Se dejó caer dentro de la litera, cerró los párpados y monologó íntimamente:

–¡Oh! ¡Cómo se hicieron realidad todas las atormentadoras premoniciones de antaño! ¡Qué desgraciada soy! ¡Me lo imaginé y le dije a mi padre que lo sería si me casaba! ¿Qué poder desconocido e invencible me obligó a no denunciar al falso Ariel ante Giácomo, fascinado por su nefasta influencia adquirida en los misteriosos ritos del Indostán? ¡Dios mío! ¿Cómo puedo soportar la vida, odiada y despreciada por quien fue mi único amor terrenal, y lejos de mi amado Renê? ¿Me olvidaré de mi querido angelito? ¿Qué delito cometí para merecer una sentencia tan severa de un Juez tan magnánimo?

La voz muy suave, que siempre la avisaba en tiempos de adversidad, respondió a su última pregunta:

– "¿Qué delito has cometido, Eloísa? Bueno, ¿no lo viste, querida hija? ¿No fuiste tú una traidora y un perjuro? No hiciste, impulsada por la vanidad y el orgullo, fuiste la déspota más cruel que acababa de destruir su felicidad terrenal, no derramaste ríos de sangre, no mataste a quien te idolatraba: Marcos, cuyo corazón generoso heriste con el puñal de la traición, de la desesperación."

– Pero, ¿no he tenido ya tantas existencias de expiación? ¿Por qué solo ahora rescato estos crímenes de hace tantos siglos?

– "Porque es precisamente ahora cuando tu espíritu se galvaniza en el dolor. Ha adquirido percepciones lúcidas, sentimientos nobles y, en estas condiciones, los sufrimientos morales tienen mayor mérito que cuando estaba eclipsado por las impiedades que practicaba…

Esta prueba que estás atravesando, si la soportas con dignidad, será la última de tus existencias planetarias, cerrada con un broche de diamantes; y estarás preparada para los grandes estallidos del Más Allá..."

– Lástima, amigo mío: ¡no recuerdes más esas páginas negras y sangrientas! Ruega al Todopoderoso clemencia por esta desgraciada; ¡ánimo para no fallar en estos momentos de dolor superlativo!

– "¡Ánimo, hija querida! ¡Tu amarga expiación no durará mucho! Acepta las pruebas definitivas sin desfallecer ni rebeldías... y tu alma, afinada por el dolor, redimida por la virtud, podrá emprender las sublimes misiones de los mensajeros siderales... No acuses; ¡no blasfemes, no guardes rencor a tus antiguos compañeros!

– ¡Pero es horrible, buena amiga, haber sido fiel a mi marido, sacrificar casi mi propia vida y ser expulsada del hogar, como adúltera y desleal!

– "Lo sé bien, hija mía, comprendo toda la magnitud de tu amargura; pasaste por la prueba más grande de todas las existencias, pero la más meritoria; triunfa con audacia y heroicidad, como el legendario Hércules, de la poderosa Hidra de la traición que, una vez, se alojó victoriosa en su espíritu mercenario... Esfuérzate en hacer una oración ferviente al Padre misericordioso, que brindó la oportunidad de saldar una siniestra deuda del pasado...

¡Humíllate, inmólate en la lucha del sufrimiento y de la virtud, como la Doncella de Orleans, para alcanzar la plena rehabilitación! ¡Perdona a quienes te hacen purificar con lágrimas y agonía las manchas que aun denigran algunos pétalos del lirio albente de tu alma!

La dulce voz se calló, y solo entonces Eloísa sintió torrentes de lágrimas brotando de su interior, como si su corazón desgarrado por el dolor se hubiera transformado en un Volga de lágrimas, fluyendo por sus ojos heridos. La noche era de oscuridad compacta. Una terrible tormenta era inminente.

Los lacayos que llevaban la litera encendieron en primera línea dos faroles rojos que, destacando en el cielo nocturno, parecían dos ojos brillantes y fosforescentes de un dragón mitológico, o de un monstruo dantesco que merodeara entre las sombras de las Gehenas.

Eloísa, por un momento, miró hacia la Naturaleza enlutada, como envuelta en un espeso sudario de crepé. Ni siquiera podía distinguir los perfiles de las colinas menos lejanas. Los árboles y arbustos al costado del camino por donde seguía la litera, vistos de un vistazo, parecían centinelas romanos carbonizados en un incendio que devastó la Ciudad Eterna y se extendió por todo el planeta Tierra, y se transformaron en espectros negros, con los brazos entrelazados ensayando un encaje perenne o una danza macabra, acurrucados en defensa mutua, para no ser arrastrados por los torbellinos que rugían y los hacían oscilar en el suelo…

Las raras hojas que tenían al comienzo de la primavera crujían constantemente, este sonido parecía una música extraña preludida solo en flautines formados a partir de tibias humanas…

Eloísa ya no sabía distinguir si seguía en el mundo abyecto o irreal, creado por los mitógrafos, o si era transportada a un antro de tortura inquisitorial.

Suponía que en la litera solo llevaba su cuerpo material, mientras su alma, sacudida por un ciclón africano que hendía la extensión ennegrecida, iba en busca del lecho nevado de Renê…

Pero de repente, en el cielo plomizo, momentáneamente iluminado por el serpenteo de un arroyo, le pareció ver una frente dorada con el resplandor de una estrella, extrañamente parecida al hijito idolatrado, ya en busca del infinito…

– ¡Señor! ¡Señor! – Exclamó con las manos suplicando, sollozando –. ¿Qué significa eso? ¿El angelito amado ya no me pertenece? ¿Ya no lo veré en esta existencia convulsa? ¿Lo llevarás, oh Dios, a tus reinos azules? ¿Cómo viviré sin sus caricias? Sé que voy a morir de angustia y añoranza... pero, ¡acorta mi martirio! No... ¡perdóname, Señor! ¡Que se cumpla mi doloroso destino y se haga tu divina voluntad!

– ¿Con quién está hablando, señora? – Preguntó Marta angustiada, suponiendo que la ama se había vuelto loca.

Ella no respondió; cayó rígida sobre los cojines de la litera. Solo el cuerpo de mármol quedó junto al fiel servidor, como una estatua de la Virgen que hubiera caído de un altar bajo el vigoroso impulso de manos iconoclastas; su espíritu; sin embargo, a través del estremecimiento del sufrimiento incontrolable, se había liberado de la prisión relegada... – Marta la llamó en vano – estaba inanimada...

LIBRO II

CORAZONES ROTOS

CAPÍTULO I

Gastón Dusmenil, en su estudio, después del violento diálogo con su esposa, se sintió invadido por un disgusto indescriptible; vio, para siempre, el bergantín dorado de todas sus más felices esperanzas; ¡Destruidas, de repente, como por un shock sísmico, todas las fortunas terrenales!

Los pensamientos chocaban en su cerebro, víboras de fuego, como relámpagos en estado de luto, culminando en el colmo de la consternación, casi arrojándolo al sumidero de la locura... Había sido cruel con Eloísa, lo reconoció, pero el dolor lo alucinó, presentando a su mente perturbada la figura de Otelo: se habría convertido en el verdugo de la adúltera si no hubiera sido por el débil y cándido Renê, cuyo recuerdo suavizó su corazón, evitando que se volviera uxoricida.

¡Traicionado! ¡Con qué facilidad había olvidado el perjurio nada más salir de casa, donde había dejado encadenada su alma leal y anhelante! ¡Había confiado demasiado en quien consideraba el prototipo de la fidelidad, intangible al mal, deshonesta, celestial en espíritu y físico, y; sin embargo, había tenido el descaro de introducir un amante en su propia habitación conyugal! La indignación había sido inmensa e imperdonable. ¿Por qué no la había apuñalado en silencio, como si aplastara a un asqueroso áspid, cuando ella se le acercó? ¿Por qué no había desafiado su honor con la vida de un pérfido?

No se había dejado engañar por los conceptos relativos a la sociedad y a la mujer: la corrupción había contaminado todas las almas, contaminado todos los corazones; no había virtud, solo había un simulacro de rectitud de carácter ante el público, pero, ¿y si, realmente, Ariel y Fabrício, con intenciones desconocidas, hubieran planeado un crimen degradante contra ella? Se convertiría en asesino, sin remordimientos, para castigar a los malvados…

Un temblor recorrió su cuerpo, como si su propia alma convulsionada hubiera sido golpeada por una avalancha glacial, bajada de los Andes, desgarrándola, aplastándola, pulverizándola…

Se sentía mareado, como si se deslizara precipitadamente por un escarpado acantilado, sin tener un arbusto, una sutil telaraña que sujetara sus manos apretadas en una hiperestesia nerviosa.

Llegó lo antes posible a la ventana y, a cien metros de distancia, vio alejarse la silla de manos, iluminada por dos faroles rojos, apenas distinguiendo la silueta de los nimnia y los lacayos, no apareciendo figura alguna de quienes se encontraban escondidos en el interior del vehículo, que avanzaba lentamente por el camino desierto y dormido…

Su desgracia fue total: se separó, como un enemigo implacable, de la única mujer que había idolatrado, admirado, considerado sin restricciones y a quien había confiado su casa, su nombre, su alma, sus sueños, sus esperanzas.

Inocente, ¿verdad? No, desafortunadamente. Si hubiera sido, por orgullosa que fuera, se habría defendido heroicamente, para no ser repudiada por él y la sociedad; sobre todo, para no separarse de Renê, a quien parecía adorar.

¡No! ¡Era claramente culpable, criminal, perjura, condenada!

Pero ¿por qué lo había reemplazado por otro, sabiendo lo mucho que él la amaba? ¿Quién fue este amante privilegiado? Sobrino del Dr. Gontran, aseguraron los celosos sirvientes. ¿Cómo se había infiltrado en el noble corazón de Eloísa? ¿Por qué se reveló sobre el tratamiento del niño? ¿Tenía predicados físicos e intelectuales que él, Dusmenil, no poseía?

Tenía que descubrir la verdad, averiguar si el joven Esculapio había sido introducido en sus habitaciones por la noche, con el pretexto de examinar al pequeño enfermo...

La ira, los celos, lo cegaron.

Estaba borracho, drogado, con ideas turbulentas, creyéndose dominado por sugerencias satánicas de venganza atroz...

Su alma, en plena juventud, había ideado una empresa sin precedentes: un hogar sagrado para el amor, inexpugnable para el mal, un Edén en miniatura, un santuario humano lleno de consuelo y afecto, donde Eloísa reinaba como una reina misericordiosa, un ídolo intangible a la ignominia. De repente, otro usurpó su felicidad, como si ésta hubiera sido fundada en la cima de los Alpes y se hubiera desmoronado en bloques de hielo que, desprendidos de esa altura, rodaron hacia el ardiente e insondable cráter de un Stromboli en violenta erupción...

¿Por qué había puesto a su esposa tan alto?

Porque la suponía la realización de todos sus ideales terrenales: bella, física y moralmente, afectuosa, inteligente, gentil, una síntesis de todas las perfecciones humanas... Pero ¡ay de él! No fue el único hombre que notó su belleza... otro la había codiciado y el ídolo de alabastro blanco como la nieve, que había colocado en el santuario de su alma sentimental y honesta, había caído desde arriba y se desmoronó, rodando hacia el sumidero de perfidia y engaño, villanía...

Su desventura fue completa: no podía intentar una separación legal, para que su honor no fuera contaminado en los tribunales; pero sabría hacer un esfuerzo contra el hombre que había destruido toda su felicidad edénica. La justicia humana, a su juicio, era viciada e imperfecta, considerando solo el dolor, los daños materiales, los daños corporales, el homicidio, sin más leyes que castigar la traición a la patria y al rey, nunca la de los amigos, los cónyuges, de quienes destruyen la felicidad.

En el colmo de su consternación, se arrojó en un sofá, sintiendo aniquiladas sus fuerzas orgánicas, cuando lo llamaron.

– Llévame allí, papá. No voy a despertar a mamá, solo quiero darle un besito... ¡solo uno!

– Mañana, hijito; ahora, si despierta, podría empeorar.

– ¡Oh! papi... si ella no viene aquí... ¡me voy a morir!

– ¡No, cariño, no digas eso! ¿No tienes aquí a tu papá que te quiere tanto?

– Pero también quiero a mi madre conmigo... hasta... ¡voy al cielo!

Fue con gran esfuerzo que Dusmenil logró verlo volver a dormirse, pero sollozando y espantosamente pálido...

CAPÍTULO II

Dusmenil no se retiró ni un solo momento a su cama, vigilando a su pequeño hijo y excitado por los pensamientos más contradictorios.

Tuvo la impresión que había transcurrido un siglo en aquella noche funesta.

Cuando procedió contra Eloísa, dominado por el odio y los celos, había supuesto que estaba ejerciendo un derecho indiscutible; sin embargo, se dedicaron largas horas de reflexión; una vez que sus impulsos más violentos se hubieron enfriado, como si hubiera encendido un fuego interior – a veces parecía escuchar el crepitar de las pasiones en el fuego ardiente de su corazón, dejándolo luego sumergido en cenizas –, se creyó arbitrario y apresurado.

Él también había cometido un error. En su conciencia recta e inmaculada se instituyó un tribunal implacable para juzgarlo.

El pasado inmaculado de su esposa lo presentaba como una vehemente negadora y protestante contra las insidiosas acusaciones de los criminales. ¿Por qué la repudió antes de comprobar el crimen?

Recordó el arrepentimiento que había mostrado Eloísa cuando decidió continuar sus viajes. ¿Por qué la había dejado aislada, con su pequeño hijo siempre enfermo, necesitado de cuidados incesantes, inquieto, rodeado solo de sirvientes?

¡Que locura! ¡Últimamente lo reconoció! ¡Abandonarla en aquel castillo, casi un claustro, sin un pariente, un consejero, un amigo devoto!

¿Qué placer podría encontrar en cualquier región del globo, si no en ese estanque de paz, al lado de esos dos seres temblorosos? Era joven, hermosa, muy inteligente, inspiraba admiración y amor irresistible entre los hombres nobles sensatos. Él, y no Ariel, debería ser el Cerbero de su hogar. Su casi abandono ciertamente había sido notado por todas las personas cercanas a él. Hubo entonces alguien que se deslizó en el alma de su esposa y, como hay en todos los corazones, por nobles que sean, el secreto deseo de venganza, mientras él huía a la apacible dicha de su santuario, dominado como Asvero por la tentación de viajar por el mundo, otro había entrado en el santuario.

Se trataba de una "venganza" femenina, común a casi todas las mujeres en su juventud y a otras bellezas helénicas... La venganza; sin embargo, había superado la ofensa, si es que realmente se había cometido una ofensa.

La había puesto a prueba; sin embargo, si salía ilesa, si triunfaban la virtud y la fidelidad, nunca se separaría de ella ni de su pequeño hijo y solo la muerte, o la fatalidad, podrían separar esos tres corazones que parecían unidos a ella por el destino, ¡con grilletes de diamantes indestructibles! Pero ¡con qué amargo dolor, con qué infinito pesar lo reconocía! ¡Había sido engañado en sus predicciones, vencido por la desventura y la traición!

El amanecer sorprendió a Dusmenil y lo hizo reflexionar amargamente. Ondas de luz – perlas etéreas mezcladas con un rubí fluido –, invadieron la habitación en la que se encontraba sufriendo y sin dormir. Había amanecido plenamente y en su alma había oscuridad y lágrimas...

Pasaron días de amargura para Dusmenil, que se dedicó por completo a su amado hijo. Él; sin embargo, no pudo aceptar la separación de su amada madre y cayó en una profunda depresión. Aprensivo, Giácomo llamó al Dr. Dudevant con urgencia. Le contó que Eloísa había sido llamada repentinamente al señorío d'Argemont por el mayordomo, quien estaba gravemente enfermo y quería hablar con ella antes de su probable muerte. Para evitar el cansancio del viaje, había dejado a su cargo al pequeño René, que estaba inconsolable y un poco febril.

El doctor Gontran era alto y delgado, con una apariencia varonil e insinuante. Después de felicitarlo por su regreso a casa, él lo miró insistentemente como si quisiera descubrir sus pensamientos más ocultos y comprendió, lúcidamente, por la palidez de su rostro, que algo inusual había sucedido entre la pareja.

– Sería preferible – dijo lentamente –, que la señora Dusmenil se lo llevara con ella, antes que contradecirlo, sometiéndolo a un shock que podría alterar profundamente su salud...

– La partida de Eloísa ayer fue inevitable, ya que el mayordomo d'Argemont quiso hacerle declaraciones "*in extremis...*" ¿Cómo nos llevamos, al querido Renê, con la noche de tormenta que pasamos?

– Y... ¿cuándo piensa regresar?

– Cuando sea posible...

El médico permaneció en silencio, aprensivo. Giácomo le interrogó hábilmente, queriendo recabar información que le interesara mucho:

– Doctor, ¿durante mi ausencia estuvo gravemente enfermo?

– Sí, en un estado casi desesperado.

– ¿Por qué no fue confiado a tu cuidado?

– Porque estaba en la cama. Usted sabe bien que el invierno es cruel para los reumatistas... Luego se me unió un sobrino muy inteligente, recién graduado, Luciano Dudevant, que durante algunos días me reemplazó con ventaja...

– ¿Hubo llamadas nocturnas?

– Sí. Parece que hubo un incidente con su pequeño hijo, sobre el cual la señora Dusmenil mantuvo en secreto, pero casi se vuelve loca cuando lo vio medio muerto… ¿No te lo contó?

– No hubo tiempo… Estaba esperando que yo llegara para poder salir urgentemente… ¿Dónde está tu sobrino ahora?

– En Italia, en un viaje de bodas. ¿Por qué me preguntas?

– Porque… quiero agradecerle por la dedicación con la que trató al querido Renê, salvándolo de la muerte.

– No intentes compensarlo – prosiguió solemnemente el anciano – tu esposa ya lo ha hecho, a través de mí; pero Luciano, que tiene una fortuna personal, no quiso recibir lo que le envió, y me lo dio para que descansara unos días y tuviera una mejor alimentación.

Giácomo guardó silencio, meditabundo; luego, como despertado por la realidad y habiendo tomado una resolución secreta, dijo:

– Ven a ver al enfermo.

El niño todavía estaba postrado en cama. Su palidez era sorprendente. Parecía inanimado. Se podría decir que se trata de una bella imagen de alabastro, medio velada por mantos blancos. Respiraba con dificultad y su rostro recordaba la angustia.

El piadoso Dr. Dudevant se lamentó a sí mismo. Escuchó atentamente la zona del pecho. Dusmenil, con una ansiedad indescriptible, sigue cada uno de sus movimientos, observando su expresión facial. Cuando lo vio terminar el examen, argumentó con entusiasmo:

–¿Qué opina, doctor? Apelo a su lealtad para que me lo digas sin subterfugios. ¿Cuál es la enfermedad de mi pequeño hijo que los médicos no me revelan?

El médico permaneció en silencio, visiblemente preocupado; Luego, con firmeza, dijo:

– Es un caso raro en Patología. Nunca te dije la verdad, para ahorrarte a ti y a tu esposa que lo adora un gran dolor: Renê nació con una lesión en el corazón, que empeora con el menor shock y cualquier shock violento puede ser fatal... Míralo, parece que el pecho está arqueado: la endocarditis está comenzando a manifestarse.

– ¡Dios mío! ¿Qué dice, doctor? ¿Es esta enfermedad incurable? ¿Por qué no me lo dijiste antes de irme a Estados Unidos? – dijo Giácomo dejándose caer en la cama, a punto de desmayarse de angustia.

– Ánimo, señor Dusmenil – murmuró el médico, conmovido, sosteniéndolo –. Intentaré aliviar tu sufrimiento. Manda llamar a tu esposa urgentemente. La dolorosa impresión que se cree poseído puede ser desastrosa, ya que no puede aceptar estar separado de su amada madre.

Giácomo tomó una decisión rápida y decisiva: envió un emisario al señorío d'Argemont, llamando a Eloísa a Renê... mientras él emprendía un nuevo viaje, del que nunca regresaría...

Pasaron horas de inquietud y amarga expectación. Al regresar, el mensajero dijo que no había podido hablar con la señora, quien se encontraba postrada en cama, delirando, sin poder tomar resolución alguna, con su vida en peligro inminente...

– ¡Es el destino! – Exclamó Gastón, consternado y disgustado. Y reflexionó íntimamente:

– Debe ser el remordimiento por la acción indigna que cometió lo que la enfermó... Es el arrepentimiento de haber sido separada de la única persona... ¡a quien ama de verdad! Dios es justo. ¡Así comprenderá el dolor sin precedentes con que fue desgarrado mi corazón fiel y entregado!

Eso pensaba él, pero no se sentía satisfecho en su deseo de venganza contra la pérfida mujer. Algo dentro de él desaprobaba el procedimiento, atormentándolo, un garrote que inexorablemente se apoderaba de su alma.

Intentó sofocar los gritos de su conciencia, revelándose al pequeño enfermo, infundiéndole la esperanza de volver a ver a su madre, colmándolo de regalos, promesas, ternura...

El niño abrió los párpados, lo miró fijamente y, aunque su cara de jaspe mostraba dudas sobre lo que prometía, sonrió dulcemente y luego retomó su mirada triste. Su mirada empezó a suavizarse, y luego sus mejillas adquirieron la blancura de las camelias más níveas.

El Dr. Gontran lo examinaba más de una vez al día y no encontraba ninguna mejoría.

Una noche, Renê se despertó, se sentó en la cama y se llevó a la boca su mano derecha, casi diáfana, luchando por extraer un incisivo que llevaba mucho tiempo sacudido. Su padre lo ayudó amablemente y, en unos segundos, le sacaron el diente pequeño y uniforme, con unas gotas de sangre. Renê, como despertando de un largo sueño, recordó que Eloísa ya había intentado extraerlo para conservarlo, pero se había rendido para no lastimarlo.

– Envíalo a mi madre... ¿Sí, papá? Ella me lo pidió - murmuró con lágrimas en sus ojos azules.

– Sí, mi corazón. Lávate la boca. Se lo enviaré mañana.

El niño obedeció, sosteniendo un vaso que le había presentado su padre. Al ver la sangre enrojecer sus labios, Dusmenil, que ya estaba conmovido, sintió lágrimas en los ojos, como si salieran de su corazón angustiado.

– Si pudiera – pensó –, transfundir la última gota de sangre para tonificar y reavivar su debilitado organismo, lo haría en ese momento, ¡con alegría superlativa! Lavó el diminuto diente blanco y lo guardó en su cartera, como una perla de Ofir.

En la residencia de Dusmenil transcurrieron días de indescriptible amargura, con la lentitud que solo el dolor imparte al tiempo. Se diría que los días y las noches nunca terminaban, en perpetuo estancamiento...

Una noche, el angustiado castellano, que caminaba con su pequeño hijo en el regazo, recibió la advertencia de un hombre que Hamed y Fabrício, al regresar de París, necesitaban hablar con él.

Para no perder ni un momento al querido paciente, entonces tranquilo y acurrucado contra su pecho, hizo entrar a Ariel. Al verlo, el niño lanzó un grito desgarrador y agarró aterrorizado el cuello de su padre.

–¿Qué tienes, querido? – Preguntó, angustiado y entristecido.

El niño apenas podía tartamudear, con la voz quebrada por el revuelo causado por la presencia del siniestro personaje:

– Manda a Ariel afuera… ¡papi! Tengo miedo... ¡miedo de él!

.Giácomo se dirigió al recién llegado y le dijo:

–¡Está muy mal, Ariel, y no lo puedo detener! Te atenderé lo antes posible... Ahora no.

Cuando el indio se fue, Giácomo preguntó afectuosamente:

– ¿Por qué, Renê? Ciertamente deliraba, asustado por la repentina aparición de su más fiel sirviente, quien no le agradaba, probablemente por influencia de su esposa que, desde que lo vio, lo odió... O si no, ¿quién podría decírtelo? – Había tomado algún sueño trágico como una realidad viva...

El niño seguía agitado y lloroso, murmurando con voz quejumbrosa:

– ¡Papá... envía a buscar a mamá querida...! ¡Hamed puede ir allí... y matarla! Quiero verla... hasta pronto... me voy a morir...

¡El tormento de Giácomo era indescriptible!

Le ofreció un cordial abrazo al paciente, pero las palpitaciones que padecía eran tan fuertes que se escuchaban a un metro de distancia. Su pecho se elevó, como si su corazón, vivo y tembloroso, oscilando como un péndulo acelerado, quisiera perforarlo... para volar hacia el cielo, o en busca del castillo d'Argemont, donde se resguardaba lo más preciado para él.... en el Universo, que el cielo mismo: ¡la madre adorada!

Dusmenil besó a su pequeño hijo, rogándole que no llorara, que se calmara.

De pronto dejó de llorar y preguntó con infinita dulzura:

– ¿Prometes mandar a buscar a mami mañana?

– ¡Sí, cariño, te lo juro! ¡Puedes creer en tu papá que te ama muchísimo! Si ella no viene... ¡te llevaré donde está!

René sonrió encantado y un resplandor de alegría celestial angelizó su rostro pálido, que ya parecía el de los querubines de mármol. Luego, mirándolo con una mirada en la que todavía brillaban las lágrimas, preguntó:

– ¿Ella todavía me ama, papá?

– Mucho… ¿por qué me lo preguntas?

– ¡Porque se fue sin avisarme, sabiendo que estaba enfermo, y no vino a darme un beso!

Giácomo sollozó. Daría su vida y toda su fortuna a quien le quitara en ese momento a la mujer exiliada, para satisfacer el deseo supremo de su pequeño inconsolable. Renê le pidió que le mostrara el cielo, quería comprobar si ya amanecía, para poder encontrarse con Eloísa. Dusmenil abrió una ventana y le mostró, a través de los vitrales, la Naturaleza silenciosa, en duelo transitorio, que, en su alma, quedó grabada durante muchas décadas y pareció durar para siempre. Renê miró fijamente a la oscuridad, consternado, prediciendo que, en esa fugaz y dolorosa existencia terrenal, nunca más vería el amanecer de un día. Un espasmo de angustia retorció su débil cuerpo humano de colibrí…

Giácomo se alarmó. Lo colocó en la cama y llamó a los sirvientes, quienes se apresuraron ante sus gritos de angustia. Una de ellas era despertar al doctor Dudevant, que había pasado la noche en una habitación contigua al paciente, cuyo estado consideraba desesperado. Cuando el médico lo escuchó con los ojos húmedos, descubrió que había pasado al Más Allá, de donde ciertamente había descendido por un tiempo limitado…

– Doctor – dijo Dusmenil, alucinado –, demuestre que es mi amigo: ¡ábrame una arteria, o deme una droga que me libere de este martirio sin nombre que extermina mi corazón! Te dejo toda mi fortuna por este único deseo. ¡Soy el más desafortunado de los mortales… después de haber sido los más afortunados! ¡No debo sobrevivir al fracaso de todos mis sueños terrenales! ¡Es horrible lo que estoy pasando! ¡Quíteme la vida, doctor, que me pesa dentro del alma, como si fueran los Alpes! Lástima, amigo mío: ¡yo, que soy millonario, te ruego un poco de veneno para poner fin a mi calvario sin precedentes! Yo te bendeciré y Dios te perdonará, si es delito… ¡cortar este dantesco tormento! ¿Por qué debería vivir con la muerte y la desesperación en mi corazón, sin mi único tesoro en la Tierra?

Conmovido, el Dr. Dudevant lo abrazó diciéndole:

– Hace tiempo que predije este resultado, señor Dusmenil… Su amargura es profunda, pero recuerde que debe inclinarse ante un poder supremo, ante el cual nuestra voluntad no es más que un puñado de cenizas expuestas a los vendavales… ¡No me pida que haga algo imposible –manchar mi conciencia de pobre honesto –, con la ejecución de un crimen condenado por los Códigos y por Dios! Ningún tesoro, por valioso que sea, puede sobornar mi conciencia integral…

– ¿Por qué me hablas de Dios, en estas horas de consternación, si Él no tuvo compasión de mi Renê y no escuchó mis fervientes súplicas? ¿Por qué me hizo tanto daño, doctor? ¿Qué daño te he hecho a ti y a mi prójimo?

– Él es también un Padre amoroso, ama al dulce Renê y por eso lo llama a sus mansiones radiantes: ¡allí el angelito nunca sufrirá un dolor igual al que desgarra tu alma!

– Pero ¿por qué no me quitó la vida, quedándose con la suya, más preciosa que la mía? ¡Con mucho gusto lo cambiaría por el de mi amado hijo! Compadece con mi sufrimiento, doctor: solo tú puedes extinguirlo.

–¿Qué dices, amigo? ¿Cómo puedo quitarte la vida sin convertirme en un criminal ante las leyes humanas? ¿Y mi conciencia? ¿Y el Creador? Soy doctor, no soy un asesino.

¿Te gustaría que, si te escuchara, me liberara del sufrimiento violento que me hace infeliz y lleno de remordimientos? ¡Pobre como soy, perdería la incomparable fortuna que poseo: mi conciencia inmaculada! ¿Te has vuelto loco? ¡El dolor te ha agotado tanto que me juzgas capaz de cometer uno de los crímenes más atroces: el asesinato? Me solidarizo; sin embargo, con tu angustia sin precedentes y, lo que puedo hacer, como sacerdote de la Ciencia, es darte un narcótico para que puedas dormir unas horas... ¡dándote un respiro de la más dura realidad!

– Así que dámelo, amigo mío, de lo contrario… ¡nadie me impedirá poner fin a esta indescriptible tortura!

El Dr. Dudevant mezcló unas gotas de líquido de un frasco que llevaba consigo en un vaso de agua y pronto Dusmenil se quedó profundamente dormido.

El médico se mantuvo increíblemente dedicado y durante días consecutivos no abandonó a Dusmenil, abrumado por la desesperación y la consternación, como si estuviera bajo el control de dos verdugos despiadados.

CAPÍTULO III

Un día, en ausencia del médico, Giácomo yacía en la cama, vencido por la desventura, aniquilado por pensamientos lúgubres, cuando de repente, como una aparición fantástica, un dramático Belcebú de la Edad Media, apareció ante sus ojos el enigmático Ariel.

Había perdido un peso alarmante; líneas de amargura estaban grabadas en su rostro, que parecía como si hubiera sido tallado con una daga; sus ojos estaban más brillantes que nunca, brillando con lágrimas; su cabello se había vuelto completamente gris, contrastando en blancura con el bronce de su frente surcada; En resumen, había envejecido muchas décadas en esas pocas semanas.

Giácomo, que no había sentido su entrada en la habitación, se estremeció y lo miró asombrado.

– ¿Qué quieres, Ariel? – Preguntó enérgicamente. El hindú se acercó y, extendiendo los brazos en cruz, con voz sombría, con los párpados cerrados, murmuró con humilde reverencia e íntima amargura:

– Señor… ¡mátame!

– ¿Por qué? – Preguntó Dusmenil, sorprendido y sospechando algo aterrador en sus palabras.

– Porque… señor… si le hubiera ocultado la verdad… usted aun sería feliz… mientras que habiéndola revelado… ¡lo hice infeliz!

– ¡No, amigo mío, cumpliste con tu deber y te agradezco la prueba de dedicación que me diste! El honor, para mí, vale más que la felicidad. ¡Sabré recompensarte como te mereces, amigo devoto!

Sin articular nada, con profunda reverencia y apariencia seria, Ariel se retiró de la habitación de Giácomo, quien se encontró casi inerte, en profundo asombro, bajo la acción de enérgicos narcóticos, mientras en su mente las ideas peleaban sin cesar, como si libraran una feroz batalla en su interior.

Si hubiera quedado alguna duda en su alma desolada sobre la culpabilidad de su esposa, el acto heroico de Hamed habría desaparecido para siempre...

Sus sufrimientos, por tanto, empeoraban día a día. Un pensamiento, entre los que lo atormentaban, era más molesto, más terrible, más aplastante: ¡se creía el asesino del dulce Renê, al separarlo de su idolatrada madre!

Queriendo apuñalar a su esposa con la noticia del fallecimiento de Renê, envió un emisario al señorío d'Argemont para comunicárselo verbalmente. Eloísa; sin embargo, convaleciente de una gravísima enfermedad, permaneció incomunicada.

Entonces tomó la única decisión que le parecía compatible con su desesperada situación. Se sentía débil ante la lucha o, mejor dicho, la campaña homérica de la existencia. Era un perdedor sin creencia, sin fe, sin ideales, sin amor, acobardado por el desánimo y la falta de convicción en una justicia extraterrenal. Le parecía que lo habían arrojado desde un pináculo de luz a un desierto de oscuridad asfixiante.

Consideró la inanidad de la opulencia para evitar las grandes catástrofes de la vida. ¿Cuánto valía su fortuna, pudiendo despilfarrarla profusamente, como un nawab oriental?

Tanto como un puñado de arena arrojada a los ciclones del Sahara...

Pensó, inquebrantablemente, en escapar del escenario de la vida, como un actor desanimado, en completa afonía, acribillado por los apodos de un público enojado. Él mismo velaría el velorio en el escenario oscuro y desierto de su existencia...

Era el crepúsculo.

Se escondió en su estudio y se encerró. Escribió varias cartas, hizo algunas provisiones sobre su fortuna personal, legando una gran parte a Ariel y a instituciones piadosas en Arras.

Cuando la noche cerró por completo, apagó la lámpara que había encendido para escribir. Una constricción dolorosa recompensa su alma, envuelta en un sudario oscuro. Una profunda debilidad lo dominaba, lo aniquilaba.

Por un momento consideró, por primera vez, lo que podría esperarle Más Allá de la tumba. Fue criado y educado como católico practicante. Los sacerdotes declararon que cualquiera que premeditara y llevara a cabo el suicidio, era un asesino nefasto. Los había oído, desde niño, expresar con los colores más espantosos este acto de cobardía, de rebelión contra las leyes sagradas, describiendo los tormentos que pasan los réprobos que atentan contra su propia vida, que no nos pertenece, sino a Quienquiera que nos lo haya dado: ¡el Creador! Pero, ¿qué le importarían los tormentos satánicos si un Etna de llamas corrosivas arrasara en su interior?

¿De qué servirían los sacramentos que había recibido de niño y la fortuna principesca que había heredado de su más grande? ¿Qué era el mundo para él sino una vasta necrópolis, desde que fue traicionado y su amado hijito ya no existía?

¿Quién podría afirmar, con convicción inquebrantable, la supervivencia del alma? Teólogos y filósofos lo han proclamado desde las épocas de Platón y Solón, pero ¿quiénes son ellos, de todos los tiempos, sino utópicos que creen en lo trascendente y lo incognoscible?

Una gran consternación obstaculizaba su alma, sus mismos movimientos, pareciendo estar bajo una acción magnética o a punto de quedarse dormido para siempre...

Ya no cree en la eficacia de las oraciones. Se había acostumbrado a rezar, desde muy joven, hasta el momento en que Hamed le reveló su desgracia... Por lo tanto, había dejado de hacerlo desde que se volvió infortunado.

En las noches de amargura, velando al ídolo enfermo, todavía dirigía en voz alta algunas ardientes súplicas a lo que llaman Majestad Suprema; sus gritos de angustia; sin embargo, no fueron escuchados, se perdieron en el espacio silencioso...

Si Renê viviera, tal vez todavía elevaría su pensamiento al poder que los sacerdotes le aseguraban que era de suma bondad, ¡pero que él, ahora, vencido por la desgracia, consideraba insensible a los destinos humanos! ¿De qué le había servido, a los dolores que lo embargaban, haber rezado desde pequeño?

Si la providencia realmente existía, ¿qué le había hecho? ¿Por qué sentía lástima por él y por Renê? Porque, en apenas unos días, todo había conspirado contra él, golpeando como un rayo, de un solo golpe, todos sus deseos terrenales; pulverizando todas sus fortunas, ¿cortar, con un machete invisible, el precioso hilo de la existencia de Renê?

Se sentía impotente para luchar contra este poder desconocido, inflexible y sin piedad, que hirió su sensible corazón con una doble puñalada: el engaño de Eloísa y la muerte de su amado hijo, enterrando su espíritu en la Gehena en una oscuridad compacta como bloques de piedra de granito....

Desde entonces le pareció que existía una sola entidad omnipotente, entregada al mal, la misma que se manifestaba en catástrofes, terremotos, guerras, epidemias, en la constante cosecha de madres, padres, hermanos, hijos idolatrados...

Si existía vida psíquica, pronto lo sabría y, en el tribunal al que lo arrastrarían, no necesitaría abogado: ¡se defendería solo! Sin embargo, prefería la nada, la aniquilación completa del alma y del cuerpo somático.

Se acercó al escritorio y, buscando objetos en la oscuridad en la que se encontraba inmerso, sacó de un cajón el revólver que siempre llevaba cuando realizaba excursiones peligrosas.

No quería encender la apagada lámpara plateada que colgaba del techo con una larga cadena.

De repente, cuando se llevó el arma a la frente, escuchó un ruido similar al que hacían las alas de un colibrí, que hacía vibrar el ambiente. Volvió la mirada en la dirección en la que lo había oído y, a la derecha, vio una pequeña figura luminosa, cuyas radiaciones astrales brotaban de la frente dorada, rodeada de un halo brillante, pareciendo traspasar no solo la oscuridad del despacho, sino también las paredes.

El arma cayó de su mano entumecida, como una alfombra argelina que cubría el suelo.

Extasiado, jadeante, conmovido, reconoció en el hombre radiante y angelical a su amado Renê, que movió negativamente su frente, aureolada de luz, como para reprocharle el acto criminal que estaba a punto de cometer, y, levantando con gracia una de sus con sus bracitos en alto, le hizo comprender que debía esperar, más allá, a la justicia suprema, a la que debía someterse.

Dusmenil, sorprendido por la sorpresa, no podía moverse, vencido por el letargo que lo había dejado en el suelo. Quería abrazar y abrazar contra su pecho a la bella y adorada aparición, pero no podía ni siquiera hacer un gesto con sus falanges inmovilizadas.

Tan pronto como apareció, la graciosa figura del hijito de luto desapareció, como una niebla brillante. Las sombras, como cortinas de crepé, invadieron una vez más el espacio. Solo entonces

Dusmenil, emocionado y perplejo, pudo recuperar sus movimientos.

Sensibilizado, se inclinó sobre el borde del escritorio y, por un momento, fue sacudido por sollozos incoercibles.

Aquellas lágrimas; sin embargo, fueron como un bálsamo que brotó de su corazón, inundando su ser más íntimo, aplacando las llamas de la desesperación que lo quemaban, trayendo a su alma un átomo dorado de esperanza indestructible: nunca dudaría de la supervivencia del espíritu, del poder y magnanimidad de un ente omnisciente, que escudriña hasta los pensamientos más ocultos, que hizo que uno de sus arcángeles le desarmara la mano cuando estaba a punto de consumar un acto de rebelión contra sus incomparables Leyes...! ¿Qué le había dicho Renê en su sugestivo silencio? Que no perpetraría un crimen nefasto: rompería el vínculo sagrado de su propia existencia, para no quedar sujeto a las penas impuestas por el Juez Supremo, cuya justicia es infalible; ¡lo había salvado, en un gesto seráfico, de un torbellino de responsabilidades y sufrimientos indescriptibles! Él, Giácomo Dusmenil, lo había matado con dolor y anhelo, separándolo de su madre idolatrada y él, Renê, ya divinizado con las luces siderales, había pagado el mal con el bien, había detenido su mano criminal para que no se comprometiera un asesinato. Su aparición ya indicaba un ser supraterrenal, un parlamentario de Dios. Ya no le parecía demacrado y enfermizo, sino hermoso, blanco como un querubín. Le había perdonado el sufrimiento que le había infligido, por eso todavía lo amaba. ¡Oh! La muerte que maldijo, cuando congeló a su amado hijo en sus brazos... ¡fue, entonces, felicidad y no nada y desgracia, como había supuesto...!

El alma es inmortal – pensó entonces, sintiendo la realidad de este postulado. Parecería que fue él quien secretó esa verdad en su núcleo y se aisló de su cuerpo físico, tratando de seguir el aleteo de la visión celestial...

Nunca, por muy duro que fuera el dolor que sacudía su alma, dudaría de la verdad radiante a la que había sido conducido por la desgracia y el amor santificador de Renê.

Dejó de llorar y, en un impulso de contrición y reconocimiento, se postró y oró largamente, fijando el lugar donde había aparecido la pequeña figura resplandeciente. Entonces comprendió que, a lo largo de aquella peregrinación terrena, el bálsamo de la fe había impregnado las hojas de su espíritu, enfriando su dolor, animándolo a soportar la dolorosa lucha de las duras pruebas...

A los pocos días, ya recuperadas las fuerzas físicas, Dusmenil llamó a Ariel y le dijo:

– Amigo mío, decidí retomar mis viajes, ¡en los que creo firmemente! – Ahora solo acabarán con mi vida... Tengo la sensación que no volveré a estos lares... Si esto sucede, volverás con Fabrício, a quien llevaré con nosotros y buscarás a mi notario, ya que te lego lo suficiente para que puedas vivir en paz y con comodidad principesca, ¡aunque tu existencia dure más de un siglo!

– ¡Señor! – Respondió Hamed con tristeza y humildad –. No creas que te sirvo por avaricia, sino por dedicación... ¿Qué me importa la opulencia y la vida sin mi amo? Moriré de añoranza sobre tu tumba lejana...

– ¡Gracias Ariel! ¡Cuánto lamento aun, estas palabras que revelan una dedicación sublime y excepcional! Sé lo noble y desinteresado que eres. ¡No se puede pagar con monedas lo que no tiene paralelo en la Tierra: la amistad desinteresada y fraterna, que es el diamante más valioso en el depósito de las almas puras! Sin embargo, quiero que tu bendita vejez esté al abrigo de los avatares de la fortuna.

Dusmenil miró al indio, que había perdido aun más peso después que se le apareció cuando falleció Renê. Estaba bronceado, eral, taciturno, momificado. Se inclinó un momento y cerró los ojos, de los que brotaron lágrimas, que Dusmenil supuso un profundo reconocimiento, sin sospechar que eran arrancadas de la picota de una conciencia magullada y abofeteada por el inflexible y bendito verdugo: ¡el remordimiento…! Parecía el espectro de un réprobo que clamaba, ante el tribunal divino, el rescate por sus abominables crímenes…

CAPÍTULO IV

Eloísa había hecho el viaje de regreso a la mansión d'Argemont medio muerta y de la litera fue transportada a su cama.

Llamaron a un médico y durante unos días temió no poder combatir su fiebre y delirio ininterrumpidos.

Cuando logró algunas mejoras, ya no era la hermosa hija de los condes d'Argemont, cuya perfección venusina causaba la admiración general; consumido mediante combustión orgánica; mejillas hundidas y jaspeadas, ojos hundidos en sus órbitas, los huesos amenazaban con perforar su piel. Si la hubiéramos visto cuando la fiebre había bajado, su marido y el escandaloso Ariel no la habrían reconocido: habrían dicho que la encantadora Eloísa había sido reemplazada, en plena noche, por otra criatura ya encerrada en una tumba y, por tanto, ella era la imagen fiel del dolor y la desolación...

Cuando al cabo de quince días recobró el sentido y le bajó la fiebre, llamó a la infatigable Marta, que la buscaba y le dijo con voz casi imperceptible:

– Siéntate y vísteme. Voy a volver a la casa de Giácomo. Al verme ahora, no tendrá el valor de expulsarme otra vez... Sé que mi amado Renê está enfermo y me llama... Solo mi presencia puede salvarlo... ¡Quiero morir a su lado! No sé qué fuerza poderosa me trajo aquí, arrancándome de los brazos de Renê... Si Giácomo no me recibe, moriré en su puerta y, comprendiendo cuánto he sufrido, se arrepentirá de haber escuchado el ¡maldito hindú!

–¿Qué dice usted, señora? – Dijo la criada entre lágrimas –. ¿En el estado en el que te encuentras podrás viajar?

– Jesús me revivirá. Compadeciéndose de mí, me llevará donde está mi idolatrado Renê.

– ¡Por Dios, señora, desiste de ese intento! ¡Perderías la vida si te transportaran a la basura!

– No conoces las energías maternas, Marta; podrán levantar a una madre de su lecho de agonía… sabiendo que su pequeño hijo está a punto de deslizarse hacia un abismo… ¡y que ella puede salvarlo!

– ¡Perdónanos, señora! ¡Pero no debemos cumplir tus órdenes ahora!

– Me llevarán a la litera. ¿No tengo servidores dedicados que quieren hacer mi última voluntad? Seré generosa con todos…

– Señora, eres idolatrada por todos tus sirvientes…pero, por eso mismo, ¡nadie querrá competir por tu muerte!

– Luego envía un mensajero al castillo de Dusmenil para averiguar el estado de Renê. ¡Me muero de ansiedad, Marta!

Con una angustia indefinible, esperaba el regreso del mediador que había ido a Arras para enterarse de noticias sobre Renê… que ya había llegado a las regiones luminosas de los redimidos y había pedido a través de ella su último aliento…

Este transportista había sido advertido por el médico que atendía a Eloísa que no revelara la dolorosa verdad, ya conocida en todo Argemont.

Cuando lo vio de regreso, preguntó con ansiedad:

– ¿Cómo está mi amado angelito?

– Un poco enfermo, señora…

– ¿Lo viste?

– ¡Sí!

– ¿Dónde?

– Jugando en el parque...

— ¿Cómo lo ves?

– Enfermizo, como siempre... El señor Dusmenil lo llevará esta semana a París, al consultorio de un eminente médico.

– ¿Por qué no manda llamarlo? Renê encontrará doloroso el viaje... ¿Fue él quien te lo dijo?

– Sí, señora.

– ¿Renê llora por mi culpa?

– Sí, pero el señor Dusmenil no deja de consolarlo ni un momento para que su enfermedad no empeore.

– Intenta hacer que me olvide – consideró con una amargura sin precedentes. Luego se dirigió nuevamente al emisario:

– ¿Cómo sabré de Renê, Gontran?

– El señor Dusmenil me advirtió que, si el niño empeora, se lo hará saber. Por lo demás, puede estar tranquila que el niño va mejorando con el nuevo tratamiento al que lo están sometiendo.

Unos días después de este diálogo, ya convaleciente, Eloísa, recostada en una *"chaise longue"* en el porche de la mansión, miraba tristemente hacia el camino de Arras.

Una profunda melancolía ensombrecía su rostro demacrado, que se había convertido en nieve. El recuerdo de sus últimos éxitos había dejado su alma como llena de escombros, había convertido en cenizas su pasado feliz y su futuro; se sentía árida, como una región devastada por un cataclismo sísmico. Le parecía que la había golpeado un terremoto, destrozando todas sus aspiraciones, todas sus esperanzas de futuro, y convirtiéndola en un ser diferente de lo que había sido hasta entonces, con el corazón dolorido, devastado por el "simoun" de la desgracia....

Es por la tarde. Pinceladas de púrpura líquido colorearon el atardecer, como si un Rembrandt invisible comenzara a esbozar un lienzo portentoso, destinado a algún artista soberano…

Eloísa, recostada en la tumbona, se quedó dormida de repente, como si hubiera sido anestesiada por un médico invisible, Esculapio de las academias siderales.

Luego, su mirada psíquica se exteriorizó recorriendo lugares lejanos y desconocidos. Intentó deslizarse por el firmamento invertido, pisando suavemente flores luminosas y alfombras de brumas multicolores, con la suavidad del armiño. Un letargo invencible se apoderó de todo su cuerpo, dejándola inmóvil y rígida.

De repente, empezó a vislumbrar una luz argentina, como si la Naturaleza estuviera envuelta en una gasa nupcial, de plata eterizada.

Vio, en lugares desconocidos, pero encantadores, flores exquisitas, que parecían talladas en láminas de piedras preciosas, de todos los tonos, algunas fosforescentes, otras chispeantes. Se sintió deslumbrada, pero profundamente triste.

De repente, una voz muy dulce, la misma que solía escuchar en momentos angustiosos vibró extrañamente dentro de ella, sin poder ver quién la enviaba, y como si hubiera evolucionado de aquellas flores paradisíacas:

– Hija querida, despégate de las fortunas terrenas que, para tu sensible corazón… ¡fueron todas consumadas! Esta vez, no viniste al planeta de las tinieblas para disfrutar, sino para compensar tremendas culpas, remodelar tu carácter y conquistar tesoros espirituales…

Eres rica como descendiente de un monarca moscovita, pero esa riqueza ya no te pertenece, es inútil para recuperar tu fallida felicidad, tal como la concibe el ser humano…

Esta enorme fortuna no es suficiente para reconstruir tu fortuna destrozada, las esperanzas y aspiraciones destruidas por el ciclón de las pruebas extremas.

Son los seres humanos quienes valoran los metales transformados en moneda.

El oro, para Dios, es barro dorado; para Él solo tiene mérito la virtud, que es el oro del cielo, este oro es el que vas conquistando, buscándolo en los depósitos profundos del alma, excavándolo con el alivio de pruebas atroces y contundentes, ¡fundiéndolo en el horno de duro sufrimiento, purificándolo en el torrente de lágrimas y angustias indecibles!

Recuerda que Jesús – Heraldo del Soberano universal, Plenipotenciario más radiante de las regiones divinas –, llevó la corona del martirio, fue humillado, vilipendiado, insultado y no disfrutó de una sola fortuna mundana; no tenía techo ni monedas; y; sin embargo, era archimillonario en el cielo, el creso supremo de los tesoros espirituales y de la perfección moral suprema... Todos los mortales sufren por no querer imitarlo, porque aspiran a la felicidad completa, irrealizable en los orbes de la expiación y regeneración y solo posible en los balnearios siderales, donde se congregan los evolucionados, los encendidos en el crisol del dolor, los invictos en las batallas del trabajo y el deber; aquellos que desterraron de sus corazones los escombros del mal, todas las manchas y se rehabilitaron ante el Creador, juzgados en los tribunales de los más incorruptos magistrados celestiales, redimieron todas las deudas nefastas, alcanzaron la mejora psíquica difundiendo el bien en grandes cantidades, como lo hizo el Nazareno.... Escucha, Eloísa: todas las alegrías terrenales se agotan para tu alma más noble... excepto una, la más grande, la más intensa de todas: la que proviene de la práctica de la máxima virtud: ¡la caridad divina! Olvida que tienes el corazón desgarrado, que fuiste calumniada, que pasaste por la más dura prueba de fidelidad, para simplemente recordar que, bajo techos de paja, en buhardillas infectas, hay refugios para seres humanos estrangulados por la desnudez, el frío, el hambre, la miseria, a través del dolor, en fin… Sostener a los desanimados; detiene las lágrimas de amargura; ropa para huérfanos y valetudinarios; consuela a los afligidos; finalmente concluye tu final encarnación, ¡que será si la terminas con un estallido de luz con la divina apoteosis del bien! Si lo haces, lograrás la redención definitiva.

Aquí, en esta región de belleza sorprendente e intangible, debe tener lugar el encuentro definitivo y perpetuo de tu espíritu con el de Renê…

– Entonces, ¿no lo volveré a ver en esta vida, buen amigo? ¿Ya ha abandonado la Tierra?

– No – respondió la meliflua voz del piadoso mentor invisible.

Esta palabra "no", tan breve en extensión léxica, le pareció inconmensurable en ese momento, resonó estrepitosamente en su interior como el estruendo de un trueno; le partió el corazón de arriba a abajo, como una puñalada asestada por una mano vigorosa pero intangible…

– Dime, compasivo amigo, toda la magnitud de mi desgracia: ¿ya no podré besar a mi querido hijito, recibir sus caricias, saciar esta ansiedad que me devora por verlo, enfriar la llama furiosa del anhelo en mi alma?

– No – dijo la misma dulce voz, pero temblando como un gemido, helándola, impregnando sus entrañas como la sensación de un ventisquero.

Ella, suplicante, sollozaba convulsivamente.

De repente, distinguió un luminoso corazón de rubí, flotando en el espacio, atravesado por un sable dorado, y como partido por una veta de Sol tropical…

Recordó el corazón de Marcos destrozado por su infame engaño, recordó a la bella Madre de Jesús en la capilla del internado, confirmando así sus dolorosos augurios, cuando supuso que el celestial Mártir lo había señalado, pareciendo decirle: "Tú también lo harás." ¡Serás madre y tu amoroso corazón será despedazado por la espada feroz del sufrimiento y del anhelo...!"

De inexplicable repercusión, pensó que, al mismo tiempo, de un solo golpe, aquel radiante sable hería el hermoso corazón sideral y el suyo propio, hasta lo más profundo, hasta lo insondable de su ser... Un dolor indefinible lo desgarró, penetrándolo, se apoderó de todo su ser, obligándola a llevar su mano derecha a su pecho, como para arrancar sus partes más íntimas aprisionadas, que gemían y palpitaban desordenadas en su cavidad; pero, de repente, el corazón que se soltó en el aire se diluyó, roto en gotas brillantes, como metamorfoseado en sangre lúcida o rubí licuado...

Tuvo la impresión que iba a caer al suelo y no volver a levantarse, pero de repente vio la graciosa figura de un niño a su lado, rodeando su cuello con bracitos de niebla satinada.

Ella lo abrazó angustiada contra su pecho y lanzó un grito al reconocer a su idolatrado Renê...

– ¿Cómo lograste escapar de tu padre? – Preguntó, ansiosamente, a punto de desmayarse de alegría.

– Fácilmente, madre amada... ¡hace veinte días! De ahora en adelante, nunca volveré a la Tierra excepto para velar por ti, por ti y por él, para besarte en sueños... Te espero "aquí", rezando por los dos...

– ¡Oh, querido hijito! Entonces, ¿has abandonado el mundo del sufrimiento para siempre?

– Sí. He terminado mi breve, pero dolorosa misión terrenal. ¡Ya estoy redimido por el dolor y por el estricto cumplimiento de mis deberes, en múltiples existencias y siglos de crímenes y expiaciones muy punzantes, pero que bendigo ahora y siempre!

Redime tu deuda con el divino banquero, hasta el último centavo. Aun permanecerás en la mansión d'Argemont durante algún tiempo. Esfuérzate por llenar este tiempo provechosamente, leyendo la amargura del prójimo, salvando el sufrimiento de quienes te buscan en los momentos de adversidad. ¡No te rindas, querida madre! Me verás en sueños, a veces, para satisfacer tus arrebatos de ternura.

Allí ya no me verás más, como aclaró nuestro dedicado mentor espiritual. Recibe, pues, con espíritu cristiano, quizás el último golpe de esta gloriosa etapa. Serás plenamente rehabilitada ante aquel que te hirió profundamente. Dios hará justicia.

–¡Oh! Mi querido Renêcito, ¡es imposible vivir sin el consuelo de tu cariño! Y una prueba más allá de mis fuerzas…

– Es el cierre dorado de tus expiaciones terrenales. ¡Es el precio de la redención! Superarás la prueba suprema con el apoyo de quienes te aman y te protegen de forma invisible: tus cirineos celestiales…

De repente, la despertó un beso muy suave en su frente y le pareció sentir el contacto de las manos diáfanas temblorosas de su pequeño hijo, rodeando su cuello.

CAPÍTULO V

– ¡Marta! – Dijo la castellana con voz débil y temblorosa.

La sierva, que la observaba con tristeza y atención, acudió inmediatamente en su ayuda.

–¿Qué quiere, señora?

– Acércate...

– ¿No me ves? Estoy a tu lado. ¿Qué es lo que te hace sufrir?

– Dime la verdad, Marta, si me tienes algún cariño, como supongo: ¿mi amado Renê ya no es de este mundo?

La niña preguntó:

–¿Quién te lo dijo?

– ¿Quién? ¡Él mismo, Marta! No intentes tapar más la realidad... ¡eso me llevará a la tumba! Mi corazón está destrozado. no tengo lagrimas para llorar mi desgracia. ¿Ves? ¡Es mi alma la que rompe en lágrimas y nadie, excepto Dios, puede entenderlas! ¿Cómo podemos soportar, sin desánimo, el peso de este anhelo infinito y la falta de sus caricias? ¿Por qué me hizo daño tan cruelmente a mí, a quien tenía el más puro de los afectos? ¿Qué hice para merecer tan dura expiación? Pero perdóname, Padre misericordioso: soy la oveja criminal, hace mucho descarriada del rebaño divino, y a la que tú llamaste de regreso al redil de Jesús, ¡con el báculo radiante... del dolor! Miento cuando digo que no puedo resistir los sobresaltos de esta desventura, sin los besos y las caricias de mi Renêcito, ya que acabo de estrecharlo contra mi pecho y besar su frente seráfica... Así que dame valor para ¡soltar la última gota del cáliz de amargura, tal como concediste al muy buen predicador de los infortunados pecadores!

Marta, llorosa y entristecida, se arrodilló murmurando:

– Señora, su hijito no pertenecía a la vil Tierra: ¡era un ángel que descendió a ella por poco tiempo!

– ¿Ya lo sabías, Marta? – Preguntó Eloísa, angustiada.

– Sí, señora, desde que regresó el emisario. El señor Giácomo Dusmenil estaba inconsolable con la muerte del niño...

– ¿Y... y el maldito Hamed sigue ahí?

– Sí. ¡Él y el señor Dusmenil van a partir hacia una región lejana cuyo nombre desconozco!

–¡Oh! ¡Dios! Parece que triunfa la iniquidad, pero yo creo en tu justicia.

Una lividez marmórea cubría su rostro demacrado. La criada, alarmado, se levantó y dijo:

– Voy a buscar al médico, señora.

– No, Marta; los médicos no curan las heridas del alma. Mi enfermedad es incurable. Llévame a la cama. Quiero que me dejes aislada por unas horas.

La entregada muchacha, sosteniéndola en sus fuertes brazos, la condujo hasta la cama y le dio un cordial abrazo.

Ésta la vetó durante unos días, durante los cuales Eloísa solo pronunció unas pocas palabras, llevada por una apatía y un desánimo invencibles.

Cuando, unas semanas más tarde, notó tranquilamente el vendaval que azotaba a aquel muy buen espíritu, solo acostumbrado a la ternura, a la bondad y a la pureza, la servicial criada se postró a sus pies, murmurando con los ojos secos a través de un pañuelo ya húmedo de lágrimas:

– ¡Señora, perdóname! ¡Perdóname por el amor de Dios!

Eloísa, sumida en profunda tristeza, abrió los párpados y preguntó:

– ¿Por qué me suplicas perdón? ¿Qué hiciste que fueras reprensible? Bueno, ¿no fuiste tú la única criatura que no me abandonó en tiempos de tormento moral?

–¡Oh! Señora, aunque sacrificara mi miserable existencia por usted, no remediaría el daño irreparable que le causé.

– ¿Qué hiciste, entonces, digno de castigo?

– ¡Fui yo, señora... quien dio origen a la calumnia que Ariel forjó contra usted!

– ¡¿Qué dices?!

– La verdad, señora, se lo confieso sin dudarlo. Sácame. después de escucharme, si crees que lo merezco. Lo que no puedo hacer es vivir oprimida por este remordimiento que ronda mi conciencia día y noche, viéndote languidecer en un dolor inconsolable... ¡del cual creo ser la causa!

Casi sollozando, Marta le confesó:

– En mi primera juventud, apenas saliendo de la infancia, me encariñé con un amable campesino que me correspondía lealmente. Sin embargo, tuvo que hacer su examen en Francia y se fue a la Argelia revolucionada, dejándome con gran pesar. Lo único que me reconfortaba era la idea que, cuando regresara, celebraríamos nuestra modesta boda. Sin embargo, resultó herido por la metralla de un proyectil y durante un año no dio noticias. En el pueblo se decía que había muerto en combate. ¿Quién había traído semejante noticia? Solo me enteré más tarde... Siempre lloraba a escondidas, para no molestar a mis padres, quienes estaban muy contentos por la muerte del chico; mi corazón estaba de luto, oprimido por el dolor y la añoranza, y alguien se regocijaba por mi martirio... Otro muchacho que, desde hacía mucho tiempo, me había amado sin ser correspondido y se había convertido en el pretendiente deseado por mi familia, comenzó a asistir a nuestra choza y contra el que andaba por tierras lejanas, o ya se había hundido en la tumba, se tramaban tantas maldades que todos le daban crédito.

No sé leer, señora. Esta desventura, indiferente a los campesinos, constituyó siempre para mí una profunda decepción. ¡El analfabeto es un ser incompleto, diferente a la humanidad educada, lisiado espiritualmente, ciego de ojos perfectos y claros, racional que se acerca a los animales, irresponsable de los errores que comete con la conciencia nublada por las tinieblas de la ignorancia...!

¡Cuánto deseaba entonces, más que ahora, saber transmitir mis pensamientos a lo lejos, y tomar conciencia de la realidad, por dolorosa que fuera...!

Intercambiar ideas con quienes amas, en una hoja de papel blanca, es enviar y recibir un pedazo de alma, de ternura, de consuelo, de esperanza, hacer menos amargas las horas de los recuerdos, de las añoranzas, de las amarguras...

Pero perdóneme, señora, si le digo mis secretos íntimos, ya que lo hago para que me juzgue, como si fuera el más austero de los sacerdotes.

Un día, André, mi detestado pretendiente, apareció en nuestra oficina con una carta que, según decía, le había confiado el administrador de correos.

Aturdida y confundida, tenía esta carta en mis manos y, suponiendo que fuera enviada por el querido ausente, no quería que nadie más que yo la abriera, para que nadie profanara sus efusiones de afecto... La apreté contra mi pecho, con los ojos llorosos, deseando que las palabras de amor, ciertamente escritas allí, fueran adivinadas y leídas por mi corazón anhelante y conmovido.

Mi padre, duro y enojado, extendiendo las manos, temblando de ira, para arrebatármela, gritó:

– No sabes leer, Marta; ¿por qué no le das "esta carta" a André, para que podamos saber quién la escribió? ¿Tienes algún maldito secreto en tu vida que quieras ocultarme?

–¡Oh! Papá, mi vida ha sido honesta y pura, ¡pero no puedo confiar en "todos" lo que mi prometido me dice desde lejos!

– ¡Pues te ordeno que le entregues esta carta a André, para que la lea! ¡Este es tu prometido y no aquel que, si su alma no está ya en el infierno, no tuvo mano para escribirte durante un año!

Casi desmayándome, dejé caer de mis manos la carta fatal y, recogiéndola, André rompió apresuradamente el sobre y lo leyó en voz alta para que todos conocieran el contenido... ¡Oh! ¡señora! ¡Pensé que me estaba volviendo loca! En lugar de palabras de cariño y anhelo, sus palabras revelaron el mayor indiferentismo, terminando con una ruptura definitiva, pues Gontran afirmó que no pensaba regresar a nuestro pueblo para llevar a cabo la boda, y dando a entender que, donde estaba, su corazón ya estaba latiendo por otra...

¡Estuve enferma durante muchos días, delirando de fiebre y desesperación! El amor que tenía por mi primer prometido fue reemplazado por odio y desprecio...

Poco después de este episodio, me asocié con André, como usted sabe. Pronto se mostró tal como es: brutal y vengativo. Un día, dijo que nunca me había mostrado cariño, pero, enemigo de Gontran, quería que le respondiera, para hacerlo infeliz cuando regresara.

– ¿Y la carta de mi ex prometido? – Pregunté ansiosamente, sospechando por primera vez una odiosa trampa…

– ¡Yo la escribí! – Respondió soltando una risa burlona.

– ¡Sepárate de mí, miserable traidor! – Le dije en el colmo de la exasperación.

– ¡Nunca! ¡Te detesto porque siempre me despreciaste, pero quiero que, cuando "él" regrese aquí, sepa lo fieles que son las mujeres y cómo me vengué de ambos!

Usted sabe, señora, cuánto me maltrata mi marido. Nuestra vida juntos ha sido un tormento constante. Hace unos meses, Gontran regresó inesperadamente de Argelia, donde había estado trabajando después de su servicio militar, habiendo acumulado unos pequeños ahorros, desde entonces he vivido en una inquietud mortal. A los pocos días de la lamentable aventura, el terrible hindú me dijo:

– Si quiere que lo mantenga en secreto, pase lo que pase, cuando regrese el señor Dusmenil, ¡no digas una palabra en defensa de su esposa! Si no haces lo que te propongo, te mataré como a un perro asqueroso. Si intentas escapar, te seguiré, porque, a través de hechizos, descubro el paradero de quien sea, y entonces no escaparás de mi venganza...

Por eso, al querer decirle la verdad a su marido, no lo hice por cobardía. Ese diabólico Ariel ejerce sobre mí una influencia indomable: ¡le temo como al mismo Satán!

Sin embargo, no puedo seguir con el corazón ardiendo de remordimiento. ¡Podría haber justificado su inocencia ante el señor Giácomo y no lo hice, dejando que una tormenta de dolor irreparable se extendiera sobre tu cabeza! Ahora bien, si es cierto que el malvado Hamed lee mis pensamientos a distancia y viene a quitarme la vida, seré feliz de terminar la tortura en que vivo, con el corazón devorado por las llamas de la compunción; especialmente después de verte llorar por el amado Renê, a quien acuné en estos brazos y a quien amé como si fuera mi propio hijo.

Fui yo, pues, quien, sin querer, impulsada por un sinvergüenza, provocó una despreciable calumnia contra ti...

Ahora quiero escuchar tu sentencia, por severa que sea. Y, si es condenatoria, tendré el valor preciso de arrojarme al foso d'Argemont, prefiriendo la muerte al martirio en el que vivo.

Eloísa la escuchaba compasiva y temerosa, viéndola retorcerse en espasmos de indefinible sufrimiento.

Ella, en aquellos momentos de angustia, comprendió que la humilde y afligida sierva, arrodillada a sus pies, sollozando e infeliz, era quizás una de las almas unidas a la suya por la trama del destino, que solo Dios teje y puede desentrañar.

¿No habría sido Marta, en avatares pasados, cómplice de algún crimen nefasto, o perjudicada por su voluntad despótica e invencible de soberana o militar?

¿Por qué esos dos seres – Marta y Hamed –, aparecieron inesperadamente en el florido camino de su existencia, para destruir toda su felicidad terrena?

¿Porque su amigo invisible y Renê le habían dicho que se había completado la prueba definitiva para redimir todas las faltas pasadas?

¿No habían sido creados en el misterioso plano del espacio insondable todos los tormentos santificadores que atravesaron su sensible corazón?

¿No estaría pagando con lágrimas conmovedoras todas las deudas contraídas con el increado?

¿No había sido ella también perjura y pérfida? ¿No son las existencias terrenales solidarias entre sí, reparando los crímenes de las anteriores, así como el sonido precede a la vibración?

¿No reconoció en aquella sierva un espíritu unido al suyo, quizás indisolublemente? ¿No era un corazón ulcerado, que revelaba sus malestares más íntimos para recibir una palabra de consuelo o de compasión?

Perlas de lágrimas rodaron por el rostro descolorido de Eloísa. Miró el crepúsculo a través de los vitrales de color rojo, como en un lago lúcidos nenúfares, que, poco a poco, fueron despojándose de sus hojas y sumergiéndose en un líquido luminoso. ¿No era más allá, en esos maravillosos lugares, donde sus bondadosos padres y Renê estaban reunidos, esperándola ansiosamente y disfrutando de una serena felicidad a la que en vano aspiraban en la Tierra?

Era necesario olvidar los errores de sus compañeros de viaje, olvidar las ofensas que le habían hecho sus verdugos, librarse del peso de los crímenes, encendiendo en nosotros mismos a través del sufrimiento, volviéndose blancos como los lirios del maullido...

– Levántate Marta – dijo gentilmente –, la culpa de lo sucedido no la tienes tú, sino el malvado Ariel, quien planeó y ejecutó un odioso complot contra mí, sabiendo que yo era una esposa honesta y fiel. Él, solo él, es responsable de las desventuras que destruyeron mi envidiable hogar. Ariel no ignoraba que iba a lastimar a una persona inocente. Dios dará justicia a quienes la merecen. Te perdono por permanecer en silencio en el momento en que podías justificar mi conducta intachable, sé que no actuaste por ti misma sino fascinado por ese nefasto hindú, que domina, como una serpiente, a las indefensas víctimas que caen en sus diabólicas trampas.... Ah, infeliz, como yo, expulsada de su propia casa por su idolatrado marido. No deberías hacer lo mismo con otra persona que se humilla y confiesa, con pesar, sus graves faltas...

Quiero; sin embargo, Marta, que nunca, bajo ningún concepto, transgredas tus deberes morales. Sacrifica la felicidad momentánea del amor al deber eterno. Tienes un alma responsable ante el Juez Supremo y considera que para Él no existen sombras ni crímenes ocultos. No hay oscuridad que intercepte la visión luminosa y penetrante del Astro Rey del Universo. ¡Marta, no manches tu espíritu, para que sea purificado con lágrimas de dolor profundo, con las pruebas más atormentadoras! Debes elevarlo desde el abismo del adulterio hasta las regiones radiantes de la virtud. ¡Sufre con resignación todas las amarguras terrenas, todas las injusticias, pero no te estremezcas con el barro del pecado!

En medio de la desgracia que el puñal de la prueba gira en mi corazón, reconozco que en este mundo solo hay una felicidad que nadie puede robarnos, incomprendida por las almas oscuras y pecadoras: ¡una conciencia recta, serena, inmaculada! No busques otra en el valle de gemidos en el que luchamos, como naufragios en un mar embravecido, ¡porque no lo encontrarás!

– ¡Oh, señora! – Exclamó la sierva todavía suplicante –, ¡qué bondadosa y noble eres! ¡Qué alivio le diste a este corazón que durante mucho tiempo había sido devorado por las víboras del remordimiento!

¡Ya que no me condenaste ni me expulsaste, quiero servirte hasta el último momento de mi vida, como si fuera tu esclava! ¡Nadie, excepto los muertos, podrá apartarme de tu servicio! Solo me separaré de ti cuando me lleves al sepulcro, y, si Dios lo permite, aun te seguiré, ¡mi alma será la sombra de la tuya! No me abandones tampoco, señora, porque si lo hicieras me mataría.

¡Me protegí de la furia de André, que pronto llegaba de Italia! Lo odio tanto como él me odia a mí... especialmente después que me enteré del alcance total de su villanía, robando la correspondencia de mi ex prometido...

– Reflexionaré sobre lo que tengo que hacer, Marta. Te aconsejo; sin embargo, que te humilles, ya que te vengaste de André violando tus deberes conyugales. Redime esta mancha de tu espíritu con sacrificio y sufrimiento.

Haré todo lo posible para que te levantes moralmente. Voy a crear una escuela nocturna para adultos. Quiero que lo frecuentes. La ignorancia justifica muchos crímenes y muchas faltas. Si no fueras analfabeta, no te habrían engañado vilmente.

Déjame ahora. ¡Deseo estar sola... con mi dolor infinito!

CAPÍTULO VI

Pasó otro año sin ningún cambio aparente en la existencia de Eloísa, pues nunca recuperó del todo su salud y vivió en una tristeza invencible. Nunca apareció una sonrisa en sus labios, como la había hecho Jesús. Permaneció recluida en su hermosa mansión, como si estuviera en un claustro, siendo su único propósito difundir consuelo y beneficio a quienes buscaban ayuda en ella.

Ayudó a jóvenes campesinas de las afueras d'Argemont y de los pueblos vecinos a adquirir modestos ajuares. Creó escuelas diurnas para niños y escuelas nocturnas para adultos.

Asistía a menudo a las conferencias de los maestros que dirigían las escuelas que ella mantenía y, tomada por una repentina inspiración, hablaba a los niños y a los trabajadores cansados, que disgustaban sus espíritus con el luminoso rocío de la instrucción, como si fuera una entidad descargada de las regiones cerúleas.

Le gustaba pasar tiempo con los niños pequeños, acariciándolos con cariño y tristeza, regalándoles dulces y muñecos en los días festivos.

Una vez, al verlos salir de la escuela, notó que un niño de siete u ocho años, del tamaño y complexión de Renê, destacando entre todos con su ropa blanca, la miraba sonriendo.

Nunca había notado su presencia y quiso sostenerlo por su ropa, pero tan pronto como cerró su mano derecha, la grácil aparición desapareció, como la niebla de la mañana ante los primeros rayos del Sol...

Este inesperado fenómeno psíquico la conmovió intensamente. Quedó profundamente conmovida, pero sintió un consuelo inefable y un nuevo aliento para continuar la noble y magnífica tarea que su amado hijo le había inducido a realizar.

En aquel momento, un éxito inesperado sacudió a los habitantes de las tierras d'Argemont. El marido de Marta, de carácter irascible, turbulento y agresivo en constantes riñas con sus compañeros de trabajo y su mujer, por motivos frívolos abofeteó a un campesino y fue apuñalado por él. Y después de unas horas de dolorosa agonía, expiró blasfemando.

Marta, sentimental y compasiva, le perdonó todos sus agravios, pero no dejó de sentir alivio por sus desgracias, por haberla librado de un verdugo despiadado, al Padre misericordioso. Agradeció, con las manos juntas, la misericordia recibida.

Más que nunca, se reveló entonces como Eloísa, que, siempre melancólica, se iba consumiendo poco a poco, sin murmurar una queja y esparciendo consuelo y aliento a los enfermos y desventurados.

Un día que Marta, vestida de luto, esperaba sus órdenes, le dijo:

– Estás libre del yugo y la tiranía del desdichado André. Tu prueba fue más corta y fluida que la mía. Es hora de comprobar si Gontran realmente te ama. Escríbele –pues ya sabes deletrear tus pensamientos –, contándole lo sucedido y, si tiene buenas intenciones, intentará enmendar el error que cometieron.

– ¡Oh, señora! Usted es verdaderamente una santa: ¡tan injustamente desgraciada que solo le importa la fortuna ajena! ¡Que Dios te recompense, amada señora! Quiero vivir, a tus pies… ¿Qué puedo hacer para pagarte tanta generosidad?

– Dedicándome un poco de cariño… ¡hasta que acabe este martirio mío que no creo que dure mucho!

– Ese cariño ya es suyo, señora; profundo, y eterno, ya que no lo consagro a otro ser en la Tierra. Eres para mí como la Madre de Jesús para los pecadores…

Unos días más tarde, Gontran se presentó en el señorío d'Argemont, y, fallecido el mayordomo, que estaba allí desde los tiempos de los padres de Eloísa, ocupó su lugar.

La boda de Marta y Gontran tuvo lugar en la capilla del castillo, donde había tenido lugar la de Eloísa y Giácomo. La pareja, reconocida y feliz, no dejó de rendirle homenaje.

- Querida hija, procedes de las castas sociales más altas: ya has reinado magníficamente y ya has cometido errores execrables… Ya has calumniado a amigos, ya has traicionado afectos sinceros. Fuiste una vez una madre antinatural, una esposa infiel, vengativa y despiadada: todos estos defectos, como proyectiles lanzados contra el formidable muro, no lo penetraron: rebotaron hacia atrás, sobre quien los arrojó… en el corazón de su vecino.

¡Ahora, para que puedas completar victoriosamente las pruebas planetarias, es necesario entrenar tu alma para perdonar, para olvidar las heridas abiertas en tu noble corazón, que una vez fue insensible a la voz de la desgracia! ¡Armando la daga traicionera de tus antiguos asociados, en repugnantes escenas de crueldad y venganza!

– ¡Padre adorado! – le susurró en voz baja, desde el alma – Entiendo que estás siempre a mi lado y sabes con qué austeridad he cumplido mis deberes… La conciencia no me acusa de haber cometido el más mínimo delito; no la tengo empañada por la más mínima desgracia… Sin embargo, estaba muy indignada y herida en lo más profundo de mi ser: me parece que, desde que me separé del idolatrado Renê, mi corazón está destrozado, apuñalado por una daga invisible…

Todavía no tengo el coraje necesario para olvidar los injustos agravios de Giácomo, con las cegadoras maquinaciones del malvado Hamed...

– ¿Agravios injustos, dijiste, mi Eloísa? ¡Oh! hija amada: ¿quién es Ariel? Socio o cómplice de todas las tragedias de tu pasado en la Tierra, y qué por tu culpa, bajo su malvada influencia, perpetró los crímenes más bárbaros, manchó de sangre la mano que firmaba sentencias inicuas, quitó vidas preciosas, empuñaba armas fratricidas y que reaparece ahora, antes que descienda la estela de tu última prueba terrenal.

¿No comprendes, querida hija, que él y Giácomo eran tus aliados en el mal? Aun lo sabrás, en todos los detalles, y entenderás quién eras... No podemos, por ahora, por temor a perturbar tu razón; no podemos revelarte plenamente la verdad desnuda, antes que dejes este mundo... Los seres que suponemos son los más pequeños, las fábulas, todo lo que gravita en nuestros hogares, están, casi siempre y para siempre, ligados a nuestras existencias, para que podamos reparar injusticias, crímenes abominables, y no transmitirles órdenes arbitrarias, como, en el pasado oscuro, fueron ejecutores de nuestra voluntad, en detrimento de nuestros semejantes. Hoy tienes una sierva dedicada: Marta, cuyo cariño incondicional te lo has ganado con perdón y clemencia. Pues bien: ya le has causado mucho daño, ya la has obligado a cometer vilezas e ignominias, y recién ahora te has vuelto benévola y compasiva con ella. ¡Has comenzado a refinar el diamante informe de su alma, que nunca se desconectará de la tuya, y a guiarla hacia la luz de la virtud y el deber!

Ahora que tu breve expiación está completa, comenzarás misiones sublimes, que consistirán en elevar y guiar a criaturas aun vacilantes en el camino de la moral. Marta será una de tus guardianas espirituales.

Ora siempre con ardor para triunfar sobre todas las pruebas terrenas, como un Templario para superar las pruebas positivas de su temperamento moral. Acepta, sin murmuraciones, las supuestas injusticias y sufrimientos que te imponen como cauterios para carcinomas, para úlceras corrosivas del espíritu, para curarlas, sanarlas por los siglos de los siglos.

Entonces comprenderás que, sin ellos, aun tendrías que regresar al ruedo planetario para saldar, hasta el último centavo, la deuda contraída con el instituto divino. Tu peregrinaje terrenal no será largo a partir de ahora. ¡Es necesario preparar el alma para olvidar las amarguras sufridas y pagar, con piedad y perdón, las cargas que tus asociados te infligieron en el pasado!

Todo lo harás imitando al modelo celestial – Jesús –, que, difundiendo caridad, consuelo y compasión, solo recibió ultrajes y tormentos de los hombres, pero supo perdonar a los pecadores, entrando con el alma – constelada de bendiciones y virtudes –, en las mansiones bienaventuradas. del Universo, que son herencia real de nuestro divino progenitor, la Majestad Absoluta del Cosmos...

Jesús, ahora y hasta la consumación de los elfos, será el arquetipo de quienes necesitan cincelar el espíritu plagado de aristas, de iniquidades, para que se vuelvan bellos, por antonomasia, volviéndolos luminosos como estrellas humanizadas, para ascender a los reinos etéreos y más tarde, aquí regresarán para realizar nobles y gloriosas misiones, convirtiéndose en faros que guían a la criatura hacia las brillantes patrias del Más Allá.

Todos los violadores de los códigos divinos – basados en el amor al deber, en la virtud, en el altruismo –, deben, como Él, arrastrar por el *"vía crucis"* de las expiaciones flagelantes, sobre sus hombros heridos, el bronce de la prueba de los crímenes, tanto más pesado cuanto más graves son los crímenes: sorber, hasta la última gota, la copa de la amargura atormentadora y de los reveses redentores; colocar en la frente, donde brotaron los malos pensamientos, la corona de espinas que penetran el alma, desgarrándola, como lo hicimos nosotros con el corazón de nuestro prójimo, en momentos de locura... ¡o de perversidad superlativa! Por eso, hija amada, lleva tu árbol doloroso, cuyo peso se hace más liviano día a día; volviéndose imponderable, menos tortuoso, desde que rescates la culpa máxima de tus avatares remotos, culpa que pedía castigo, que en realidad no excedía el crimen cometido... Mira: los cireneos siderales descienden del espacio estrellado para ayudarte, a guiarte, llevarte al Gólgota de las pruebas meritorias, cuya radiante cumbre debes vislumbrar ya con maravillosa visión psíquica.

Saldrás valientemente victorioso, si continúas en la obra del bien y del deber, y luego, en un futuro no muy lejano, tu espíritu Lucificado estará perpetuamente unido al de Renê... ¡y al de Giácomo!

– ¡Oh! Padre amado, ¿por qué no le dices estas cosas al amigo revelado que me consuela en los momentos de agonía moral? A... ¿Dusmenil? ¡Oh! ¡No! Siento que un muro infranqueable se interpone entre él y yo, que no se compadece de mi sufrimiento, que me separa del adorado Renê, enfermo y frágil, convirtiéndose en parricida. ¡Me juzgó una vulgar adúltera, conociendo mis sentimientos de honestidad, mis ideas dignificantes...!

Para él, las acusaciones de un miserable sirviente tenían mayor mérito que mis protestas y mi pasado intachable...

– ¡Los celos, querida hija, alucinan, enloquecen a quienes se someten a su yugo tiránico! ¡Cuántos crímenes atroces perpetrados bajo su gobierno invencible! El verdugo de los corazones amorosos. Es la prueba definitiva de afecto, especialmente de afecto conyugal. ¡Es el egoísmo perdonable de alguien que ama profundamente!

¡Cuántas dagas de Otelo han atravesado corazones inocentes, empuñados por uxóridos enloquecidos por los celos despóticos! Nunca lo sentiste en esta existencia, Eloísa, casándote con el único hombre que amaste; por lo tanto, no se comprende lo que pasó dentro de Ariel y Giácomo, subyugados por el odio, los celos, la venganza, siniestros aliados en la realización de los crímenes más espantosos. ¡El odio!

¡Oh, amada hija! Procura no darle cobijo en tu alma más noble: él es como una llama voraz, fijada en tu propio corazón, consumiéndolo, devorándolo lentamente; apaga los sentimientos más loables; arma a los seres para el asesinato, la calumnia, la venganza; crea un infierno interior, quema todas las virtudes, arroja la desesperación a lo más profundo de quien lo concibió, convirtiéndolo en un verdugo implacable de aquellos a quienes más adoraba; de ellos mismos, ¡de toda la Humanidad! ¡Los celos! ¡Tormento indescriptible de aquellos, todavía apegados al mundo y a los placeres impuros, magnetizados a pasiones volcánicas, que no consideran al hombre un hermano sino un temible adversario, deseando solo exterminarlo para que nadie pueda codiciar el objeto de su loco afecto! Hidra de Lerna a la que, cuando se le corta un tentáculo, renacen siete; víbora que se enrosca en el corazón, envenenando todas sus alegrías, todas sus esperanzas; espectro que sigue, como una sombra a cuerpo expuesto a la luz, sus víctimas, sin abandonarlos ni un solo momento, atormentándolas como un inquisidor invisible pero extremadamente cruel...

Y fuiste tú, querida hija, alma cándida y lírica, quien inspiró a estos verdugos y tiranos de la Humanidad... en dos corazones que, hasta el día de hoy, te consagran con un sentimiento indefinible, amalgama de luz y oscuridad, de nieve y ¡barro pútrido...! Casi siempre, Eloísa, es la vileza la que genera pasiones impuras; pero, a veces, la virtud austera que no transige, que no se contamina, que no se vende por ningún tesoro, sí lo hace, haciendo germinar un amor material en los humanos batracios – inmersos en los temblores de los sentimientos contaminados –, en su mayor parte. ¡Hermosa estrella de un firmamento azul!

Si hubieras transgredido tus deberes conyugales, habrías contado con la entrega y el cariño impetuoso de Ariel; al rechazarlo noblemente, creaste un enemigo terrible y acérrimo. Se sufre porque no se comete ningún delito. Eres infeliz porque eres pura. Sin embargo, ¡mejor la amargura del repudio, el martirio de la separación, las lágrimas de la supuesta injusticia que te hirió, que la felicidad mancillada que provendría de la más mínima transgresión de uno solo de tus deberes morales...!

Bendice, pues, las agonías que has sufrido sin manchar tu alma, preparando así, con lágrimas y tormentos, la felicidad futura, la alianza eterna con los que amas...

– ¡Nunca más podré amar a Giácomo, querido padre! – Exclamó Eloísa sollozando.

– Hoy así parece, Eloísa; pero te aseguro que sucederá todo lo contrario...

– ¡No puedo olvidar sus ultrajes y, sobre todo, el sacrificio de la vida de mi idolatrado Renê!

– Porque estaba y sigue estando engañado respecto a ti y a Hamed. La verdad; sin embargo, como la plateada luz de la Luna, pronto se revela, superando las tinieblas de la calumnia... No lamentes la partida del redimido Renê hacia las regiones superiores. Era un pájaro del cielo, que solo por un momento se posó en el alero de tu hogar.

Nada pudo detenerlo en su vertiginosa carrera hacia las regiones divinas. Su pasantía en la Tierra había terminado. ¡Él es el vínculo de diamante que encadenará sus almas por los siglos de los siglos!

La suave voz se detuvo de repente.

Eloísa, siguiendo el consejo del protector invisible, oró mentalmente rogando al Padre misericordioso la valentía necesaria, antes de terminar sus días en la Tierra, para olvidar o perdonar los agravios recibidos, las angustias por las que había pasado, volviéndose indulgente con sus ofensores y aquellos que, desde el pasado, se habían convertido en instrumentos de sus arbitrariedades y crímenes.

Mientras formulaba sus últimos votos, se quedó profundamente dormida, tendida en el sofá.

Imperceptiblemente, Marta entró en la habitación y al verla tan descolorida, su rostro marmóreo contrastaba con la negrura de su cabello, donde ya brillaban rayos de luz plateada, con las manos blancas entrelazadas sobre el pecho demacrado, en un sueño plácido, supuso que el espíritu radiante había traspasado las fronteras siderales, liberándose hacia el paraíso.

Se arrodilló llorando y le besó las manos. Eloísa abrió los ojos y la miró asombrada, preguntando:

– ¿Por qué lloras, Marta?

– ¡Allá, señora, ¡pensé que su alma santa había partido en busca del querido Renêcito...!

– ¡Y lloraste por eso, Marta! Pues mira, te estabas arrepintiendo de mi felicidad, la única a la que aspiro en esta vida que poco a poco va desapareciendo...

CAPÍTULO VII

Fue un día ajetreado en la fortaleza d'Argemont.

Eloísa no había descansado ni un momento para responder a todos los que acudían a ella, escuchando a todos, aconsejando, animando, ayudando. Por la tarde se retiró a su habitación, como de costumbre, pero más cansada que los días anteriores y llena de una tristeza incontrolable, mientras transcurría el cumpleaños de su dulce hijito, del cual aun dejaba de recordar, llena de añoranza. Recordaba el pasado, sin poder controlar sus pensamientos, emisarios invisibles pero vibrantes; cóndores divinos que, enjaulados por momentos en el estrecho y maravilloso reino del cerebro, rompieron la frágil prisión que los aprisionaba y se liberaron a la esfera cerúlea, sin que hubiera nada en la Tierra que pudiera volver a aprisionarlos.

Recordó la alegría con que había acogido en sus amorosos brazos al débil recién nacido, una muñeca viviente, lleno de encantos; criaturita adorada que le parecía formada a partir de un trapo de su propia alma, que permanecía dividida y desintegrada cuando no la había pegado a su pecho, cuando no había recibido sus caricias... Desde que se había separado de él, en la funesta noche de su ruptura con Dusmenil, sintió que su espíritu había sido desgarrado y un fragmento había quedado con el pequeño idolatrado. A partir de entonces se reconoció incompleta, medio viva, mutilada, un vacío que se abría en su interior, un abismo... que se iba llenando de lágrimas, de recuerdos dolorosos, de anhelos indefinibles.

Rezó durante mucho tiempo, rogando a Su Majestad Suprema que no la dejara caer en la desesperación.

– ¡Señor! – Murmuró –, no te pido felicidad y que no haya hecho justicia en esta existencia, por faltas anteriores, sino una partícula de paz espiritual, para conducir, serenamente, el desfallecimiento del madero de las duras pruebas, al Gólgota de las remisiones terrenas. ¡Quita de mi cerebro estos recuerdos conmovedores, anestesia mi corazón con el bálsamo divino de la resignación!

¡Piedad, Señor, de tu sierva desolada que tiene que rescatar un pasado de oscuridad, una eternidad de pecados!

Hoy siento más vívidamente los recuerdos del amado angelito que voló a los cínicos lugares donde tú estás…

Aun tengo grabadas en mi alma sus caricias, el calor de sus brazos brumosos, la ternura de sus santos besos; y; sin embargo, sé que su cuerpecito ya se ha desintegrado en vibrios, en el vientre de una tumba, que también contiene mi corazón dolorido y anhelante!

¡Tú, que eres un Padre amoroso, mira mi dolor profundo y envía una gota de alivio para calmarlo!

¡Piedad, Señor, por la criatura torturada que ya ha transgredido Tus radiantes Leyes de amor y justicia, pero ahora anhela acercarse a Ti por los siglos de los siglos!

Tan pronto como terminó de pronunciar estas palabras, la invadió un ligero vértigo y, como a veces le sucedía, se dio cuenta que su espíritu, exteriorizado, hendiendo el espacio, liberándose en lo alto, se acercaba a lo Inmensurable, flotando en el éter… Luego, deslizándose suavemente en el vacío, descendió nuevamente a las regiones terrestres, en línea horizontal, y comenzó a descubrir lagos, mares, cadenas montañosas, enterradas en nevados burnozes y finalmente extensas llanuras muy áridas, donde reinaba la soledad mortuoria y algidez.

De repente, dejó de volar y descendió a una ciudad algo oscura, envuelta en crepé nocturno. Grandes edificios planos, extensas plazas poco iluminadas, ecos que abandonarías tras el golpe devastador o la devastación de una violenta pandemia, que la había transformado en una vasta necrópolis.

– ¡Pasamos por Persia y llegamos a Siberia! – Murmuró con dulce voz la devota entidad que guiaba a Eloísa. No podía distinguirla, pero sentía su presencia.

–¿Qué vine a hacer aquí en esta región inhóspita? – Preguntó ansiosamente.

– Recuerda el pasado, sumerge tus pensamientos en el profundo océano de tus remotas encarnaciones. Ya viviste aquí y cometiste crímenes. Te traje para presenciar una escena que te conmoverá, pero con consecuencias beneficiosas. ¡Anímate entonces!

Se acercaron a una casona aislada de las demás por un extenso y baldío parque, donde arbustos y árboles desnudos, cristalizados por la nieve, se movían, azotados por vientos gélidos, ¡como si giraran al compás de una extraña orquesta filarmónica dirigida por un loco maestro!

Al lado del edificio, al fondo, Eloísa distinguió un ancho río que parecía profundo, algo estancado y parecido a un tendedero de vidrios rotos –pues la gruesa corteza ya estaba rota, comenzando a derretirse –, formando innumerables islotes en forma de diamante que chocaban entre sí al otro con un ruido sombrío e impresionante.

– Estás en la orilla izquierda del Lena, en Irkustsk... – le dijo el mentor con voz muy dulce.

Se acercó a la habitación, débilmente iluminada por una lámpara interior, dejando entrever apenas algunos huecos en las ventanas del ala derecha. En el interior reinaba un silencio sepulcral, solo ligeramente roto por el murmullo del río, como sollozos ahogados de criaturas estranguladas.

Finalmente entró, sin abrir ninguna puerta. Se encontró en un vasto dormitorio y sobre una enorme cama, de dulce color carmesí orlada de copos de oro, entreabierta; apareciendo, sobre la almohada roja, vio una cabeza masculina, pálida y demacrada, sobresaliendo de las mantas que la rodeaban como si hubiera sido guillotinada. Esa criatura parecía profundamente dormida, pero su rostro revelaba un sufrimiento doloroso, con una expresión de dolor infinito.

– ¿Ya no reconoces a tu marido? – Preguntó el cariñoso compañero.

– Giácomo, ¿éste? ¿Estará acribillado? ¿Está enfermo?

– Sí, enfermo del alma, desgarrado como el tuyo.

De repente sintió que su rencor se desvanecía y, conmovida, sintió lágrimas ardientes corriendo por su rostro.

– Observa lo que está pasando – advirtió el Guía.

Entonces, vio una puerta lateral abrirse y una figura siniestra entrando a la habitación.

Se escondió, aterrada, en un rincón de la habitación y reconoció la figura de Hamed, vestido de negro, con aire de inquisidor, caminando de puntillas, con cautela, con el brazo derecho en alto, empuñando un puñal de acero y brillante, hacia la cama de Giácomo dormido.

Eloísa lanzó un grito de terror y despertó sobresaltada, llevándose la mano derecha a su pecho palpitante, del que pareció desprenderse y extenderse para siempre... La entregada Marta se acercó a ella con ansias.

–¿Qué tiene usted, señora? ¿Qué siente?

– ¡Qué horrible pesadilla, Marta! ¡Vi al malvado Ariel a punto de apuñalar a Dusmenil!

–¿Y no cree que sea capaz de hacerlo?

– Sí... el desgraciado no mantendrá el papel de servidor devoto hasta el final... Se revelará tan pronto como Dusmenil ya no pueda liberarse de su ira traicionera, ya que lo odia, ¡aparentando tener una relación real y sincero afecto!

Cuando la doncella se retiró a una habitación contigua, Eloísa se sintió invadida por una emoción irresistible, que le hizo brotar lágrimas de sus entrañas.

Hasta ese momento, desde su ruptura con su marido, pensaba en él con un profundo resentimiento, con un dolor intraducible, sin perdonarle la tortura que le había infligido al separarla de su hijo idolatrado... Ella no lo odiaba, pero lo consideraba un adversario irreconciliable. Pensó que lo había olvidado, sentía que un abismo se había interpuesto entre ellos, un océano impregnaba sus corazones, enajenando sus destinos, volviéndolos indiferentes. Le pareció que recibiría las más desgarradas noticias sobre él. Pero he aquí que cuando lo vio en sueños, inerte, enfermo y entregado a la ira del execrable hindú, comprendió que solo ésta era la causa de su desgracia; había fascinado a su marido, que, bajo sus garras del Tigris, se había convertido en una presa dócil; y habiendo conseguido toda la victoria que había planeado, haciéndolos infelices y enemigos, iba a hacer vibrar, en el pecho angustiado de su víctima, ¡una puñalada traicionera e inevitable!

¿No le había dicho que odiaba a Dusmenil desde que se apoderó de su alma venenosa y monstruosa, esa pasión nefasta que había despertado sus instintos feroces en él?

¿Dónde estaban esa noche? ¿En Siberia, como había soñado? ¿Cómo salvar a Dusmenil del pérfido Hamed? ¡Y cómo pesaba sobre ella la inmensidad del mundo, en aquel momento conmovedor, sin saber a ciencia cierta el paradero del único hombre que amaba y no quería ser sacrificado a la crueldad del terrible Ariel!

Oró entre lágrimas y durante mucho tiempo.

Ninguna voz amiga se escuchó en aquella noche de agonía, en la que nuevos sentimientos generosos se iban creando en su corazón, transformando los agravios de su verdugo, loco de celos, en compasión, en dulcísima piedad, en interés fraternal. ¡Ya no podría, aunque quisiera, amar como esposa o como compañera a quien tanto la había humillado y ofendido, pero lo amaría como a un hermano amoroso o a una madre compasiva, que perdona todos los crímenes del ser pequeño y frágil, que se durmió en los brazos de quien escuchó el primer aullido y recibió la primera sonrisa!

Luego, como en otras ocasiones, se interesó por la suerte de Dusmenil. Hasta entonces, la noticia de su muerte le sería indiferente, pero de ahora en adelante, le causaría terror saber que fue asesinado por un desgraciado que, después de destruir su hogar y su felicidad, iba a arrancarle el corazón que solo latía por su pequeño hijo y su amado compañero.

Amaneció, rosada y fresca, y allí estaba ella tendida en la cama, en una vigilia atormentada que no dejaba descansar a su cerebro y lo vulcanizaba y pisoteaba con las púas de la inquietud…

Solo durmió unos momentos antes de levantarse. Tal era la palidez de su rostro que, al verla, la entregada Marta quiso llamar al médico.

– No, Marta, no estoy enferma. Estoy conmocionada por la pesadilla de esta noche, pero todo esto pasará. Vale, me olvidaré de todo, de cumplir con mis deberes, de hacer el bien…

Acogía con una sonrisa melancólica a quienes la buscaban para obtener algún beneficio.

Asistía a las clases matutinas de los pequeños, acariciándolos tiernamente y ofreciéndoles golosinas y juguetes; Revivió a los afligidos, ayudó a los enfermos y a los infelices.

Por la tarde, cuando se retiró a sus habitaciones, se sintió cansada, pero, con la conciencia iluminada de la luz más dulce, que proviene de almas plácidas y virtuosas.

Al entrar en una habitación poco visitada, notó un mueble viejo que no había sido abierto durante mucho tiempo. Le agradó abrirlo para ver lo que contenía; y quizás le recordó la época dorada de su infancia. Buscó las llaves en uno de los cajones más pequeños y, sucesivamente, las abrió descubriendo su contenido.

Encontró cartas familiares y, en un montón atado con una cinta descolorida y sedosa, las misivas que sus padres intercambiaban en los raros días que estaban separados.

Leyó, conmovida, con los ojos llenos de lágrimas, algunos extractos de antiguas epístolas que revelaban aventuras pasadas, anhelos, afectos puros e indisolubles.

¡Solo entonces apreció cuán benditos habían sido los magnánimos castellanos que le dieron su ser!

Dos almas siempre unidas por una afinidad indestructible, unidas incluso en la muerte, como el conde d'Argemont había sobrevivido apenas a su amado y fiel compañero... Nunca le había sorprendido el más mínimo disgusto que nublara la serenidad de su noble rostro, de la paz conyugal, mientras vivían bajo el mismo techo. Les envidiaba su incomparable fortuna, que ciertamente se extendía por las regiones exteriores a las que evolucionaron.

Su destino fue bastante diferente.

Guardaba lentamente aquellas cartas apasionadas, ahora del color del marfil viejo, y, cuando las cerraba en el cajón del que las había sacado, tenía la sensación de haber cerrado una pequeña tumba... donde se guardaban las últimas pruebas de una felicidad. disfrutado y extinto en la Tierra, como un puñado de cenizas...

Abrió otro cajón, más grande, lleno de ropa y objetos infantiles... y soltó un grito desgarrador al reconocer la ropita de Renê, sus juguetes favoritos, que él mismo había colocado con sus manitas diáfanas en una de las maletas, cuando ella los estaba empacando, antes del regreso de su esposo y con el fin de evitar al nefasto Ariel...

Olas de lágrimas brotaban de su corazón, nublando su visión, como si un río interior, represado por muros de granito, los hubiera roto y desenredado en su curso, crecido, impetuoso, inundando las tierras adyacentes con una violencia sin precedentes.

Sentimientos profundos, amortiguados por el tiempo, a veces estallan, como de cráteres aparentemente agotados, lavas incandescentes, cascadas de ceniza estallan de convulsiones subterráneas...

El estallido de anhelos y recuerdos conmovedores crecieron en su alma en un solo momento, intensificando el desagrado secreto reprimido por el influjo de fervientes oraciones... Ciñó su pecho oprimido con algunas de esas reliquias que recordaban un destino pronto pasado, inundándolos de lágrimas, murmurando entre sollozos:

– ¡Amado mío, pobre Renêcito! Cómo fuimos gravemente heridos por quien decía ser nuestro apoyo y nuestro...

Un repentino aturdimiento nubló sus facultades mentales lúcidas, causándole un malestar indefinible. Supuso que sería privada de sus sentidos. Notó que algo en su caja toráxica se había roto y experimentó una ligera asfixia. Su boca se llenó de un líquido tibio, y, llevándose instintivamente su mano helada a sus labios, se la sacó roja, como teñida de coral licuado...

Dejó caer al suelo las cosas preciosas que apretaba contra su pecho y, tambaleante, cayó sobre una cama allí.

Al notar su ausencia, Marta fue a sorprenderla, medio desmayada, con la ropa morada por una hemoptisis severa. Alarmada, la criada hizo que llamaran al médico de Eloísa, quien la encontró casi examinándola.

Después de la ayuda que le prestaron, reclinada sobre un gran cojín, no dejó de pensar en su tembloroso hijito y en su marido, esperando que éste volviera cuando ella estuviera *in extremis*, para poder revelarle la verdad y, con desahogado su espíritu, podía partir en busca de quien la esperaba en los pórticos divinos.

– Quiero – imaginó insistentemente –, reconciliarme con Giácomo en las fronteras del Más Allá, lejos de las pasiones terrenas, sin que él pueda dudar más de la verdad y así saber quién es... ¡el desgraciado Ariel!

Una noche, mientras estaba despierto, notó la aproximación de una entidad radiante, cuyos efluvios calmaron su sufrimiento y penetraron en su debilitado organismo. La visión se le apareció.

- Ora con vehemencia; perdona a tu ofensor, o mejor dicho, a quien te ama hasta la locura; ¡quién jamás podrá olvidarte y no dudó en cometer la mayor vileza para vengar tu desprecio, descontento de tu inquebrantable honestidad! ¡En el futuro, trabajarás para que ascienda desde las profundidades del odio, el remordimiento y la venganza en las que se encuentra inmerso, hasta las resplandecientes metrópolis de la Majestad Absoluta, ubicadas en sus imperios de luz!

¡Vibremos, en las arpas divinas de nuestra alma, al unísono, una oración por todos los seres de este planeta de oscuridad y gemidos!

LIBRO III
LA DIVINA THEMIS

CAPÍTULO I

Dejemos, por un momento, el Señorío d'Argemont y entremos en otra región terrestre muy distinta a la francesa, siguiendo el camino de tres personajes conocidos, que vivieron nómadas como los bohemios o las golondrinas migratorias, para escapar del azote de los inviernos morales: Dusmenil, Hamed y Fabrício.

Los dos primeros parecían demacrados. Se diría que el mismo dolor, como una descarga de fuego lanzada desde las fraguas en llamas, desde las nubes más altas, los había herido de un solo golpe.

El robusto Ariel, más demacrado que su jefe, tenía un rostro enjuto surcado de profundas arrugas como lechos de serpientes que conservaban sus formas sinuosas… Sus ojos estaban dilatados y tenían el brillo de las antorchas de un zarcillo escondido en las catacumbas romanas, en las edades calamitosas de Nerón. Nadie los miró sin experimentar un ligero aturdimiento. Y parecía más alto y más moreno. En su amplia frente destacaban mechones de pelo canoso, como si estuvieran permanentemente alojados en copos de nieve polar o de los picos del Himalaya.

Giácomo, todavía en la flor de su juventud - ya que solo contaba los años de Jesús cuando fue crucificado -, se había puesto increíblemente pálido. Parecía veteado, igual que su lejana esposa.

En raras ocasiones, estos extraños itinerantes hablaban entre sí y solo intercambiaban ideas sobre el viaje que estaban realizando.

El otro criado de Dusmenil, que lo seguía dócilmente, Fabrício, fue quien afirmó haber perseguido, con el hindú, al supuesto amante de Eloísa.

Formando una pequeña caravana, realizaron un largo recorrido por territorio africano.

Se adentraron en los bosques más profundos. Cruzaron el Sahara, que aparece a los peregrinos como una extensa playa o el fondo blanco de un océano extinto, a veces abrasador, otras agitado por violentos harmattans, que lanzan las olas de arena casi hasta el firmamento en un impotente desafío de un sicario escondido en el corazón de la savia centenaria, apretando sus muñecas amenazantes o lanzando puñados de grava al Sol y a las estrellas, para que, en su luz dorada, no se descubra su escondite…

Viajaron durante días interminables sobre la interminable capa de arena, de la que los pasos de dromedarios y beduinos provocan sonidos incesantes, como gemidos exhalados por criaturas humanas allí enterradas vivas, y cuyos huesos fueron poco a poco aplastados.

Luego se adentraron en los majestuosos bosques de Guinea y Benguela. ¡Había noches en que no podían conciliar el sueño, rodeados de piras humeantes para ahuyentar a las fieras que, merodeando por las tiendas, aullaban, rugían, sordamente, formando un trueno filarmónico encabezado por el legendario y ultrarífico Belcebú, en un Sabbat asombroso, para atormentar y aterrorizar a las eternas víctimas…!

Cruzaron caudalosos ríos en frágiles embarcaciones pilotadas por pescadores muy ágiles, a veces perseguidos por voraces cocodrilos. Pasaron semanas dentro de espesas selvas – ejércitos inmovilizados de tallos vigorosos –, como los de la bella durmiente en el bosque, similares a procesiones de vegetales gigantes, repentinamente paralizados por la afluencia de algún hada poderosa y malvada. Se dormían, durante las siestas, bajo colosales frondas que se entrelazaban y enlazaban como sombrillas de plumas verdes, de modo que, en un ambiente asfixiante, durante las horas del calor senegalés, protegían las frentes de miríadas de soberanos egipcios. Luego siguieron una ruta tortuosa hasta la desembocadura del Nilo; cruzaron el Mar Rojo, Asia Menor, Turquestán, Persia y entraron en Siberia.

El invierno se acercaba, desolador y terrible, como solo ocurre en zonas semipolares.

Se encontraban ahora en una extensa llanura azotada por fuertes vientos que, en rápidas ráfagas, arrancaban las últimas hojas de los escasos árboles de aquella región y las hacían girar en el suelo, como si fueran pájaros muertos, repentinamente resucitados, intentando en vano para elevarse, regresar al espacio infinito...

Se detuvieron para tomar su primera comida y se alojaron en una posada lúgubre y húmeda.

Temblando y pálido, Dusmenil observó a Hamed, que, en la habitación, estaba sentado sobre una estera, con los párpados cerrados, taciturno y absorto en profunda meditación.

Para romper el doloroso silencio que reinaba en la miserable habitación, Giácomo le dijo:

– Quizás no sobreviva impunemente a esta temperatura, después de la ola de calor africana; pero la muerte es precisamente lo que busco en esta región inhóspita: ¡anhelo el epílogo del drama irremediable de mi existencia!

– ¿Por qué no olvidar el pasado, señor? – Preguntó Ariel como despertando de un sueño, sin mirar a su amo, para no quemarlo con el fuego de sus ardientes pupilas.

– El pasado, Hamed, es como un río que siempre crece y crece, a cada momento, y a veces vuelve a fluir a su fuente, que es el presente, a través de la evocación; pero nunca se detiene, ¿y quién podrá detenerlo en torrentes impetuosos como los del Amazonas?

¡Hablas de olvido, porque tu vida ha sido pacífica y seguramente nunca te ha tocado el simoum de la desgracia!

El indio bajó aun más la frente, que casi tocó el suelo; entreabrió los ojos, que brillaban de lágrimas, y dijo con gravedad, como si estuviera pronunciando un soliloquio íntimo:

– Señor, debes saber que el dolor sin precedentes, voraz, desgarrador, es el que nadie sospecha, que nadie sabe, que ruge en el cerebro, en el corazón, en el alma, como una víbora abrasadora, implacable y arrepentida a cada instante, sin que la víctima tenga derecho a gemir, gritar, pedir ayuda, porque su dolor amargo y escondido es casi un crimen y lo lleva a la tumba, con el secreto de su desgracia ignorado, escondido en la tumba de su corazón.

Dusmenil lo escuchaba conmovido y sorprendido. Comprendió que aquellas palabras eran sinceras y revelaban un sufrimiento secreto e irremediable que nunca había sospechado. Nunca lo había visto así.

Cuando se conocieron en Pondehery, él parecía, si no afortunado, al menos indiferente a la agitación de la vida, que suponía aun no había calmado su alma. Desde hacía algún tiempo se había producido en su fisonomía una transformación visible, pero él no sospechaba la causa de esta mutación, que encerraba un misterio, que lo volvía indiferente a las pasiones humanas y absorto en oraciones y meditaciones.

– Te sientes nostálgico – dijo con lástima –, ahora que te has acercado al Indostán… Ariel, no quiero que te sacrifiques por mí… Si quieres regresar a Pondehery, donde debes tener seres queridos, eres libre de hacerlo. ¡Te daré lo necesario para tu mantenimiento, aunque tengas que vivir un siglo! No olvidaré que salvaste mi vida y salvaguardaste mi honor.

Lo que haga por ti no será una compensación, sino una prueba de reconocimiento. ¡Ve, Ariel, y haz felices a los que te esperan ansiosamente! No te preocupes más por mí, porque siento que la lámpara de la vida se apaga...

Después de unos minutos de silencio, como si no hubiera entendido lo que Dusmenil le había dicho, Hamed murmuró:

– Señor, ¿nunca ha visto usted, en noches serenas y claras como el cristal azul de un cielo constelado, un fragmento de estrella desprendida que atraviesa verticalmente la extensión sideral, y que vislumbramos solo por un segundo y sigue su trayectoria sin saber dónde aterrizará... porque, es como un águila luminosa? ¿Quieres liberarte de mí, ahora que sabes quién soy? – Murmuró el hindú, mirándolo de repente, con un brillo de fuego fatuo en sus pupilas negras, pero con profunda humildad –. ¿He ofendido tus nobles sentimientos con el relato de mi desgracia?

–¡Oh! no – dijo Dusmenil con vivacidad y manifiesta compasión, con los ojos húmedos de lágrimas –, olvidas que yo también soy desgraciado y lo sería más aun... si estuviera a solas contigo para siempre. ¿Crees que he olvidado lo que hiciste por mí? ¡Mi deuda de gratitud contigo nunca será suficientemente redimida, por mucho que lo intente!

– Gracias señor… Solo que usted me tiene un cariño… ¡que no creo merecer! Nadie debería sentir lástima por un desgraciado... como yo.

Escúcheme ahora, señor: no quiero su oro, permítame decirle eso. ¿De qué me sirve el dinero, si todos los tesoros del mundo no borran los recuerdos del maldito pasado, no ablandan las llamas de la compunción, no pueden hacerme menos infeliz? ¡Déjeme morir como siempre fui: miserable, oscuro, despreciado! Crees que me debes mucho... ¡pero estás engañado! Una vez expuse mi vida por ti, porque mi vida es inútil para la Humanidad... Te liberé de las garras de un tigre y hoy, pusilánime, no puedo liberarme de la pantera del remordimiento, que está enjaulada en mi propio corazón, destrozándolo a cada momento... No quiero recompensar lo poco que hice por ti. ¡Todo el oro del Universo es inútil para mí, ya que no podrá comprar un átomo de paz para una conciencia desgarrada por el remordimiento y la desgracia! Siento que pesa sobre mí la maldición del absoluto y escucho, como Aasvero, una voz imperiosa que me dice: "¡Camina! ¡Camina!" Por eso te sigo, como un perro que sigue a su amo; pero si quieres deshacerte de mí, ¡con piedad quítame mi vida atormentada, dando tregua a esta incomparable tortura! El Padre ciertamente te perdonará...

Ni siquiera tengo el consuelo de las lágrimas, que hace tiempo que no corren por mi rostro, sino que parecen hincharse dentro de mí. ¡En lugar del refrigerio de las lágrimas, mi alma escupe gotas de fuego! ¡Soy un desgraciado, señor! ¡Siento que me acompañan falanges mefistofélicas de muchos avatares de las inequidades! La única esperanza que alivia la tortura de mi sufrimiento... ¡ahora, es encontrar, como tú, mi tumba en el hielo de Siberia! ¡He estado buscando la muerte durante mucho tiempo, señor!

Giácomo lo miró con tristeza, comparando sus destinos, que le parecían tan diferentes: él, nacido en un palacio principesco, vestido con ropas finas, educado en escuelas famosas, recibiendo todos los privilegios sociales; los otros, tal vez nacidos en un barrio pobre, solo tenían harapos sórdidos para vestirse, tal vez habían aprendido a leer de los sacerdotes del Himalaya, privados de clasificación social, pobres, humildes... Y; sin embargo, allí estaban encadenados por los grilletes del destino y desgracia, ¡quizás por los siglos de los siglos!

Sin embargo, no supo definir lo que había sentido desde que escuchó, de sus propios labios, aquella aterradora confianza: ¡amaba a una esposa y madre, y, para vengarse de su desdén, había asesinado a un diminuta, débil y ser indefenso!

¡Qué procedimiento tan monstruoso!

¡Manos manchadas con la sangre de un querubín, bellas y puras! Por primera vez, a pesar de la conmiseración de sus amargos sufrimientos, comprendió que esta piedad se había mezclado con una repulsión incontenible y que esa mirada fosforescente se le había vuelto intolerable, lo perseguía, incluso con los ojos cerrados, como si estuviera viéndolo.

La deslumbrante proyección de un diminuto faro atravesó los párpados.

Comprendió y justificó el asesinato en un ataque de celos, en defensa del honor ultrajado; en el afán de calumniar o de una ofensa degradante; ¡pero el asesinato de un niño imberbe, inofensivo, ajeno a la vileza humana, fue una crueldad exquisita, un crimen indescriptible, imperdonable ante las leyes humanas y divinas!

¡Quien practicara esto sería capaz de la mayor ignominia! Hasta entonces, aquel hombre le había parecido humilde, entregado, poseedor de sentimientos muy nobles; a partir de ahora lo creyó capaz de cometer la mayor villanía contra sí mismo, ¡Giácomo como tal Dusmenil! Y, con secreta amargura, recordó la aversión que Eloísa y Renê tenían hacia él, encontrándolo siniestro y repulsivo...

Pasaron las semanas y aquella dolorosa impresión no desaparecía de su mente.

A veces en coche, a veces a caballo, los tres entraron en Siberia y ya se acercaban a Lena. Llanuras desoladas se extendían a la vista, como un manto blanco de nieve que velaba una gran necrópolis, alcanzando ya el infinito para sepultar gigantes.

Solo se detuvieron a descansar unas horas, y, habiendo recobrado fuerzas en míseras posadas, hasta el punto de bloquearles la luz del día, continuaron el penoso camino sobre el tendedero nevado, que, desde arriba, caía ininterrumpidamente como lirios sin hojas, en una batalla de dioses que luchaban entre sí, se divirtió lanzando todos los lirios siderales a la Tierra.

Encontraron, en estos lugares desiertos por donde pasaron, árboles raros – árboles petrificados –, deshojados, cristalizados, como si hubieran sido sumergidos en cisternas de alumbre, o como si el firmamento se estuviera quedando sin todos sus tesoros divinos, compuestos solo de piedras blancas, en lanzamientos repentinos y llegando al suelo transformadas en tormentas de diamantes, ¡de todos los quilates!

CAPÍTULO II

Ese ambiente frío fue una tortura para Dusmenil, quien cada día palidecía más. Después de ocho días de enfermedad, la dolorosa peregrinación tuvo que ser interrumpida. Luego, apenas convaleciente, continuó, hasta que una tarde llegaron a Irkutsk.

Ciudad milenaria, rodeada de cerros entrelazados por las nevadas, como si fueran avalanchas inmóviles, o muros de cristal; compuesto por grandes edificios de poca altura, algunos rectangulares, otros circulares, con esbeltas ventanas para que las ráfagas glaciares no penetraran fácilmente durante los rigores del invierno. En una extensa plaza, un palacio real, en épocas prácticas, llegó a ser ocupado por un miembro de la familia imperial rusa, o por alguna autoridad administrativa. En las estaciones de verano, que en esas regiones frías suponen una ligera transición entre la Primavera, la temperatura nunca es cálida, los extensos patios traseros, protegidos por muros reales, solo dejan expuestas raras hojas, que más bien parecen penachos verdes, se balancean con gracia durante algunos meses, para pronto quedar envueltas en clamides de nieve: las " celeste de cristal", en el argot popular.

Giácomo, agotado por el viaje y la enfermedad, había alquilado una casona en las afueras de la metrópoli siberiana, y allí permaneció unos días afiebrado, sin poder levantarse de la cama. Una noche, en el delirio, creyó haber sido transportado al señorío d'Argemont, silencioso y lúgubre. Recorrió las habitaciones y llegó al dormitorio de Eloísa, a quien encontró lívida, con el rostro transparente de asco o de una enfermedad incurable.

– ¡Nunca más la volverás a ver… como antes! – Le dijo alguien con voz profunda y dolida.

No descubrió quién le hablaba, pero reconoció el timbre de la voz de su venerable suegro.

Despertó sobresaltado de un pensamiento doloroso y, sin poder explicar el insólito fenómeno, le pareció que dentro de sí resonaban las palabras de su infeliz esposa:

– "Mi futuro inmaculado desmentirá la infame calumnia que ha sido tejido contra mí! Diste crédito a las palabras de una persona malvada y sabrás la verdad demasiado tarde para poder reparar la injusticia que has cometido."

Luchó infructuosamente por disipar esas dolorosas ideas. ¡Nunca había dudado de la culpa de Eloísa, porque la probidad y la rectitud de Hamed nunca habían sido negadas!

En los dos años transcurridos no había encontrado la más mínima justificación al procedimiento de la consorte. ¿Por qué, entonces, había empezado de repente a vacilar en su fe, que parecía inquebrantable, en la sinceridad del oscuro y enigmático hindú? No sabía cómo definir lo que sucedía en su interior, pero algo le advertía de una falsedad, de un hecho doloroso, de una revelación demoledora... Una vez pasada la fiebre, sin saber cómo ni por qué, decidió regresar a Bail, una vez terminada la temporada de hyemal.

Esa región se le había vuelto intolerable.

Lo había buscado, esperando encontrar en él la muerte, ignorado por todos sus amigos y conocidos, y; sin embargo, se encontró abrumado por una tristeza indefinible, su amargura se intensificó y sus recuerdos del pasado se hicieron más vívidos. De repente sintió calmarse el deseo hasta entonces indomable de viajar, que lo dominaba desde los albores de su juventud. Quería que se cavara su tumba junto a la del querido Renê o de sus venerables padres.

Se consideraba un perdedor en los premios de la vida, sin aspiraciones, sin ideales; un exilio voluntario, pero no pudo aniquilar en su alma el deseo de volver a ver su patria, que, como un imán omnipotente, atraía su corazón angustiado...

Necesitaba regresar a sus propiedades, arrodillarse ante la tumba del pequeño y amado Renê, en el lugar donde lo había visto aparecer, una visión paradisíaca, en aquella noche inolvidable en la que pretendía poner fin a su vida. Se planteó cómo regresar a su tierra natal por una ruta diferente a la que había tomado para llegar a Irkutsk: viajaría en trineo hasta el primer puerto oriental del país.

Siberia, fletaría un barco que le llevaría al Mediterráneo y realizaría el viaje de regreso por mar.

Pasaron dos meses. Las ventiscas cesaron.

Ya se distinguían los rumores del río cercano, aunque todavía encerrado en una lámina cristalina, que, poco a poco, se rompía con fuerte ruido en algunos puntos, y luego apareció el impetuoso torrente que sellaba.

Dusmenil, una tarde, después de cenar, estaba todavía en el comedor, pensativo y caído en una tumbona. Ariel, con las piernas cruzadas, sentado sobre una alfombra con los brazos extendidos horizontalmente, sumido en una profunda concentración, inmóvil, parecía momificado, petrificado.

– ¿Qué cataclismo devasta lo más íntimo de este enigmático hombre? – Consideró Dusmenil con aprensión.

Se diría que murió sentado, con los párpados cerrados; que su espíritu tal vez ya flotaba en las alturas o había sido absorbido por un vórtice interior, el de las reminiscencias insoportables...

Por segunda vez, sintió terror ante aquel ser misterioso e indescifrable, temiéndole como si se hubiera dado cuenta que toda su dedicación se había pulverizado y desvanecido de repente, como cenizas arrastradas por los ciclones siberianos...

Decidió entonces regresar definitivamente a Francia, de donde nunca saldría. Buscaría algunos buenos y raros amigos, para que el aislamiento no le sugiriera pensamientos oscuros.

De repente Ariel, como si se diera cuenta de lo que tenía en mente, abrió inmensamente los párpados y fijó su mirada, inmóvil como la de las serpientes, en Dusmenil, quien se estremeció y sintió un fluido magnético recorrer su cuerpo, convulsionándolo, aturdiéndolo, paralizando sus ideas, que le parecían derivadas de un vampiro monstruoso e invisible. Se sintió caer en el letargo, pero se dio cuenta, a pesar de su inacción física, que algo imponderable y abrumador había penetrado en su cerebro, inoculándolo con un fluido inclasificable, dándole la dolorosa impresión de un arácnido fantástico, que se había introducido en su cráneo y le robaba los pensamientos más secretos, desenterrándolos de los rincones del alma...

– ¿Decidiste volver a Arras o a d'Argemont? – Pensó Giácomo mientras lo interrogaban sombría e interiormente.

– ¡Sí, quiero volver a Francia! – Respondió el sonámbulo dominado.

– ¿Y piensas volver a ver a Eloísa d'Argemont?

– Sí... y si ella, como prometió, ha mantenido una conducta irreprochable... Espero que pueda aclararme algo sobre lo que atormenta mi mente: siempre la he considerado una criminal imperdonable, pero, últimamente, estoy empezando a vacilar, a dudar de su infidelidad.

– Entonces, ¿pretendes descubrir la verdad?

– ¡Sí, es mi mayor deseo!

– Eloísa d'Argemont ya se acerca a la tumba; ¡acabo de verla en su lecho de agonía!

– Ella me lo dirá entonces, *in extremis*... ¡Conozco su carácter y no creo que mienta en el momento en que va a ser juzgada por el tribunal divino!

– ¿Es irrevocable tu decisión de regresar a tu patria?

– ¡Inquebrantable!

– Bueno, Giácomo Dusmenil... ¡ya cumpliste tu condena! ¡Despierta! ¡Te lo ordeno!

CAPÍTULO III

Una vez que despertó, y disipado el letargo del sueño magnético, no tuvo idea del extraño diálogo con el hindú, pero un vago terror se apoderó de su mente, la premonición de un gran éxito en su existencia, provocándole una inquietud inexpresable.

Medio desmayado, lo llevaron a la cama. La luz de la lámpara, velada por una pantalla de color amatista, iluminaba tenuemente la habitación, permitiéndole percibir solo las siluetas humanas y las de los objetos y muebles circundantes. Vio, en la penumbra, la figura rotunda de Fabrício, similar al personaje ingenuo de Cervantes, que se acercaba cautelosamente, pero haciendo temblar el suelo con el considerable peso de su cuerpo.

–¿Qué te pasa, Fabrício?

– ¡Ay, señor! se desmayó justo después de cenar… ¡Pensé que estaba muerto, señor! Dígame si todavía no se siente bien, iré a buscar un médico.

– Gracias, Fabrício. Estoy mejor; No necesito atención médica, sino reposo absoluto. El sueño que creía mortal, que me invadió, ya desapareció. Aquí, la existencia de los vivos no debería diferir mucho de la de quienes… ¡pueblan los cementerios! Tengo la impresión…

Cuando Fabrício se fue, Dusmenil empezó a recordar los eventos de la tarde. ¿Estaba realmente enfermo o magnetizado por Hamed?

¿Qué extraño ascendente poseía aquel individuo que había, por un tiempo, aniquilado toda su energía física y espiritual, y tal vez absorbido sus pensamientos como un bulto en su sangre?

Tenía un vago recuerdo de haber sido interrogado por él. ¿Qué le habría preguntado el indio? ¿Por qué no lo hizo cuando estaba despierto? ¿Con qué propósito lo hizo? ¿Qué idea secreta quería que le revelara? ¿Por qué, solo entonces, había reflexionado sobre la locura que había cometido, dejándolo dueño de su hogar feliz, cuando sabía que era detestado por Eloísa y el angelical Renê? ¿No sería una advertencia de lo Alto la repulsión que el inocente niño expresó hacia él?

¿No compartía también, como Fabrício, miedos inexplicables?

¿No comprendió, finalmente, que su voluntad estaba atrofiada desde hacía mucho tiempo, sometida por el indio?

¿Cómo liberarse del sirviente que, ahora, solo le inspiraba terror?

La cascada de pensamientos que fluían dentro de él, como un Niágara indómito, no le permitía conciliar el sueño. Se sentía acobardado, debilitado, inerte, infeliz, incapaz de reaccionar ante nadie en caso de un ataque inesperado; abatido, frío, temblando, a pesar de los mantos de piel que cubrían su cuerpo...

Había oído sonar la medianoche en la catedral cercana, cuando empezó a caer inconsciente, vencido por el cansancio y el letargo indomable que adormecía todos sus sentidos.

Más por intuición que por oídos materiales, notó el ruido de las bisagras de la puerta del dormitorio, que se abrió repentinamente, y unos pasos cautelosos sobre el suelo alfombrado, parecidos al reptar de una serpiente que le infundió un profundo terror, deteniéndose junto a la cama. y alarmándolo, y reteniendo su discurso, como si estuviera aniquilado y mudo para siempre...

Sobre la cama había un caramelo de damasco carmesí, medio cerrado, y, aunque logró cerrar los párpados, no pudo distinguir quién era, excepto del lado derecho.

– ¿Quién está ahí? – Preguntó Dusmenil íntimamente, sin emitir ningún sonido.

En vano esperó una respuesta. La oscuridad era casi absoluta en la habitación, pues la llama de la lámpara era más débil de lo que se había observado horas antes, en su doloroso despertar.

De repente escuchó un gemido prolongado, como emitido desde detrás del dolce y que hizo temblar el suelo y el techo, como sacudidos por un titán invisible.

Giácomo comprendió que alguien había salido a paso rápido, pero al revés, como retrocediendo, sin las mismas precauciones que había tomado al entrar.

– ¿Era Hamed? – Se dijo Dusmenil. El mismo silencio.

– Fabrício. ¡Ay Fabrício! – Gritó entonces, ya completamente despierto.

La puerta de la habitación que ocupaba su compatriota se abrió con estrépito y la luz de la lámpara iluminó el espacio.

–¿Qué tiene usted, señor? ¿Se siente mal?

– Alguien aquí entró y se puso a mi lado… ¡no sé con qué intención!

–¡Imposible, señor! – Dijo el sirviente bostezando –, la casa está herméticamente cerrada…

– ¿Dónde está Ariel?

– Quizás todavía sentado, como lo viste, en el comedor… Pasa las noches sin dormir, pero con los ojos cerrados, quizás tramando cosas diabólicas.

–¿Quién sabe si era él quien estaba aquí, temiendo por mi salud? Pero, ¿por qué no respondió cuando lo llamé y me fui gimiendo?

Fabrício, aterrorizado, se acercó a Giácomo y, mirando a la habitación, como para asegurarse que no hubiera nadie allí, le confió en un susurro:

– Señor… cuando estemos libres de este maldito hindú, le diré muchas cosas que usted no sabe…

– ¿Por qué nunca me lo revelaste, Fabrício? – Preguntó Dusmenil, bastante incómodo, al intuir que el sirviente quería hablar de Eloísa.

– Porque… ¡le tengo terror a este hombre!

– Dame el abrigo de piel. Sígueme. Quiero comprobar qué hay de anormal en esta casa.

Abrigado, pero tembloroso y moralmente sacudido, revólver en mano y seguido por Fabrício que sostenía la lámpara de plata, comenzó a recorrer todos los compartimentos sin encontrar rastros humanos alarmantes. Cuando llegó a la cafetería, notó que una de las puertas que daba a un porche, frente a Lena, estaba abierta. La ráfaga gélida que la penetró casi apagó la lámpara que Fabrício sostenía.

Afuera, el río retumbaba sombrío, arrastrando en su impetuoso torrente bloques de hielo que chocaban ruidosamente, como una formidable armadura de acero movidos por falanges de gigantes intangibles, en una reñida campaña, durante toda la consumación de los evos...

CAPÍTULO IV

De repente, la atención de Dusmenil se centró en una figura esbelta, negra e inmóvil, pegada a la pared.

Al verlo confusamente, en la penumbra en que se encontraba, Giácomo dijo con voz temblorosa:

– ¡Levanta la linterna, Fabrício!

El criado obedeció, pero estaba tan agitado que la lámpara se balanceaba en sus manos, como un péndulo inconstante.

En la proyección de luz que caía sobre la figura en sombra, ambos vieron al hindú como pegado a la pared, a la izquierda de la habitación, con un brazo suspendido sobre su cabeza, erguido, empuñando un puñal reluciente y todo el cuerpo inerte como petrificado de pies a cabeza...

– ¿Qué haces aquí a esta hora, así armado, Ariel? ¿Alguna vez has visto a algún criminal entrar a esta casa? – Preguntó Giácomo, sorprendido y angustiado, pero decidido.

Hamed lo miró con ojos fosforescentes, como un relámpago en una noche de tormenta, y permaneció en silencio.

De repente, dejó colgar su brazo rígido, como el de un anquilosado, y el puñal cayó de su mano y resonó contra la losa.

– ¡Derrotado por la fatalidad en todos los ámbitos! – Exclamó con voz sombría –. Todo conspiró contra mí... Me veo obligado a decir la verdad. Escúcheme, señor... No me volví loco, como usted supone, ¡por desgracia para mí! Estoy en mi perfecto juicio. Lo que tengo que decirte es breve y espantoso.

Se detuvo por un momento, jadeando y lívido. Luego continuó:

– Te salvé en aquella cacería, en los bosques de Pondchery, de las garras de un tigre feroz. No lo había hecho antes... Hasta que regresaste a Francia, fui tu fiel amigo... Me sentí conectado a los dos tiranos de antaño se encontraron bajo el mismo techo; ¡Los dos secuaces del despotismo por la perpetración de muchas iniquidades!

No crees en este dogma de Oriente, la transmigración de las almas o la metempsicosis, pero representa una realidad que aun será conocida por toda la Humanidad terrenal. Solo ella explica racionalmente el amor y el odio que están arraigados en las almas, desde hace muchos siglos a veces, hasta que éste es suplantado por aquel... Pero dejo las digresiones inútiles, porque es urgente terminar el acto final de esta miserable existencia...

Fui tu servidor y amigo, hasta que un día ¡inolvidable para mí! – volviste d'Argemont... trayendo una esposa...

Volvió a interrumpir el relato, sacudido por un temblor incontrolable. Dusmenil lo escuchaba en silencio, como hipnotizado.

– Verla – prosiguió –, fue como sentir un vórtice hundirse en lo más profundo de mi alma, hasta entonces serena y fiel, como si hubiera sido destrozada por un golpe, vibrada desde el espacio ilimitado hasta las guaridas infernales, tragándose toda mi generosidad y puros pensamientos, porque, de repente, me invadió un sentimiento indomable, abrumador, absorbente, por la que escogiste como tu compañera de peregrinación terrenal... ¿Dónde la había visto? En otras épocas, en lugares lejanos. Su imagen yacía en mi espíritu, latente pero vívida.

Los recuerdos de la eternidad pasada nunca desaparecen del todo, son imborrables como esculpidos en bronce, en ese bronce divino que se llama alma inmortal… Reconocí su voz, su fisonomía… ¡que ya había sido adorada…!

Nunca apareció ante mí una criatura femenina con la misma apariencia, con esa belleza, hecha de altivez y virtud, que brillan en su rostro de reina celestial. Esa tez, que se asemeja a la blancura de la nieve de las cumbres del Himalaya, con matices de resplandor, tiene un resplandor que proviene, por supuesto, del alma estelar… ¡o de sus ojos, que son dos soles negros! La amé, señor – perdóneme por atreverme a decírselo –, con delirio, con exaltación frenética, desde que la vi por primera vez, sintiéndome execrado por ella y por el pequeño… que debe estar en el paraíso, ¡transformado en un arcángel brillante!

- ¿Por qué? ¿Cómo lo percibiste?

- Señor, los espíritus se comunican a través de vínculos invisibles pero poderosos; transmiten vibraciones que revelan e intercambian los pensamientos más secretos. Tengo la ineludible facultad de leer ideas en la mente humana y, por tanto, tuve la dolorosa percusión en mi alma… ¡de ser odiado por aquella a quien sería capaz de sacrificar mi propia vida, y por quien me sentiría atraído y fascinado! No describiría lo que he sufrido al consumir un océano de tinta para describirlo en gigantescos *"in folios"*, ¡más grandes que el mismo mundo que habitamos!

Te fuiste y, confiado en la dedicación que siempre te mostré, engañado por mis sentimientos, me dejaste custodiar ese tesoro inestimable de nobleza y belleza… que; sin embargo, ¡día a día me odiaba más y más! Horas seculares de tormento indescriptible, noches interminables de vigilia y tormento moral transcurrieron con una lentitud aterradora, y yo siempre, siempre intentaba sufrir mis impulsos, luchando conmigo mismo, estrangulando los gritos de mi corazón. Una tarde… sin poder controlarme más, le confesé lo que pasaba dentro de mí, la adoración que le dedicaba… y ella, sin piedad, me repelió con asco y orgullo, como parecen soberanos tener de la Tierra... ¡cuando aplastan a sus pies a la víbora nauseabunda!

Exacerbado en mi amor propio, humillado, infinitamente infeliz, me atreví a levantar mi brazo armado sobre su frente pura, para herir mejor su corazón con el mismo puñal fatídico que, hace un momento, levanté sobre tu pecho... Pero, entonces, como hoy, ¡cayó inútil! ¿Por qué no le quité la vida, señor? Porque, en esos fatales momentos, sintiendo brotar de dentro un *Stromboli* de odio y reivindicación, se despertó Nero, Torquemada y todas las insaciables panteras humanas que se emboscan en corazones ebrios de celos y pasiones indomables. ¡¿Quedé impotente ante el crimen?! Entonces ideé y ejecuté completamente un plan siniestro: ¡denunciarla como adúltera, arrancándote de ella!

¡Sacar a su hijito tembloroso de sus amorosos brazos, protegido por tu confianza y afecto! ¡Horror! ¡Horror! ¡En qué dragón me convertí, arrastrado por la pasión que me enloquecía! ¡Lo cual, quiero decir, todavía me vuelve loco!

He vivido disgustado conmigo mismo. Al verme encanecer de repente, momificarme día a día, supusiste que compartía tu dolor, pero lo que observaste con asombro y compasión... fueron las huellas de la tortura, del remordimiento, de la devastación de mi alma por el ciclón de la desgracia, las llamas de la desesperación que, vampiro voraz, vive chupando y cremando mi corazón, nevando mis cabellos...

Cuando, como un querubín de alabastro, vi al pequeño René agonizando en tus brazos acortando su desenlace fatal con mi aparición diabólica en tu habitación –, porque me temía, aterrorizado desde que me vio levantar mi brazo vengador sobre su inocente madre, juzgó ¡Yo, su asesino, el más execrable de todos los bandidos, el más temible de todos los lobos salvajes! Desde entonces, después de verlo amortajado, muriendo de añoranza por su amada madre, no he tenido respiro, ni serenidad espiritual...

Quería arrancar mi propia vida repugnante con una hoja afilada, pero, con mi desaparición... ¡Descubrirías la verdad! Ella te lo revelaría, habría acuerdo y, ¿quién sabe? El arcángel de la felicidad descendería de regreso a su casa... y dentro de mí hubo un torrente de celo, rompiendo los muros de la razón y la virtud: ¡la pasión que me embarga por esa criatura incomparable! Prolongué mi martirio para que el de ella y el tuyo quedaran menos definidos...

Me prometiste un tesoro, buscando recompensar mi dedicación simulada, mientras en lo más profundo de mi ser me siento maldecido y arponeado por la compunción y el odio hacia mí mismo... porque, cada día, comprendo más que la adoro, que la amo con locura, y al darnos cuenta que, hora a hora, crece la distancia que nos separa; ¡que me deslizo en un abismo mientras ella ya se acerca al cielo! Lo seguí, señor, a diferentes regiones, como la sombra sigue a los cuerpos iluminados, ya no por preocupación sino para investigar sus pensamientos, celoso del único hombre que ella amaba... tanto como ella me odia como un lobo enojado, el observar los pasos de la víctima no muy lejos, o como aquella pantera hambrienta que devoró a su hijo, tu felicidad… ¡tu esposa! ¡Siento bien la maldición de Parabram azotando mi alma, como un látigo de fuego hecho vibrar por la mano de un titán, dondequiera que esté!

Podría acompañarte hasta los confines de este planeta, hasta el final, odiando la vida y la Humanidad, pero queriendo preservarla para no dejarte libre de mi vigilancia, convirtiéndome, sin que te des cuenta, en tu centinela y tu carcelero si no hubieras decidido volver a Francia, descubrir lo sucedido, reconciliarte con ella, renovar la felicidad del pasado, cuando, en el parque de tu morada principesca, caminaban sonriendo, encantados, entrelazados, besándose... ¡mientras yo, en secreto, me retorcía de odio, mordido por el áspid de los celos!

¡No, oh no! ¡Sería demasiado problema para mí! Pero ¡ay de ustedes! ¡Cuán tarde empezaste a liberarte de mi yugo fatal! Ya no impediré tu regreso. Ahora puedes regresar a tu patria... porque tu felicidad terrenal ha sido completada para ambos. ¡Ya no la encontrarás en ningún lugar de este planeta, porque descenderá a la tumba...!

–¡Hamed! ¡Maldito! – pudo decir Dusmenil, casi desmayándose de la emoción, todavía aturdido y sintiéndose de nuevo oprimido y a punto de desmayarse, como en aquella noche tétrica –, ¡seguro que te has vuelto loco! ¡Dime que mientes para no volverme más miserable de lo que soy!

Estoicamente y con admirable dignidad, el infortunado indio declaró:

– Un iniciado en los templos del Himalaya no miente... ¡a la hora de presentarse ante el tribunal de Parabram! Sin embargo, abreviaré lo que aun tengo por revelarles. Te conté toda la odiosa verdad, las monstruosidades de mi miserable existencia. Solo me queda completar mi sincera confesión. Escúchame:

Desde ayer, al anochecer, planeé quitarles la vida. Te diste cuenta, hace mucho tiempo, de mi nefasta influencia. Hace unos días dejaste de ser mi amigo, como solías serlo. Comenzaste a revelar la atrocidad de mi comportamiento, desde el día que te hice la primera confianza... Sentiste, en la medida de lo posible, un disgusto instintivo ante mi presencia. ¡Quieres librarte de mí, haciéndome opulento a cientos de kilómetros de distancia! No me lo dijiste, pero lo entendí, porque leo los pensamientos más secretos en el cerebro humano, ¡como en papiros escritos con tintas indelebles! Me cuesta, me duele contarte el resto...

La narración se detuvo de repente. Nadie aventuró una palabra. Se estableció un silencio sepulcral, solo roto por la dirección de Lena no muy lejos.

Jadeando y con los ojos muy abiertos, Ariel continuó:

- Fui a tu habitación con cautela, para no ser percibido por ti ni por Fabrícido, planeando hacerte daño de repente, sin pelear contigo, sin desenmascararme en la hora de tu muerte, prolongando tu sueño para siempre… y, entonces, con este mismo puñal que aquí ves, desgarra por última vez mi corazón herido, consumando mi atroz martirio… Pero… ¡horror!

- ¿Qué pasó después?

- ¿Ves? Todavía tiemblo de terror…

Cuando levanté el brazo vi… al pequeño Renê, su bracito levantado sobre tu busto, un brazo de luz que te protegía, con un arnés de bronce brillante, forjado en el Empíreo…

Aterrorizado, sintiendo que en ese momento me habían quitado toda influencia y control sobre mis semejantes, con un brazo levantado y rígido por un poder supremo e invencible, me alejé gimiendo, sin pensar, obligado a denunciarme por una fuerza extraordinariamente fuerte… terrenal, o divina… No era ella, ¿quién sabe? ¡Tal vez todavía intentaría mentir, hasta lograr mi siniestra intención…!

¡Te lo confesé todo, obligado por un poder imperioso, antes de entregarme a la justicia suprema, que me castiga a esta hora!

No te pido perdón, porque sé que no podrás concedérmelo… hasta que tu profundo dolor haya sido aliviado. ¿Qué perdón puede haber para quienes destruyeron tu hogar y tu felicidad sin precedentes, abrumados por un sentimiento diabólico… y eterno?

Tampoco puedo sobrevivir a la hecatombe de todas mis aspiraciones, que nunca fueron realizadas, pulverizadas por la colosal piedra de molino del nefasto destino…

Mis crímenes no merecen piedad humana ni divina. ¡Me odio y me odio!

Mi alma despertó, recientemente, del fondo del más amargo sufrimiento, para reconocer la atrocidad de mi conducta. En esta existencia no puedo lograr nada más en beneficio de mi espíritu perturbado y criminal. Es necesario arrojar este cuerpo envenenado al abismo, para recomenzar una vida más pura y digna.

Aquel querubín de luz abrió la cortina negra que oscurecía mi ser más íntimo, permitiendo que el rayo abrasador de poder indefinible penetrara hasta lo más profundo de mi ser.

Me siento Iscariote, manchando la Naturaleza con mi figura siniestra. Soy un réprobo, un maldito de Parabram y de la Humanidad... debo ser castigado con el castigo máximo... para no manchar una oscura mazmorra donde otras bestias humanas se pudren.

¡Me siento acosado por legiones de víctimas, de esta y otras épocas, que claman por justicia!

¡El maldito tirano, el insensible verdugo de antaño, sabrá ser suyo!

Ahora, iluminada ya por un faro divino, mi conciencia sabe estar recta.

¡Lo olvidé, señor!

Habiendo terminado de pronunciar estas palabras con entonación vibrante, en un rápido movimiento de loco recogió el puñal que estaba en el suelo y con un salto felino, casi alegre, trepó a la barandilla del balcón suspendido sobre el río. Sin que sus asistentes tuvieran tiempo de detenerlo, se clavó el arma afilada en el corazón y cayó de espaldas al abismo. Como un péndulo ensangrentado, se balanceó y cayó sobre el Lena, produciendo un sonido de vidrio roto...

Fabrício, que miraba temblando y espantado pasó algunos momentos de angustia indescriptible. Éste, que había regresado del balcón tambaleándose, se dejó caer, desmayado de repente, en una silla. Dusmenil, olvidando que un criado le observaba, levantó los brazos en gesto de consternación o de profunda desesperación y, haciendo una genuflexión, exclamó:

– ¡Dios mío! ¿Por qué no permitiste que el desafortunado apuñalara mi corazón? ¿Mi sufrimiento, mi muerte, no sería menor que soportar esta atroz tortura en la que me encuentro, considerándome, desde hace mucho tiempo, parricida y verdugo de la más digna y santa de las criaturas?

Dijo que no merece perdón... ¿Y yo, Señor? ¡Soy más execrable que él! ¿Qué hice en un momento de locura y ceguera espiritual? La irremediable desgracia de dos seres amados, dos seres angelicales, a quienes por un momento liberaste del Paraíso. ¡Oculté la traición de un desgraciado! ¡Soy más pequeño que Ariel, que no pudo comprender como yo la pulcritud moral de la compañera que me diste!

¡Oh! Mi querido Renê, me dijiste la verdad... cuando, casi en agonía, aterrorizado por la presencia del sinvergüenza, dijiste que tu idolatrada madre iba a ser herida de muerte por él... ¿Por qué no te creí, ángel tembloroso?

¿Por qué, alma de luz, todavía vienes a detener el merecido golpe, en mi corazón ardiendo de remordimiento?

¿Cómo podría creer en tal monstruosidad contra la criatura inmaculada que concebido, un ser ya digno del paraíso, solo exiliado de allí por breves momentos? ¡Oh! Cómo se cumplió el terrible presagio de Eloísa cuando, ¡al partir hacia América, la dejé bajo la custodia del traidor, un cruel buitre que vigilaba el hogar feliz, que, pronto, sería destruido para siempre...!

¿Por qué no me dijiste lo que pasó, Eloísa? ¿Por qué en esos malditos momentos de mi repudio – que recuerdo con indescriptible angustia –, no me revelaste lo que había sucedido en mi ausencia?

¡Si me lo hubieras dicho, habría matado al reptil venenoso, tu calumniador, y aun podrías haber sido feliz al lado de nuestro amado Renêcito, que murió de nostalgia, hambriento de tus besos y de tu puro cariño maternal!

Pero, ¿qué digo? ¿Matar al que me salvó de las garras de un tigre hambriento y feroz? Asesinar a alguien que me brindó una ayuda invaluable, ¿no valdría la pena convertirme en el más vil de los asesinos?

¡Allá! ¡Ahora comprendo la excelencia de tu corazón, amada Eloísa!

¡Para evitar este crimen, sacrificaste tu honor, nuestra felicidad, la vida de nuestro hijito idolatrado!

Te expulsé del hogar que santificaste con tu presencia, creyendo en las patrañas fraguadas por un servidor audaz... Mi ofensa, mi crimen, es imperdonable.

¡Cuánto debiste sufrir, noble Eloísa! ¿Qué hice en esos momentos de locura? ¡No merezco tu perdón, ni el tuyo, oh Dios! ¡Soy más desafortunado que el más bajo de los bandidos, perseguido por la justicia del potentado más feroz de la Tierra!

Solo encontraría un alivio a mi sufrimiento si fuera juzgado y condenado por los tribunales más severos y luego quemado en una pira o picado vivo.

Giácomo, sin interrumpir, se sintió desmayado de angustia.

A paso automático, con las piernas juntas y el cuerpo temblando, Fabrício fue a abrir de par en par las puertas del porche. Extendió el brazo, mostrando las cimas de las colinas mal delineadas en los primeros rayos del crepúsculo, como señalando un paisaje descolorido o sin color por el paso de los siglos, o dibujado por algún artista demente, que utilizaba exclusivamente blanco y pintura gris... Hubo un gesto alucinado y señaló al Lena:

– Hablemos en voz baja... Satanás debe estar escuchándonos en estas regiones fantásticas, espiando el alma vil de Hamed deslizándose hacia un abismo insondable. Los dos se conocen íntimamente, créeme. El despiadado Ariel habría llevado a cabo sus siniestros propósitos, orando por nuestras vidas, si no fuera por la intervención de un arcángel del Creador...

Mira esos cerros – prosiguió con emoción –, que apenas se ven, siempre envueltos en un denso manto de hielo, aferrándose al firmamento del mismo color indeciso que el suelo, semejantes a muros de cristal que separan a los vivos de los espectros, ¡para que nadie se atreva a escalar sus fronteras perpetuamente cerradas!

El río, todavía hace unos días encerrado en una vitrina, ahora roto por una gran tormenta, tiene un ruido extraño, como si huesos humanos chocaran en el torrente…

- ¿Sabe lo que pienso, señor? Que los sacerdotes – fui educado y protegido por uno de ellos –, se engañan cuando afirman que el infierno está lleno de llamas ardientes…

¿Por qué incendios en guaridas diabólicas? ¿Calcinar… lo incombustible; es decir, ¿el alma? ¡No! El Reino de Belcebú debe ser… ¡como Siberia!

El infierno es donde hay hielo eterno. Los cadáveres son rígidos y glaciales, porque la nieve de la muerte penetra en sus tejidos, petrificándolos, congelándolos… En el imperio de Satán solo hay llamas blancas… de hielo, solo, como las vemos más allá, en esas cadenas montañosas que tocan el firmamento, de cuya proximidad no se puede dudar… Quien las ve, quien se acerca a ellas… siente la sangre paralizarse en las arterias, se convierte en un cadáver viviente, con el alma unida a un cuerpo de mármol… Aquí, señor ¡Debe ser dominio de Satanás!

¡Huyamos de esta región de muerte y sufrimiento! ¡Volvamos a nuestra brillante y fértil Francia!

Un rayo de sol nos devolverá la vida que aquí nos falta, como si se tratara de un rayo de luz vivificante…

¡Quiero arrodillarme a los pies de su esposa, pedirle perdón por no haberla defendido heroicamente, asustado por el maldito que, a esta hora, debe estar dando severa cuenta de sus crímenes, ante el Juez Supremo!

- Es demasiado tarde, Fabrício, para enmendar esta falta imperdonable. ¿No escuchaste lo que dijo? ¿Que la encontraré en su lecho de muerte? Es todo horrible… Debiste haberme revelado la verdad, a pesar de todo. ¡Tengo derecho a odiarte!

– Perdóname – murmuró el criado con infinita humildad –. ¡Siguió mis pasos, observó hasta mis pensamientos más secretos, amenazadores, crueles! Pero confiemos en Dios, que ya te ha salvado la vida a través de uno de sus emisarios... Él te permitirá encontrar sana a tu consorte... Y aun serás feliz, espero...

– Sí – murmuró Giácomo –, vámonos sin más demora.

E, íntimamente, formuló la idea que lo dominaba:

– ¡Quiero arrojarme a los pies de Eloísa! ¡Quiero que me perdone la injusticia que le hice, para enfriar este Vesubio de remordimiento que brota de mi cerebro ardiente!

– Señor – dijo Fabrício, aprensivo por lo que había presenciado –, ¡ese hombre sabía hechizos! Creo que no era un ser humano como el resto de nosotros.
Estaba hablando con entidades diabólicas que nadie más que él podía ver... Me temo que reaparecerá aquí, seguido por una legión de espectros... ¡Me temo que se está preparando para perseguirnos! Quién sabe, ¿tal vez nos estén preparando alguna trampa? ¿Realmente murió? ¡Prometió chuparme el alma, como un vampiro la sangre, si te revelaba lo que sabía, y temo que cumpla lo que tantas veces ha dicho!

– ¡Pero fue él mismo quien me confesó la verdad, Fabrício! Entonces no tengas miedo. Gracias a la protección de lo Alto, somos liberados de su desastrosa fascinación.

– ¡Quizás quiera retrasar nuestra partida, los demonios lo ayudarán!

– ¡Eres excesivamente impresionable, Fabrício! Dios no concede a Satanás el poder ilimitado que se le atribuye. El bien no será vencido por el mal. La luz no será vencida por la oscuridad.

Fabrício, excitado y tembloroso, se acercó a la puerta que daba acceso al porche, pero retrocedió aterrorizado, con las manos en el pelo erizado y los ojos bien abiertos.

– ¡Mire, señor, parece que cráneos humanos, muy blancos, ruedan en la corriente del Lena! ¡Cierra la puerta, por Dios te lo ruego! Para que los duendes no invadan la casa. ¡Me faltan brazos…! Siento que estoy perdiendo peso… ¡Me voy a volver loco!

– Son bloques de hielo que ruedan impulsados por el torrente del Lena. Eres muy supersticioso. ¿No tienes confianza en la protección del Todopoderoso, del que recientemente hemos tenido pruebas claras? ¿No eres ferviente creyente en el poder del Altísimo? ¿Cómo, entonces, olvidarlo en los momentos más angustiosos de tu vida?

– Sí, mi señor, pero en tiempos de miedo… ¡solo recuerdo el poder del tentador!

– ¡Pues debes rechazar estas ideas, que te llevarán fatalmente a la locura! Satanás no existe. Es una creación humana, diseñada para evitar que las personas malvadas cometan los crímenes más atroces. Esta pretensión es entonces absurda. Hay que inculcar a las criaturas la convicción que el mal desagrada al Ser Supremo, es contrario a sus leyes ineludibles y nadie debe dejar de practicarlo solo por temer a un ser fantástico. Dios, y no él, es quien tiene existencia real. El eterno es el poder soberano del Universo. El bien supremo, la justicia absoluta, no podía crear el mal perpetuo e impune. Si lo hiciera, se podría negar su clemencia y su incomparable misericordia.
En un momento más tranquilo volveré a este tema.

Reanimado, el líder, con la idea de salir de Siberia, con paso cauteloso y mirando siempre hacia atrás, abandonó la habitación.

Giácomo, al verlo irse, se dejó caer en el sofá y estalló en sollozos, sintiendo un dolor insoportable y sin precedentes. ¡Cavó un cráter insondable en lo profundo de él, empujando su alma a un tobogán de penas y arrepentimientos!

CAPÍTULO VI

Al cabo de unas horas se hicieron los preparativos para el viaje de regreso a Francia.

Dusmenil y Fabrício lo hicieron, durante gran parte del viaje, dirigiéndose hacia el este del continente asiático.

Antes de partir, Giácomo observó el lugar donde había desaparecido el miserable indio. No quedó rastro de su inmersión en el Lena. Ciertamente, el cuerpo quedó en el fondo del río, o fue arrastrado por los torrentes donde flotaban fragmentos de hielo que parecían bloques de diamantes de algún depósito divino, atacados por titánicos depredadores que, perseguidos por poderosas patrullas siderales – más rápidas que las de los antiguos legionarios romanos –, al no poder tomarlos para esconderlos en el infinito, los arrojaron a aquel río, que se convirtió en el tesoro más valioso de la Tierra...

Una tarde, casi en las fronteras de Persia y Turquestán, los viajeros fueron sorprendidos por una numerosa y temible banda de asesinos harapientos y enmascarados.

Uno de ellos exigió, en voz de falsete, los objetos de valor que llevaban. Dusmenil, preparado para estas repentinas emboscadas, había escondido sus posesiones más valiosas en un escondite en la espesa oscuridad.

Los bandidos abrieron las maletas, hurgaron en lo que contenían, robaron ropa y joyas caras y, finalmente, se apoderaron de la cartera de Dusmenil que contenía documentos y algunas monedas francesas. Una amargura inaudita lo invadió al verlo en manos de uno de los bandidos, quien comenzó a examinarlo con la mirada encendida por la codicia.

Giácomo le rogó que sacara el dinero de su cartera, pero que se lo devolviera, ya que era un regalo de una persona muy querida...

Los delincuentes se miraron y uno de ellos, que parecía guiarlos, se metió la billetera en el bolsillo.

Dusmenil, a través de uno de los conductores del vehículo en el que viajaba, pidió que se lo devolvieran, solo por unos segundos.

Después de algunas dudas, el bandido respondió, pero desenvainó una daga brillante y apuntó al pecho del indefenso viajero, siguiendo sus más mínimos movimientos. Giácomo buscó ansiosamente en un rincón de su cartera algo que había escondido allí en un pequeño relicario de cristal y, al encontrarlo, se lo entregó.

– Es una perla – rugieron a coro los delincuentes. Dusmenil, lívido, guardó silencio.

– ¡Debes entregármela! – Gritaron enojados.

Atacaron brutalmente a Giácomo, uno de ellos, rápidamente abrió su mano derecha, en la que sostenía la pequeña medalla. Lo rompieron con violencia, y luego apretando con avidez, que contenía un corpúsculo lechoso alargado.

El líder de la banda, con sus ojos brillando de ira, odio y decepción, miró a Dusmenil con desprecio, cuando vio que la supuesta perla no era más que un diente blanco de niño.

Para aquel infortunado ladrón, separado, por el torbellino de los crímenes, de Dios y de la virtud, solo tenía valor lo que podía reducir a moneda. Para el desgraciado y tierno padre solo había un tesoro en la Tierra: el diminuto incisivo de nieve, una perla humana que recordaba la sonrisa de su amado hijo que, casi en agonía, antes de cerrar para siempre sus ojos azules, se la había confiado a sus manos a su madre. Madre querida... Al verlo, Eloísa tendría que perdonarlo, sería el último eslabón que uniría sus almas momentáneamente, dolorosamente separadas, para la consumación de los siglos...

Giácomo observó, con indiferencia, cómo aquellos hombres se apoderaban de todo su valioso equipaje; Ahora; sin embargo, se le llenaron los ojos de lágrimas al ver su mayor tesoro profanado en las manos incultas y criminales del desgraciado que lo usurpaba.

Los dos seres se miraron de un vistazo:

– Giácomo con los ojos húmedos de lágrimas, el bandido de pupilas negras brillando de ira. Sus sentimientos eran muy diferentes. Para el desafortunado ladrón solo había oro. Se jugó la vida por él, y, buscando enriquecerse con los demás, mediante saqueos y crímenes, emboscados en guaridas, en sierras desiertas, al acecho del primer peregrino que pasaba para arrebatarle la bolsa, denigraba su alma, la empobreció, la hizo miserable ante Dios, enturbió su conciencia, el armiño celestial en el que está impregnada la chispa divina... La vanidad social concede a la perla, a la secreción pétrea de un pólipo repugnante, un mérito fabuloso, un valor extraordinario, lucirse, a veces, en el regazo impuro de una mujer, que, por poseer esa gota rosada de resplandor petrificado, o ese minúsculo fragmento del cielo veneciano, comete vileza, mancha su propio espíritu, recordando que solo en su corazón, velado por el caso de la materia pútrida, se esconde la verdadera perla divina que, sumergida en las profundidades insondables de la vida, puede elevarse hasta la cáscara aterciopelada del infinito: ¡el alma virtuosa!

Quien ya en la Tierra la posee, la hace bella, luminosa, digna de relicarios siderales, aunque su cuerpo esté macerado, mutilado, cubierto de harapos...

Pero las dementes Humanidades solo recuerdan el fugaz presente, olvidando la eternidad del futuro.

Aquellos desdichados bandidos, impulsados por la codicia del oro, que para el Supremo joyero, que ama las almas y las estrellas, vale tanto o menos que una gota de barro pantanoso, olvidaron que, robando a los forasteros indefensos, saqueaban su propio espíritu, haciéndola podrida, contaminada, miserable, andrajosa, se despojaron de su tesoro más preciado: la paz de la conciencia.

La joya radiante que poseen, como nababs celestiales, los seres santificados por el austero cumplimiento de todos los duros deberes terrenales. Para Dusmenil, en aquellos angustiosos momentos, todos los tesoros del Universo se devaluaron, le fueron indiferentes: lo más preciado en la Tierra era ese diminuto diente blanco de su hijito tembloroso, una perla divina que permaneció para él como un recordatorio supremo ¡del arcángel que, solo, se acogió en su casa y luego partió en busca de la luz y el espacio, como un águila real encadenada durante segundos en un oscuro calabozo! Para obtener el perdón de Eloísa, se había imaginado entregándoselo de rodillas, ya que era el último vestigio del cuerpo angelical de su pequeño hijo, era como una lágrima de anhelo que había cristalizado al final de su agonía y se la había confiado a él, como si lo hubiera hecho con una perla de la Gioconda celestial, la más valiosa que existe en el ¡océano de las almas crucificadas! Lágrimas ardientes corrieron por su rostro descolorido, y por un momento sintió el impulso de luchar por recuperar el diminuto tesoro que fue profanado por manos criminales, a pesar que sacrificó su propia vida, que parecía una carga inútil…

De repente, el ladrón que apretaba el incisivo bebé entre sus gruesos dedos, en un gesto de desdén y con la mirada brillando de ira, iba a tirarlo, pero otro los observaba comprendiendo la amargura de Dusmenil – seguramente inspirada por algún genio –, detuvo el brazo de su compañero y, con ternura, tomando la diminuta cosa preciosa, la puso en la mano de Dusmenil, exclamando con dureza:

– Tómalo.

Ese ser miserable, con ropas rotas y sórdidas, entre todos los integrantes de la temible pandilla – almas contaminadas por el pecado, dominadas por la hipnosis del oro y los crímenes, ennegrecidas por el carbón de los deseos impuros, gangrenadas por las vidas y las más viles pasiones –, sintiendo por primera vez, el florecimiento de un sentimiento generoso, como la nieve que florece en un muladar, mezclado con piedad y ternura paternal... Comprendió el desaliento y la ternura de un corazón desolado.... ¡sería el primero en recorrer el duro camino de la virtud, en doblar las rodillas, en suplicar al Creador del Universo! ¡La primera semilla de luz y redención fue sembrada en lo más profundo de su alma!

CAPÍTULO VII

Días de penosos viajes a través de llanuras o montañas interminables transcurrían con una lentitud indescriptible para Dusmenil, quien, entristecido, quería, como un veloz cóndor, alzar el vuelo y, en vuelo vertiginoso, llegar a territorio francés.

Cruzó el Turkestán, el Caspio, el Archipiélago y, cuando la carabela empezó a navegar por el Mediterráneo, revivió, sintiendo que su alma se expandía en lo más profundo, como si alcanzara el firmamento.

Finalmente llegó a Marsella y su emoción fue inédita al ver de nuevo su tierra natal.

Comprendió, a través de una intuición íntima y misteriosa, que, finalmente, nunca se separaría de ella; que fue en busca de la tierra donde tenía su cuna y tendría su tumba, donde yacía el amado hijito.

Nunca se había sentido tan conmovido al regresar a su tierra natal, ni había tenido tantas ganas de volver a visitar las regiones que le eran familiares...

Fabrício deliraba de alegría:

– Señor – le habló a Dusmenil –. ¡Nunca abandonaré Francia, ni siquiera por un momento... incluso si soy aclamado emperador de algún país lejano! Prefiero mendigar aquí, vivir de las sobras de los perros callejeros, que ser millonario en Siberia... ¡o en las tierras del maldito Ariel!

Giácomo, aprensivo, lo escuchaba como si estuviera en un sueño, del que solo despertaría al ver a su esposa; dándose cuenta que, a pesar de todo, en los momentos de mayor tormento moral, nunca había dejado de amarla... Recordaba, sin cesar, todo lo que le había sucedido, desde que se separó de Eloísa, atormentado por un remordimiento indescriptible.

Las palabras llenas de nobleza que ella le había dirigido el fatídico día de su separación resonaron en él, y se sorprendió de cómo podía dar crédito a las perversas insinuaciones de Hamed, conociendo su virtud, su mérito moral.

¿Posee realmente el indio algún maravilloso poder de sugestión? ¿Cómo podía magnetizarlo hasta el punto de cometer el más nefasto de los crímenes: expulsar del hogar a su digna compañera, sacrificar la vida de su sensible y encantador hijito, que no pudo resistir los sobresaltos de su primer dolor, huérfano por la muerte de su madre?

¿Cómo lo encontraría? ¿Viva o muerta? ¿Cómo lo recibiría? ¿Con perdón? ¿Con negativa?

Tenía derecho a odiarlo...

¿Y si no le hubieran permitido rogarle que olvidara sus agravios, si ya estaba, como Renê, bajo una tumba de mármol?

Quería y temía, al mismo tiempo, llegar a d'Argemont... Anhelaba el momento de volver a ver a su esposa que, más que nunca, había sido idolatrada, santificada por el martirio moral dignamente sufrido, por el indescriptible sacrificio de su honor, para que él no cometiera un asesinato.

Le parecía que la separación ya duraba siglos. Sin embargo, lo invadió una angustia indomable y las palabras de su infortunada esposa resonaron en su corazón, con estrépito: – "¡Más tarde reconocerás la injusticia que ahora estás practicando, que nunca he transgredido mis deberes de esposa y de madre!" O Hamed, riéndose sarcásticamente: – "Puedes volver a Francia: la encontrarás en su lecho de muerte."

¿Le había dicho la dolorosa verdad, cuya premonición se apoderaba de su corazón?

Daría toda su fortuna principesca por la certeza de encontrar sana a su esposa, poder caer a sus pies, recibir un beso de reconciliación...

Su indescriptible tortura fue tal que tenía una máscara de alabastro pálido atada a su cara.

Fabrício temió que su jefe estuviera gravemente enfermo y se atrevió a hablar con él palabras de consuelo:

– ¡Ánimo, señor! ¡Estamos cerca d'Argemont y encontrarás a tu hermosa consorte sana y salva!

Oscuridad.

Transcurrían los últimos días de primavera del año que relatamos. Se diría que una agonía inexpresable constreñía el alma aprensiva de Dusmenil, recordando la macabra profecía del terrible hindú... ¿Quién sabe – pensó –, había llegado el momento de bajar a la tumba los restos de la desafortunada Eloísa?

¡En un momento vio fracasar todos sus deseos de reconciliación y paz! ¡Los últimos planes concebidos durante el viaje, que ya había durado dos meses y parecían siglos interminables, se estaban desmoronando!

Dios lo castigó con severa justicia: había expulsado de su hogar a la más inmaculada de las mujeres, había arrojado a un hombre toda la felicidad paradisíaca que el Creador le había concedido: ¡ya no la merecía en la Tierra! ¡Arrebatada al cielo aquella criatura inmaculada a quien había profanado con la escena del deshonor! Él la había repudiado por vil y Dios le había abierto los umbrales de las mansiones celestiales, como entidad noble y merecedora.

Pudo, llevándose la mano derecha al pecho jadeante, murmurar con indefinible amargura:

– Fabrício, la maldición de Dios pesa sobre mí; llegué a d'Argemont demasiado tarde: ¡en el momento del funeral de Eloísa!

–¿Qué dice usted, señor? – Respondió el sirviente, poniéndose lívido –. ¡Sería horrible si eso sucediera!

– ¡Anda, Fabrício, reúne información! ¡Me muero de inquietud! Si todo se cumple... ¡Te daré toda mi fortuna para que puedas quitarme la vida! Es imposible sobrevivir a un martirio tan insoportable...

El sirviente detuvo la litera y bajó para llenar la curiosidad de lo que quería Giácomo, quien, no resistiendo tranquilamente los embates del azote que atravesaba, sintiéndose en su interior azotado por azotes de fuego, cayó inerte sobre los cojines y pálido como un cadáver...

LIBRO IV

DE LAS SOMBRAS DEL PASADO

CAPÍTULO I

Personas curiosas se acercaron a la litera en la que Dusmenil permanecía inanimado. Cuando, después de la ayuda que le prestaron algunos campesinos piadosos, cuando recuperó el sentido, Fabrício le informó lo que estaba pasando: los funerales eran para la madre del párroco y no para Eloísa, que vivía enferma en el Pazo d'Argemont, adorada por todos.

–¿Qué quiere, señor? – Preguntó sorprendido por su regreso, pues no ignoraba que la pareja estaba separada por graves motivos.

– Ver a tu jefa.

– Lamentablemente está en cama y solo con el permiso del médico que la atiende podré llevarla a su presencia...

– Avísale de mi llegada. Espero la respuesta aquí.

El portero se inclinó e informó a la enfermera, la abnegada Marta, de las intenciones de Dusmenil. Lloroso y entristecido, la sierva lo recibió y lo condujo al vestíbulo.

Al verla recordó el fatídico día en que había repudiado a su esposa, y ese recuerdo lo conmovió mucho.

– Marta – le dije –, necesito ver a Eloísa lo antes posible.

–Espera un momento. Ella puede sucumbir a la más mínima emoción...

– ¿Cuál es su enfermedad? – Dijo con ansiedad y amargura.

– ¡Ay, señor! ¿Qué hay de ella? Ha ido muriendo lentamente desde... ¡que fue herida por la mayor de las desgracias!

– ¡Lo sé, Marta, pero Dios ya me ha permitido conocer la verdad y ahora solo quiero arrojarme a sus pies y enmendar mi crimen!

– Llegó tarde, señor, pero también tengo que pedirle perdón...

– ¿Me pedirás perdón, Marta? ¿No fuiste tú la única criatura inspirada por el Señor del Universo, que la juzgó inocente? ¿No fuiste tú la sierva o la amiga sin velo que la acompañó en sus horas de martirio? ¿Perdonarte a ti? ¡No! Quiero recompensarte, eso es.

– ¡Ay, señor! ¿Quieres saber cuál es mi delito? En esos malditos momentos, cuando le diste crédito a la infame Ariel, supe la realidad, te la pude haber revelado y no lo hice... debí sacrificar mi propia vida por ella, que bien la merece, y, dominada por un poder que me aplastaba, no evité el golpe que mató al niño inocente que amaba como a un hijo estremecido...

Quebrada en lágrimas, se arrodilló ante su antiguo amo, sollozando. Él; sin embargo, con tono serio le dijo:

– Levántate, porque yo y no tú merecemos el castigo del Juez Supremo, pues debería conocer mejor el tesoro que Él me había confiado... No te preocupes por el pasado que me amarga tanto. ¡Ahora provéeme el más valioso de los servicios, yendo a preparar el espíritu de esa santa criatura, para que pueda llegar a su presencia!

La muchacha, secándose las lágrimas, entró en la habitación de la castellana, que, pálida como una estatua, con los párpados entrecerrados, estaba reclinada sobre el cojín cubierto por sus negros cabellos, que realzaban la belleza de su rostro.

Una lámpara que colgaba del techo irradiaba una tenue luz de luna por la habitación.

– Señora... – murmuró Marta, acercándose a la cama, todavía emocionada.

–¿Qué deseas? – Respondió la paciente mirándola –. ¿Qué te pasa? ¿Por qué lloras?

– ¡Acaba de llegar un viajero que trae noticias de tierras lejanas!

¿No te conmoverás demasiado si te las transmito?

– ¿Te refieres a Giácomo? No trates de engañarme, porque yo estaba dormida cuando entraste y soñé que él había venido aquí.

– Y si así fuera, ¿cómo lo recibirías?

– Espera, déjame orar primero: ¡quiero la ayuda de Dios para darte una respuesta decisiva!

La sierva se arrodilló a los pies de la cama, sollozando.

Eloísa, por un momento, guardó silencio y medio reclinada entregó su alma conmovida al Padre clemente.

Durante unos segundos un océano de amargos recuerdos inundó su mente. Se podría decir que el pensamiento se remontaba a algunos años atrás: se veía en Arras, al lado de su pequeño hijo idolatrado, en sus días más felices. Estaba escuchando el ruido del pasado, que todo el mundo oye en horas de silencio y meditación; a veces, un vago rumor; otros, anhelos, temblores, rugidos de tormentas, que nuestro ser más íntimo conserva eternamente, como el sonido de mares lejanos conservados en la concha...

Recordó los dolorosos episodios de la separación de Renê, los días de angustia que pasó en d'Argemont, solo bálsamo por los actos de altruismo que practicó, comprometida con el consuelo de los desamparados, los desafortunados, los huérfanos. Olas de refresco la envolvieron dulcemente, su conciencia cristalina e inmaculada no la acusaba de un solo crimen, de un solo error... Oraba con la serenidad de los redimidos estampada en sus mejillas marmóreas, finalmente talladas por el cincel del dolor. Sin una lágrima, con las manos aun juntas como dos alas unidas y temblorosas, que pudieran ser liberadas por la extensión sideral, murmuró:

– Marta, dile que puedo darle la bienvenida. Estoy lista para olvidar el pasado. Siento a mi lado a los protectores invisibles, que me escudan con sus brazos de niebla, más resistentes que el acero, porque son de temperamento divino...

Temblando de emoción, paso incierto, al cruzar la habitación. Un grito involuntario salió de su pecho oprimido y, postrado, sollozó por un momento, al lado de la cama.

Eloísa, con los ojos brillantes de lágrimas febriles – más bellas que las del pasado –, lo miró con ternura y, con estoica resignación, tocó sus cabellos ya canosos, con su mano derecha diáfana y ardiente, y habló suavemente:

– ¿Cómo pudiste regresar sin que él te asesinara? Dios es justo y bueno, Giácomo; me permitió no morir sin que supieras la verdad, porque tu regreso prueba que ya estás en posesión de ella. ¡Cuánto anhelaba este momento, Giácomo, el momento sagrado de mi rehabilitación! ¡Sabía que el Todopoderoso me lo concedería!

Dusmenil, al levantarse, le besó las manos, la cara, diciendo con amargura indefinible:

– ¡Soy el criminal más execrable de la Tierra, Eloísa! ¡Deberías desterrarme de tu presencia, si no fuera el más miserable de los hombres, picado por los aguijones del remordimiento y la desesperación!

– Fuiste, como yo, castigado por las Leyes supremas. Rescatamos, con lágrimas de fuego, nuestras abominaciones de otros avatares.

– ¿Estás loca, amada Eloísa? ¡Nunca tuviste otra existencia que ésta, en la que fuiste sacrificada a mi orgullo y a mis locos celos! ¡No sabía cómo adorar, como debía, la preciosidad invaluable que el Creador me dio! No tengo ningún derecho a tu perdón y; sin embargo, ¡cuánto lo deseo! Por él daría el Universo... ¡si fuera mío, y no del Señor Supremo!

– ¡Cálmate, Giácomo, para que podamos transfundir nuestras almas en mutuas confidencias! ¡El plazo que Dios me dio para revelaros todo lo que me ha sucedido, para poder comprender la grandeza de los designios supremos, ya casi ha terminado!

–¡Pero no morirás ahora, querida Eloísa!

– No se puede recuperar la salud... en la enfermedad que me consume. Si no regresabas ahora... me encontrarías en la tumba, y solo en el Más Allá podría decirte que tengo algo que revelarte.

CAPÍTULO II

La piadosa paciente hizo levantar a su marido, tocándole la frente con sus dedos febriles, que éste agitaba tiernamente.

Lo invitó a sentarse a su lado y lo animó a narrar todos los éxitos ocurridos en su ausencia, sintiéndose feliz de volver a verlo con los ojos nublados por las lágrimas y el remordimiento.

Cuando terminó de contarle todo lo que le había pasado, Eloísa le habló dulcemente:

—Sabía que volverías, enviado por Dios, para reconciliarnos. ¡Cuántas veces; sin embargo, la duda ha desgarrado mi corazón! ¡Temía bajar a la tumba sin ser purificada ante tus ojos, y seguir considerándome una adúltera, que defendía nuestro honor y el de Renê, a riesgo de mi propia vida!

¡Pero esforcémonos en olvidar el pasado angustioso y poner la mirada en el futuro eterno que nos espera! Sí, tenía miedo que regresaras tarde y; sin embargo, una intuición secreta me advirtió que volverías a casa desierta, pero honrada y ya libre del yugo nocivo del infortunado que destruyó nuestra fortuna terrenal, y que finalmente regresaría a ser rehabilitada ante tus ojos, para que yo pueda morir ¡en silencio! Ahora, comprobada mi inocencia, es necesario que parta hacia donde está nuestro querido hijito... El anhelo vence mi deseo de ser útil al prójimo; ¡Anhelo ver a nuestro angelito, besarlo como antes, darle todas las caricias que no pude darle en los últimos días de su corta existencia! Un día... tú también nos seguirás, y, cuando termines tus pruebas finales, te esperaremos en el umbral de la eternidad, con el abrazo afectuoso con el que los redimidos esperan a los milenarios peregrinos del planeta de los que lloran y remesan ¡expiaciones!

– ¿Te regocijas, Eloísa, con un anticipo de la felicidad que mereces, en la mansión de los justos, y olvidas que yo, un miserable delincuente, permaneceré en la desolación de horas seculares de añoranza y remordimiento? ¿Por qué el Creador, tan misericordioso, no cambia mi vida inútil por la tuya, en beneficio de los desafortunados?

– Porque... consumí la divina sentencia ante ti. ¡El dolor inexpresable de la calumnia, el ultraje y la separación de un ser querido, las interminables horas de sufrimiento, moral y físico, me hicieron rescatar muchos crímenes de encarnaciones anteriores, lavar, con lágrimas, las fábulas denigradas que yacían en mi alma!

–Pero, ¿de qué encarnaciones hablas siempre, amada mía? Nunca pude creer en la veracidad de la transmigración de las almas en diferentes cuerpos, según los dogmas indios. ¡Tu espíritu siempre ha sido angelical, noble como el de María de Nazaret! Desgraciadamente lo reconozco demasiado tarde...

Con voz amorosa, la paciente le reveló los fenómenos psíquicos que le habían ocurrido desde su época de secundaria; los austeros consejos que recibió de sus muy buenos mentores, en horas de amargura y aflicción. Dusmenil, a su vez, relató aquellas relacionadas con las dos apariciones de Renê, en momentos extremos y decisivos de su existencia.

Una perfecta comunión de ideas y sentimientos y una afinidad magnética alivió, desde entonces, a aquellas dos almas, que pasaban horas en inefables conversaciones, casi olvidadas de la vida material, intercambiando pensamientos con el afán de quien está a punto de separarse, aunque creían, sería por tiempo limitado.

– Me parece – dijo un día Eloísa con infinita ternura –, que recién ahora nos casamos. Nuestra primera unión fue realizada por un muaré y un sacerdote: ahora, por las entidades celestiales, que nos velaban y que percibo a nuestro lado, escuchando el crujir de sus blancas alas... Uno, la unión fue hecha por hombres; el otro, por Dios. El primero, material; el segundo, espiritual. Uno, fue destruido; el otro será perpetuo. ¡Ahora nuestros espíritus se han unido, olvidado los insultos del otro, creando, durante toda la consumación de milenios, un himeneo indisoluble! Los eslabones que nos unen de ahora en adelante son de acero y de flores inmarcesibles, nunca se romperán; tienen la resistencia de los metales y la suavidad de los lirios; son indestructibles como la luz de las estrellas, que debe provenir del alma radiante de Dios mismo.

– No sabía cómo lograr esta aventura, Eloísa. La negué en momentos de locura... Tu alma está hecha de luz inmaculada y de franqueza... la mía es la de un réprobo, como fue cruel y despiadada, y tiene que expiar, tal vez durante muchos siglos, como tú crees, tu nefasto crimen. No puede entonces unirse a la tuya ahora, la que lo repelerá con repugnancia...

–¿Qué dices, Giácomo? ¿No es el amor un vínculo indisoluble y no te lo he consagrado desde que te conocí? El amor sin la prueba del sacrificio, el sufrimiento y la desgracia no se pueden medir. Confía en la misericordia divina, inagotable, y obtendrás el perdón que deseas y que yo te concedí. Si no mereciera la amarga prueba que pasé... ¡el magnánimo, honesto y supremo juez no me la habría impuesto! Fue justicia divina la que se ejecutó, para que mi espíritu manchado fuera purificado. ¡Bendigamos los tormentos del oscuro pasado! Afrontemos el futuro con serenidad. No pasará mucho tiempo antes que mi cuerpo baje a la tumba y mi alma se libere hasta el infinito. Quedarás, como dijiste, en la desolación, pero no serás abandonado por tus amigos intangibles, cuya dedicación es ineludible. ¡Así como el compasivo Renê se ha revelado por ti, también lo haré yo, con la ayuda de los incomparables protectores, que me han sostenido con sus brazos imperceptibles, más fuertes que el acero, como me han sostenido al borde del abismo de duda, del desánimo y la desgracia!

Una tarde, sosteniendo las manos febriles de su esposa, Dusmenil le preguntó:

– Escucha cariño, ¿por qué me ocultaste la verdad cuando nos separamos en esa desafortunada noche?

– Para evitar que te convirtieras en un asesino.

– Dios perdonaría este crimen, porque el suyo, manchando tu reputación, superaría siempre a la mía, pesada en la balanza divina.

– Tenías una deuda que saldar con aquel hombre que te salvó de las garras de un tigre.

– Menos feroz; sin embargo, que lo él hizo con nosotros.

– ¡Sin embargo, expiaste tremendamente y con dureza este crimen, Giácomo!

– Tienes la sublime benevolencia de Jesús, querida, perdonando a quienes te crucificaron... ¿Has olvidado tu indecible suplicio, Eloísa?

– No, pero considero a ese criminal mucho más desgraciado que nosotros, porque la ignominia que se practica ennegrece y perturba la conciencia, y él – que era sensible e inteligente –, vio desmoronarse para siempre todos sus siniestros planes, ante la justicia suprema. ¡No pudo aplastar la verdad, como Hércules a la Hidra de Lerna, como no se puede moler un rayo de Sol hasta convertirlo en una piedra de molino de arcilla!

¡Imagínate la tortura que pasó aquella alma oscura, atravesada por las espinas del más amargo remordimiento!

¡Olvidemos sus crueldades y pidamos a la Majestad del Universo misericordia para el desafortunado delincuente!

Si hubiera exhalado el último suspiro, injustificado en tu opinión, tal vez no lo habría perdonado... pero, ahora que me siento feliz y rehabilitada, partiendo hacia donde está mi querido Renê, ¡lo perdono sinceramente! Una existencia limitada va a terminar para mí, para comenzar otra infinita; ¡termina una noche que duró horas, para comenzar un amanecer eterno, y partiré con el alma atormentada por las lágrimas, purificada por el martirio extremo de las pruebas duras, pero redentoras! Si te hubiera hecho teñirte las manos con sangre humana, todos nuestros sacrificios habrían fracasado, habríamos estado separados durante mucho tiempo, habríamos tenido que empezar de nuevo otras vidas, quizás más dolorosas. ¡Alegrémonos, entonces, de haber cumplido plenamente con nuestros deberes, aunque nuestros corazones fueron lacerados por las espadas del anhelo y de la amargura! La justicia divina fue completamente desafiada: los acusados obtendrán un permiso de liberación permanente.

–¿Otras existencias, repites, Eloísa? ¿Es creíble que, después de las luchas conmovedoras de una vida planetaria, tengamos en perspectiva nuevos dolores y otras desgracias?

– Escucha, Giácomo: hace tiempo que debería haberte explicado lo que me pasa... Tal vez supongas que estoy delirando, pero, a pesar de estar muy debilitada por la enfermedad, mis facultades mentales no se ven afectadas. Lo que te voy a decir es en los dominios del mundo subjetivo, el plano espiritual; pero es la expresión de la más pura realidad...

Eloísa le hizo tomar conciencia de todos los fenómenos psíquicos que había observado desde que era adolescente. Ella le habló dulcemente, pareciendo revivida y transfigurada.

Él la escuchaba arrobado y melancólico, comprendiendo que aquel ser amado ya flotaba en un plano superior, palpitando de espiritualidad, y pronto alcanzaría el firmamento, dejando atrás las miserias terrenales. Estaría solo, lamentando su ausencia, recordando, para su incesante tormento, los éxitos del infeliz pasado...

Ella, al notar esta amargura, le dijo:

– Giácomo, me siento influenciada por un poder extraterrestre, que vitaliza mi organismo, ya casi diáfano, para transmitirte mis últimos pensamientos...

Me doy cuenta que, dentro de unos días, o tal vez momentos, regresaré a las regiones serenas, de descanso y de dicha, que existen en el Cosmos, y donde nuestro hijito enlutado y las entidades más puras – rondas siderales –, que descienden de las radiantes bendiciones del firmamento al temblor de este planeta, guiando hacia el Creador a quienes aman fraternalmente... Permíteme, por tanto, ampliar mis ideas con lealtad, ¡porque tal vez mañana ya no pueda hacerlo con estos labios! Entiendo que todo lo que nos sucede tiene origen en existencias pasadas. El infierno de todas las religiones es solo un símbolo. Es este lugar de tormento, imaginado por los teólogos, para castigar perpetuamente los pecados irremisibles, y que se aloja en nuestra propia alma, cuando practicamos iniquidades. También existe en mundos hediondos como el que vivimos, donde arrastramos los grilletes de la desgracia y el remordimiento; nuestros corazones arden en las llamas de los sufrimientos morales o físicos más dolorosos. Ésta es una de las Gehenas, un símbolo, este lugar de tormento. Volveremos aquí cuantas veces sea necesario para purificar con lágrimas, abnegación, trabajo y virtudes, nuestras transgresiones contra las Leyes del Soberano universal...

Tengo vagos, pero persistentes recuerdos de haber vivido en países asiáticos, donde fui orgullosa, opulenta, vanidosa, e insensible al sufrimiento de los demás.

Tú y mi amigo Renê, Marta, el señor de Bruzier, mis padres y... Ring, fueron compañeros de encarnaciones terrenas de mi espíritu milenario, y Dios ya nos unió bajo el mismo techo para olvidar los resentimientos mutuos, para aclarar nuestras almas oscuras...

Nos une la fuerza centrípeta e invencible del amor, del odio… Éste; sin embargo, por influencia de lo Alto, desaparecerá como un toro disperso en el aire; que es perenne e indisoluble como la luz del Sol. ¿Porque te amé desde el momento en que apareciste en esta mansión, donde te estaba esperando, antes de conocerte? ¿Por qué temí a ese cruel hindú desde el primer momento que lo vi? ¿Por qué sentí en él al execrado déspota de antaño? ¿Quién me arrojó al vórtice de la traición? ¿Por qué no puedo permanecer en este mundo, que me parece desierto y árido, desde la partida de nuestro idolatrado Renê? Son recuerdos de un pasado lejano, encuentros de almas amadas u odiadas, rumores de lo que presenciamos y permanecen en nuestro núcleo, como los preservan las volutas de las conchas, lejos del océano en el que se formaron…

¿Debo maldecir perpetuamente a quienes me hicieron cometer un crimen y luego redimir las iniquidades que cometí, impulsada por el deseo de ostentación y aplausos? No. Los puñales con los que destrozamos el corazón de nuestros compañeros de viaje están guardados en cofres invulnerables, por manos de gendarmes divinos, y luego se vuelven contra nosotros y nos golpean también a nosotros. Es la Justicia del Talión sideral, que se ejecuta plenamente. Todos esos seres a quienes hemos herido o felicitado, gravitan a nuestro alrededor, como planetas eternos alrededor de una estrella, y luego ascenderán con nosotros a las regiones etéreas, como nebulosas humanas que se acercan al Astro Supremo – ¡Dios!

Si no estuviera rehabilitada ante tus ojos, tal vez no podría actuar con esta placidez espiritual que rocía mi corazón, refrescándolo con la bendición del Padre inefable; tampoco pude olvidar los tormentos que me infligió aquel hombre cuyo nombre abominable no pude pronunciar durante algunos años, porque me parecía que si lo hacía me arderían los labios.

Regresaste; sin embargo, con la plena convicción que nunca había transgredido mis deberes y, por tanto, actuando de acuerdo con los consejos de entidades inmaculadas, sintiéndote afortunado, propenso al perdón y a la piedad, quiero que digas conmigo una oración por la oscura ¡alma de Hamed...! Mi espíritu florece, a la luz de la conmiseración, como un nuevo cáliz florece de un lirio, para recibir la rueda del cielo... Bendigo ahora mis problemas, mis angustias, que me hicieron redimir muchas iniquidades. No es el inocente el que sufre, sino el que cumple una sentencia recta y redentora, dictada por el incomparable Magistrado que nos juzga en un tribunal incrustado de estrellas...

Bendigo todas mis lágrimas, todas mis agonías, porque el dolor es el ala de luz que nos eleva de la Tierra a las regiones exteriores...

Me siento diáfana y dichosa, esperando, exultante, el momento de la partida. ¡Perdóname si me alegro, a pesar de dejarte inmerso en duros sufrimientos!

Permanecerás en el exilio algunos años más, para cumplir la dolorosa sentencia que te ha impuesto la autoridad divina. Pronto besaré a nuestro amado hijito, y ambos, orando por ti, esperaremos, con anhelo y alegría, nuestra unión perpetua.

Escucha, cariño. No creas que me estoy engañando. Has sido honesto, noble en tus sentimientos, pero aun no has comprendido el objetivo de nuestra estancia en este planeta, pues no has amado a la Humanidad ni ayudado a los demás... Has gastado tu inmensa fortuna en beneficio exclusivo de tu personalidad.. Nunca recordaste que en la Tierra hay seres sin techo, sin ropa, sin comida... Vivías deambulando, como un aerolito errante, desperdiciando en grandes sumas lo que darías para ayudar a innumerables personas desafortunadas e indefensas...

Dices que vas a estar solo, en el mundo, sin familiares, porque todavía no te acuerdas de quienes nos rodean, de aquellos que nos extienden sus manos suplicantes, con sus ojos llorosos... ¡Ama a los pobres, amigo mío! Tal vez te vuelvas a casar, formar otra familia...

– ¿Yo, Eloísa? ¡No desdeñes mi dolor inconsolable! Si te vas primero que yo, no pondré fin a la existencia, por miedo a la justicia divina; pero, corazón mío, hasta que no baje al sepulcro, no tendré otro cariño que el que te consagro a ti y a nuestro amado hijito. Mi duelo nunca proscribirá.

– Gracias, pero mira, te estás engañando. El corazón tiene amplitud para contener muchos afectos puros, sin jamás desbordarlos. Es una gota divina, escondida en nuestro pecho, que puede contener un océano de afectos...

Puedes ser fiel a mi memoria, amando a otras criaturas. No te aísles de nuestros compañeros en este camino terrenal; más bien busca la convivencia, ayuda a los desamparados, seca las lágrimas de la miseria, acoge a los niños desdichados, destrozados y hambrientos, en estos palacios inútiles que el destino nos ha confiado y que, sirviendo para acoger nuestras almas desoladas, también podrán hacer a otros seres felices.

Sé compasivo y servicial. Sé bueno y serás feliz en el Más Allá. Conquistarás, con el bien difundido por los desventurados, los tesoros divinos...

Mi estancia en el calabozo del sufrimiento será ahora breve; veré ante ti, querido amigo, a nuestro afectuoso hijito. La aventura; sin embargo, no nos hará egoístas. Él te inspirará, como lo ha hecho conmigo, en tiempos de agonía. Coraje y resignación.

A menudo lo veía en forma de arcángel, sonriéndome felizmente, al lado de los niños pequeños que protegía. Esperamos, con ternura y anhelo, que concluyan su camino terrenal. Él vendrá, con afán, a sosteneros, como lo hizo a su madre, cuando el peso de la cruz doblaba mis hombros doloridos...

CAPÍTULO III

Dusmenil, que escuchaba emocionado los consejos de la paciente, tomando sus manos febriles, casi indiferente, le dijo:

– Envidio tu fe y tu creencia en una vida ideal después de las pruebas terrenales, y me encantaría intercambiar contigo mi existencia improductiva; pero Dios no podrá hacerse daño cambiando un diamante lúcido por un puñado de cenizas, que los vendavales dispersan y transforman en la nada eterna... Preveo mi aislamiento y amargura inconsolable, si te vas...

– Acuérdate de lo que hice, en estos últimos años de desolación y de bendita redención: reprime en tu interior tus lamentos; olvida y bendice tu propio dolor, consolando a los afligidos, a los desilusionados, a los náufragos en las tormentas de la vida...

No te aísles egoístamente de la Humanidad: búscala, alivia sus heridas, escucha sus corazones angustiados, protege a los huérfanos, y Dios, que nos acecha a través de las ojivas estrelladas del firmamento, como Argos del infinito, sabrá recompensarte regiamente, afinará tu espíritu, para que, al final del viaje, cubierto de las radiantes bendiciones de los desafortunados, puedas reunirte con aquellos a quienes amas por los siglos de los siglos... Además, te esperan seres felices en el bien. Mundos, en los que no tienen refugio la traición, los celos, las calumnias, porque sus habitantes no tienen el muro de carne y huesos que embota sus más nobles sentimientos, que brillan incluso a través de sus ropas, como un rayo de Sol en un relicario de cristal. Siento que para mí se acabaron las vicisitudes de este planeta... ¡Lo dicen quienes me apoyan en las horas oscuras y grandes de la existencia! Feliz en mundos de descanso y armonía, no me limitaré a la egolatría. Vendré, con Renê y sus amigos intangibles, a estas regiones inolvidables, para consolarte y reanimarte, así como a nuestros humildes servidores, nuestros dedicados compañeros en los días sombríos o floridos, aquí en la Tierra.

No saques a la Marta escondida del cargo que le encomendé, porque nunca olvidaré… que ella no me abandonó en los momentos más amargos.

Es un alma fiel y compasiva, con la que, por supuesto, la mía saldó una deuda de honor y gratitud… La levanté del abismo del adulterio, donde ya caía, a las regiones serenas de la virtud. Encomienda a ella y a su marido el señorío d'Argemont, para que, después de mi partida, puedan ejecutar las órdenes que ya les he transmitido.

La verdadera felicidad no consiste en estar alejados de nuestros semejantes. No debemos ser egoístas, aislados del Universo, enclaustrados en claustros o en palacios inútiles, pseudo criminales que en realidad se convierten, porque son indiferentes a la sociedad, al país, a la familia, pero esforcémonos por expandir nuestros afectos amando a nuestros hermanos en Jesús, ayudándolos a salir del vórtice de las pasiones o de los antros del vicio, donde los criminales se emboscan…

Ya he expuesto en mi testamento lo que la ley me permite hacer, para recompensar a las familias, a los trabajadores, a los campesinos que más se dedicaron a mí.

Pero no llores, Giácomo, mi próxima liberación: las galeras siderales se apresuran a recoger a otro Argonauta que flotaba perdido en los mares de la iniquidad y anhela regresar a la patria azul del Señor de las esferas, donde ya no tienen conciencia de tierra cancerosa. Te quiero fuerte para que puedas triunfar sobre las duras, pero arrepentidas pruebas con las que seguramente terminarán tus avatares planetarios. ¡Anímate hasta que puedas zarpar hacia los océanos etéreos!

– Aun no cuento con tu coraje, nobleza y moral angelical, supongo que me faltará apoyo aquí en la Tierra, cuando tú te vayas, que caeré como un cedro cortado, en un socavón de penas interminables, agravadas por el recuerdo del doloroso pasado...

– Es porque aun no has comprendido el objetivo sublime de la vida terrena, querido amigo: ¡cumplir, sin lamentos ni revueltas, las sentencias de la Corte Suprema, dirimir todos los crímenes de las épocas presentes y pasadas! ¡Es porque aun no has llamado en tu auxilio al invencible ejército de patrullas siderales, de soldados de la Majestad universal, cuyos intangibles, pero resistentes brazos de granito que nos sostienen en los tiempos de las pruebas y no nos dejan caer en la pendiente resbaladiza de las iniquidades, para luego elevarnos, transformados en nieblas aterciopeladas, en los campos constelados!

Escúchame todavía; un poco.

Es nuestra última conferencia en esta existencia casi ha terminado...

Cuando me lleven al cementerio, no permitas que lo hagan con pompa, sino con discreta modestia... No deseo ser enterrada como una reina, sino como una humilde sierva de Dios... Quiero que mis restos estén encerrados en la tumba más cercana a la tumba de mis padres. Mi último arrepentimiento es saber que mi tumba estará lejos de la de Renê, pero lo esencial es que nuestros espíritus, y no nuestros cuerpos, permanezcan eternamente reunidos...

Sobre una lápida sencilla, blanca como la nieve, colocarás un ángel de mármol, modelado según el retrato de nuestro querubín, sosteniendo un corazón atravesado por una espada: ¡la espada que me golpeó una vez, cuando nos separamos, como la de la Madre del Redentor, de quien entendí toda la tortura, sin nombre y toda sublime resignación, en horas de angustia sin precedentes!

– ¡Oh! amada Eloísa, dijiste solo un corazón; ¿qué pasa con el mío entonces? ¿Fue mi martirio menor que el tuyo? ¡Cuántas veces lo he sentido traspasado por el puñal del dolor, en agonía indecible...! Si he de cumplir tu voluntad; si Dios te llama a sus luminosos palacios ante mí – tal vez añorando a uno de sus más inmaculados ángeles –, te prometo que tu tumba, y la mía también, estarán ¡al lado de nuestro inolvidable Renê!

Sobre él, el hijito idolatrado esculpido en mármol, sosteniendo dos corazones traspasados por el mismo golpe, simbolizará nuestra alianza perpetua, que se completará en el cielo, bendecida por el Altísimo... Nuestros cuerpos, encerrados en la misma tumba, nuestras almas reconciliadas, unidos por el mismo amor, puro y profundo, ¡nunca se separarán!

Unos días después de este diálogo en el Paso d'Argemont, inmerso en la desolación, el estado de Eloísa empeoraba hora tras hora.

La afonía y la disnea la atormentaban sin descanso.

Al anochecer de uno de los días más bellos de la primavera, con cielos azules y un ambiente cálido y fragante de magnolias en flor, la paciente se despidió estoicamente de todos los que estaban más cerca de ella, hablándoles con palabras de consuelo y esperanza.

Giácomo, consternado, no dejaba de contemplarla, entre lágrimas, viéndola como aureolada por un resplandor estelar, como si una diadema de diamantes líquidos ciñera su frente.

Al darse cuenta que ya le faltaba el aliento vital, con sus hermosos ojos ya nublados por las brumas de la muerte, lo miró y le dijo, tratando de sonreír:

– Empiezo a ver las fronteras de la eternidad... Adiós, Giácomo... Te espero Más Allá...

Una desolación indefinible se cernió durante mucho tiempo sobre el castillo d'Argemont, con el fallecimiento de la virtuosa dama.

Giácomo nunca dejó de velar por el amado cadáver, que había embalsamado y encerrado en un ataúd de cristal.

Dispuso que el entierro se realizara en Arras, junto a la tumba de su inolvidable pequeño hijo, que también sería suya.

Una gran multitud acompañó, tristemente, el féretro durante gran parte del viaje.

Innumerables jinetes y muchos carruajes lo siguieron hasta terminar el recorrido. Amigos y sirvientes esperaban el cortejo fúnebre, comprendiendo la idea de Dusmenil: lleno de remordimiento, después de haber expulsado a su devota esposa del hogar, que había santificado con los ejemplos más nobles, quería, como demostración pública de arrepentimiento, rendirle todos los homenajes, en señal de reparación de su error imperdonable.

Mudo, con los cabellos repentinamente encanecidos, siguió el cortejo fúnebre, sintiendo en su corazón una agonía indecible: páginas sublimes de dolor y de compunción, que el alma recorre en lágrimas y nunca son reveladas a la Humanidad, como tesoros de un Montecristo usurero, enterrado en roca de granito indestructible...

A veces se estremecía: en la sombra de la noche creía ver, en el interior de la niebla móvil que se volvía centelleante, multitud de bellas entidades, superpuestas unas a otras al que avanzaba por el largo camino, como si hubiera dos caminos paralelos, uno en el aire, otro en la tierra...

A veces lo sorprendían los invisibles acordes filarmónicos que, a las primeras vibraciones, callaban en un eterno *staccato*...

Tuvo la impresión de haber vivido durante siglos, durante los días que lo alejaron de su casa, hasta regresar a ella en el crepúsculo de una tarde miserable.

La carroza funeraria, decorada sencillamente con raso violeta y encaje plateado, que simboliza el dolor y la pureza de la amada extinta, entró en el patio de la mansión Dusmenil, seguida de innumerables caballeros, damas y niños, que depositaron una avalancha de flores sobre el ataúd.

Una estatua, artísticamente decorada con alhelíes y violetas, se alzaba en el centro de la misma habitación donde se había producido la ruptura de la pareja, y encima de ella se colocó el ataúd.

A Giácomo, al entrar en ese espacio familiar, le pareció que todo - el techo, los muebles, las paredes -, aun repetía las crueles palabras que había pronunciado allí contra sus amados muertos. Entonces quiso, delante de amigos y conocidos, rehabilitar la memoria de Eloísa para siempre jamás. Con los ojos nublados por las lágrimas, la voz emotiva pero vibrante, después que el sacerdote terminó el funeral, dijo que todos los homenajes rendidos a los amados muertos los pagaba a la virtud y lealtad de la criatura que había sacrificado su felicidad y su vida por el honor de esposa y madre; quien pidió perdón al Creador del Universo por la grave injusticia que le había cometido, y por cuyo rescate se comprometió el resto de sus días aquí en la Tierra. Acompañó el ataúd hasta la Necrópolis, sepultada en la misma tumba de Renê, escuchando los sollozos de la amorosa Marta, que también acompañó a quien tanto amaba hasta su último hogar terrenal, tal como lo había hecho en el doloroso peregrinaje de su exilio interno.

Solo entonces Dusmenil regresó a su noble hogar y cayó en una cama, donde permaneció delirando durante unos días.

Cuando se puso de pie, pensó que era un ser más, distinto de lo que había sido hasta entonces: ya no era el altivo castellano que miraba con desprecio a los humildes, intimidado por su presencia; ahora, se detuvo para interrogarlos sobre su suerte, por el consejo y comodidad…

Poco a poco, el intenso dolor se fue desvaneciendo, transformándose en un dulce anhelo.

Contrató a un famoso escultor para que construyera el mausoleo de su esposa, que también sería suyo. Fue hecho del más puro Carrara. Sobre una columna bizantina de tracería, estaba encaramado un arcángel, como descendiendo, en el momento de ser moldeado, del espacio inconmensurable, todavía en actitud de vuelo, con las alas extendidas, rasgos meritorios inspirados en los del dulce Renê, y sosteniendo en su pecho dos corazones golpeados por un sable de bronce dorado, que parecía haber sido blandido por un guerrero despiadado.

Se diría que, procedente de los confines exteriores, un hermoso querubín ensayaba el estallido supremo, trayendo a su seno dos desdichados corazones desgarrados por el puñal de la desgracia, y aun palpitantes, para arrebatarlos entrelazados, por los siglos de los siglos, fue, por tanto, sembrador de bien y alivio en muchos corazones desconsolados e infelices.

Por la tarde, cuando terminó su frugal comida, se dirigió al mausoleo de Eloísa y René – iluminado de noche por un faro de cristal verde, en forma de Calvario –, y, mirando al hermoso arcángel que simbolizaba al querido extinto, oró contrito. En ocasiones profirió lamentos y confidencias que los favonianos dispersaron, pero fueron escuchados por los seres intangibles, a quienes estaban dirigidos.

Otras veces se detenía a contemplar el rosal que bordeaba la columna blanca como la nieve de la tumba de su esposa, en plena floración, pareciéndole la botonea roja y fragante, en plena floración, diminutos corazones de coral que contrastaban con los doibs de mármol, sostenidos por el querubín mercenario.

Sus pensamientos, en esos momentos, se elevaban a mansiones resplandecientes, centelleantes en la cúpula infinita.

Hizo preguntas silenciosas que, solo formuladas mentalmente, pensó, respondió suavemente, susurrado en silencio por dedicados seres imponderables.

El desánimo y el escrúpulo que lo atormentaban cuando el espíritu radiante de Eloísa fue liberado, dejaron de atormentarlo.

Le parecía que las nobles acciones que estaba llevando a cabo iban aliviando, día a día, el penoso peso de su dolor.

Se convirtió en propietario de una valiosa fábrica textil, solo para dar trabajo a innumerables trabajadores de ambos sexos, tratados con paternal bondad.

Durante la temporada de invierno, sintiendo pena por el sufrimiento causado a los pobres por el duro frío, ordenó que el trabajo comenzara más tarde que en los días de verano y distribuyó ropa de abrigo a los trabajadores y sus familias.

Viajaba en litera, a menudo azotado por ventiscas, visitando pueblos sin leña ni pan, para ayudar a los pobres que los habitaban.

A veces, violentas tormentas lo sorprendían por la noche, en lugares desolados y lejanos.

Asombrado, observó, a la luz del relámpago, la Naturaleza rebelada, como erizada de bayonetas blancas, flotando en el aire, preparada para una batalla de veloces espectros, seguida de fantásticos osos y lobos, enfurecidos y aullando, que, corrían desenfrenadamente por llanuras y colinas, arrancaban las últimas hojas de los árboles desgreñados, como aterrorizados y queriendo escapar de la rabia o del peligro inminente. Pero, en vano, lo intentaron, porque permanecieron anclados en el suelo, como fieles centinelas de Pompeya, envueltos en blancos sudarios, abrazando a los ciudadanos o llorando lúgubremente, advirtiendo a los que pasaban por los senderos alfombrados de nieve, que regresaran y buscar escondites seguros para esconderlos de la venganza de adversarios invisibles, que arrojaban piedras de diamantes a frentes humanas o vegetales…

Fabrício, asustado, se contrajo dentro del vehículo.

Una noche agitada por continuos y fuertes vendavales, en que la litera, al no poder continuar el camino, fue llevada a una choza abandonada, Fabrício, temblando, le dijo a Giácomo:

– Señor, me siento amenazado por una catástrofe cada vez que observo una noche como esta… Supongo que he regresado a Siberia y temo encontrarme con el espectro sanguinario de Ariel.

– ¿Te has acordado de orar por él, Fabrício? – Preguntó Dusmenil estremeciéndose, porque en ese momento también se había acordado del miserable hindú.

– ¿Cuánto valen para usted mis oraciones, señor? El santo sacerdote, que me crio, decía que él no rezaba por los malvados, porque las oraciones son pájaros divinos que buscan el cielo y no pueden ir al infierno… ¡Y debe serlo, por los siglos de los siglos!

– Eres muy supersticioso – dijo Giácomo dulcemente –. El infierno está, no en el fondo del globo terrestre o de algún otro imaginario, sino en nuestra propia alma, cuando practicamos el mal. El cielo existe en nuestro corazón, cuando somos buenos y fieles cumplidores de nuestros deberes morales y sociales.

La noche que Ariel se suicidó, Fabrício, me sentí con el corazón devorado por las hienas de la desesperación, carbonizado por las llamas del remordimiento y un dolor innombrable. ¡Pensé que las tenazas de Satanás me habían arrancado y arrojado al horno de fuego de la Gehena! Ahora que, aconsejado por la querida Eloísa, he despertado del orgullo y del egoísmo, con cada desgraciado que ayudo, con cada centavo que pongo en manos marchitas, con cada pequeño niño que acojo, con cada alivio que brindo a un desgraciado, me doy cuenta que si calman las llamas de mi yo, lo que alivia mi martirio y empiezo a vislumbrar la paz y la serenidad de quienes son justos o justificados por el sufrimiento. ¡El bien que hago mitiga mis disgustos, que creía eternos! Es genial e indefinible. ¡Mi alegría, cuando apoyo a los desafortunados, especialmente a los enfermos y a los huérfanos, ya que son los hermanitos de Renê, que vienen a reemplazarlo, enviados por Dios! ¡Me he aliado con San Vicente de Paúl, Fabrício! Mi familia, ¡el pensamiento se extinguió, aumenta día a día! Ellos son los andrajosos, los hijos de la desgracia, que Dios me envía para aliviar la añoranza de mi ídolo, ahora parecemos divinos...

Cuando los veo relajados, sanos, felices, supongo que veo a mi Renê exultante, en el paraíso...

Hace cinco años, Eloísa se fue al cielo y solo ahora comprendo cuánto la adoraba. ¡Y cuánto le agradezco por inspirarme con el bien y por la protección que me brinda, en los momentos de amargura y desánimo! Bendigo la fortuna que heredé, por el consuelo que me permite llevar a los hogares infelices, a los corazones afligidos... El oro no es malo, sino el uso que le puedan dar los hombres. Así, puede transformarse en flores o en espinas; en flores, cuando la utilizamos útilmente, en empresas meritorias; ¡en espinas, cuando se gastan en placeres nocivos e iniquidades! Quien lo posee es como un mayordomo del Todopoderoso, si es capaz de administrar los bienes del augusto señor, utilizándolos lícitamente, en beneficio de sus desafortunados hermanos, dispersos por el mundo. Sin embargo, debes recordar siempre que estos bienes no nos pertenecen y que, en el futuro, tendrás que dar estrictas cuentas de lo que te ha confiado el Soberano del Universo.

Además de las ruidosas monedas que puedes distribuir a través de los oscuros espacios del ático, también debes imitar al brillante cazador de almas, que ofreció el radiante pan de la esperanza y alivio a los hambrientos de felicidad, helados por los inviernos de la desgracia, y apoyo a los pequeños y a los humildes, llevándoles a sus corazones desanimados el refrigerio de consuelos eternos, que alivian el dolor y detienen las lágrimas.

CAPÍTULO V

Una tarde, después de un trabajo agotador, Dusmenil se retiró a su habitación y oró larga y fervientemente.

Caía la tarde y los últimos rayos del Sol daban a la Naturaleza tonos de rubíes lucidos, que se apagaban lentamente, hasta que el ocaso se transformaba en un inmenso cenicero – una Pompeya divina –, como si en él se hubiera creado un fuego voraz, encendido por las legiones napoleónicas, deseoso de galopar libremente por el Moscú del infinito, ebrio de gloria, sediento de conquistas a las regiones exteriores…

Giácomo oró con las manos levantadas, los ojos entrecerrados y el alma haciendo una genuflexión. Parecía petrificado, inmóvil, tal era su desapego espiritual.

De repente, notó el susurro de unas alas etéreas cerca de su frente, que estaba impregnada de un éter refrescante. Se estremeció involuntariamente, como sacudido por una corriente magnética. Abrió los párpados y, por un momento, vislumbró la figura lúgubre y vestal de Eloísa, envuelta en una túnica nívea que parecía hecha de un fragmento de crepúsculo, ocultando apenas un corazón de rubí ardiente en su pecho…

Sintió unos dedos diáfanos rozar ligeramente sus hombros y escuchó, extasiado, palabras que eran un susurro de auras galernales.

– Estoy exultante, querido amigo: ¡porque estás cumpliendo austeramente la sentencia divina! Dispón, en el futuro, de lo que tengas, para asegurar pan y refugio a aquellos que son nuestros hijos espirituales, traídos aquí por la manita de nuestro Renê, débil en apariencia, pero en verdad vigoroso, ¡y a quien tanto besamos muchas veces, en los momentos de ternura y felicidad efímera! Cuando con nosotros cruces las barreras del mundo, comprenderás el mérito que estás logrando en el desempeño de tu misión reparadora.

– ¡Llévame hoy contigo, Eloísa! – Murmuró Giácomo, excitado y febril.

– No, amigo, porque la tarea aun no está completada y, aunque quisiera hacerlo, no podría. Tu existencia actual carece ahora del resultado que eleva a las almas sometidas al crisol del dolor, a los páramos constelados: sacrificio, desinterés, piedad por todos los seres humanos, incluso por aquellos que nos parecen repulsivos. ¿Te sientes ya capaz de acoger y perdonar al infortunado Ariel, si el Señor te lo envía?

– Pero, ¿cómo, si no sé su paradero y su destino?

– Verás qué admirables son los designios supremos... El futuro te responderá. El futuro es el secreto de Dios. Él nos concede, de este folio infinito – el futuro –, una página cada día. ¡Conténtate con el presente, migaja de la eternidad! Adiós. Te espero radiante porque sigues mis planes, inspirados en entidades superiores.

– Un momento más de felicidad, Eloísa. ¿Por qué no trajiste a nuestro querido Renê?

– Él sigue, invisiblemente, todos tus pasos, todos los trámites de tu existencia, pero solo lo verás, a plena luz, en la mansión de los redimidos. Ahora me tengo que ir... ¡Adiós!

– ¡Nunca me abandones y perdona, querida, lo que te hice sufrir!

– Olvida el pasado, ya redimido con lágrimas y tribulaciones. ¡Anímate! ¡Nunca te abandonaré, nuestra alianza de ahora en adelante será perpetua, indisoluble!

* * *

¿Había sido un sueño o una visión? Dusmenil, atónito, no estaba convencido que el episodio estuviera dentro del ámbito de la realidad.

Solo entonces recordó que, no habiendo ordenado aun que encendieran las lámparas de la habitación, ésta se había encendido mientras hablaba Eloísa. En los días siguientes a la bella aparición, Dusmenil ordenó todos sus asuntos, hizo provisiones testamentarias, dotó a todos los huérfanos que criaba, destinó las rentas de sus propiedades a obras piadosas, aseguró el futuro de los servidores más dedicados, estipuló cuotas para la adquisición de modestas canastillas para las trabajadoras casadas, reservó sumas considerables para ayudar a los enfermos y a los proletarios durante los duros inviernos.

Después de proceder como si estuviera premeditando el suicidio, esperó con actitud espartana el momento de la liberación.

El otoño había terminado.

Comenzó un invierno duro e inclemente, que trajo la pobreza a muchos hogares. Giácomo, acompañado de Fabrício y otro dedicado criado, salió en una modesta litera, visitando las chozas y cabañas, para llevar socorro a los desafortunados que se refugiaban en ellas.

La nieve incesante, como si la Naturaleza se hubiera transformado en lirios de cristal, bloqueaba los caminos tapizados con alfombras blancas, como decoradas con encajes o filigranas radiantes, para dar paso a una maravillosa comitiva de alabarderos vestidos con felpa blanca: el uniforme de gala para nupcias reales...

Los corceles, azotados por el gélido azote de los vendavales, cubrían con dificultad las distancias, a paso lento.

– Señor – dijo Fabrício temblando fuertemente –, debemos sentir lástima por nuestros semejantes... ¡Pero no es justo que seamos despiadados con nosotros mismos! Este viaje podría ser fatal para algunos de nosotros. Nadie se aventura por estos caminos hostiles, que me recuerdan con pavor a la Siberia mortuoria.

– ¡Bienaventurados los que se olvidan de sí mismos y solo se acuerdan de sus hermanos que tienen hambre o frío, Fabrício! ¡Si alguno de nosotros, soldados impávidos en el cumplimiento de las órdenes del General Supremo, cae, seguramente será recompensado con una insignia de luz o con una fortuna incomparable que los liberados del pecado disfruten en mansiones floridas y dichosas, donde no hay nieve, sino el más suave, reconfortante y balsámico Sol! ¿Nunca has leído el Evangelio, Fabrício?

– Sí, mi señor, porque yo era sacristán y el cura que me crio y educó - creo que fue mi propio padre, pues nunca me dijeron quién me puso mi nombre... -, era muy versado en las Sagradas Escrituras... Me obligó a estudiarlas, pero lo hice sin interés, mecánicamente, como si fuera una novela banal y poco atractiva... ¡Cuando él murió, dejándome sin realidad, me convertí en un sirviente y nunca leí los Evangelios, que, en realidad, nunca supe interpretar!

– Bueno, te aconsejo que lo hagas ahora, ya que tus facultades intelectuales están ahora curtidas y son más capaces de comprender las enseñanzas del sublime rabino de Galilea. Para mí también lo hice recién después que Eloísa nos dejó. Los niños solo pueden leerlos como maravillosos cuentos de hadas. Solo las almas acostumbradas a las luchas del pensamiento, magnificadas por los siglos transcurridos, por los conocimientos acumulados, por las virtudes conquistadas, saben interpretarlas...

Jesús, Fabrício, rara vez se recordaba de sí mismo; olvidó su luminosa individualidad para interesarse solo por las ovejas descarriadas del redil de la Majestad universal y, divino pastor, las llevó sobre sus hombros al redil de la Redención... Imitémoslo. Vamos.

El diálogo fue repentinamente interrumpido por un silbido estridente que vibró siniestramente en el aire:

– ¿Qué sucederá? – Preguntó Fabrício, asustado –. ¡Me temo que Ariel nos seguirá y nos tenderá una trampa!

– El alma de este desafortunado está bajo el látigo de la Justicia Suprema... ¡Nunca le temamos! Veamos qué hay ahí.

La litera se detuvo por orden de Dusmenil, quien, acompañado de los hombres que portaban linternas, inspeccionó los alrededores. De repente, dentro de la gasa de nieve, apareció una mancha negra no lejos del vehículo. El noble se acercó y, angustiado y confundido, encontró a un bebé recién nacido envuelto en sórdidos harapos. Casi inanimado, era espantoso, con los labios partidos, sin brazos, que se podría decir que fueron cercenados de un solo golpe por el sable del destino.

Dusmenil lo abrazó piadosamente contra su pecho y le dio, con dificultad, unas gotas de *falernum* con agua azucarada. Atado al cuello del pobre, esta nota escrita con caracteres desiguales y llena de imprecisiones léxicas:

"No intentes descubrir quién abandonó esta desgraciada cosa al azar...

¡Es hijo de bohemios errantes, sin patria, sin techo, sin Dios, sin un centavo! Su madre, una bella lectora de buena fortuna, leyendo el destino de quienes lo desean, no pudo descifrar el de este monstruo, ¡ya que nació sin manos! Parece que, habiendo sido crucificado como los crueles bandidos de Galilea, su cuerpo cayó al suelo, mutilado por el afilado puñal de algún insensible soldado romano... ¿Dónde estaban sus brazos? En alguna cruz, seguro; pero... ¿del cielo o del infierno? Aquí está el misterio que no hemos intentado desentrañar...

¡El destino nos jugó una mala pasada! Este pequeño monstruo nos causa terror... Sería una vergüenza para sus padres tener su presencia, ya que todos lo juzgarían como producto de un hechizo satánico... Si ya estuviera criado, podría ser exhibido en público, como los relaves de algún loco y quizás nos ayuden a ganarnos el pan; ahora; sin embargo, es imposible ocultar su origen...

Al verlo, pegado al pecho de su madre, huiría despavorido, su madre ya no encontraría trabajo y nosotros moriríamos de hambre...

Tú que eres bueno y opulento, dale la bienvenida o mátalo. Nuestro agradecimiento será el mismo."

Lágrimas punzantes se deslizaron por el rostro de Dusmenil. Por un momento, comparó la desigualdad de sentimientos y actitudes de los seres humanos: hay padres extremos que se molestan, se torturan y sucumben a la nostalgia viendo a sus pequeños partir hacia el Más Allá, hacia las mansiones serenas, hacia el Hogar del Creador; ¡hay monstruos que les dan su ser y luego los arrojan a los rigores del invierno, sin expresión de piedad! Y no le tiemblan las manos al escribir una invocación de muerte para un pequeño frágil, indefenso y desgraciado.

Él, que se expuso a los elementos y a las tormentas de nieve por amor a su pequeño hijo al que ya no podía besar, encontró, casi inanimado y helado, arrojado en la tierra desierta, cubierta de hielo, a un pequeño niño que había sido abandonado por sus propios padres...

Hay delincuentes que, generando criaturas miserables, no deberían recibir el exaltado nombre de padre, sino de reproductores, como bestias.

El padre es protector del candor, de la inocencia, de la fragilidad infantil y puede serlo espiritualmente, como Jesús, que no vinculó su existencia a la de otro ser mediante consorcio civil, sino que se vinculó a todos los seres de este mundo de amargas pruebas, mediante los vínculos de la paternidad psíquica; es el representante del Omnipotente en la Tierra. El apoyo de las almas que, aun atormentadas por la caída del espacio, como golondrinas ebrias de luz, buscan el nido cálido y aterciopelado de su amor, sus besos, una parada hospitalaria donde cobijarse temporalmente bajo las alas nevadas de la ternura de eso los atrajo, como imanes, desde las alturas consteladas hasta las profundidades del sufrimiento...

Negarles apoyo, cariño, cariño; negarles besos y caricias y darles bofetadas y azotes; no detuvo a los jóvenes inexpertos en el terreno resbaladizo de los vicios y las pasiones; arrojarlos a los prostíbulos o bulines – ese ser un monstruo y no un padre. Para estos desafortunados, debería haber otra expresión en el vocabulario humano, tan fértil en sinónimos.

Negar un hijo es una ofensa suprema contra las leyes de la Creación; es volverse inferior a unos felinos sanguinarios, que devoran a sus crías al nacer. Quien hace esto ofende al Todopoderoso y a la Humanidad: al Todopoderoso porque cierra la puerta del hogar al peregrino que Él envió a proteger, educar y amar; la Humanidad porque, en lugar de ser útil a la comunidad, con su descuido, con el abandono de los niños pequeños a merced del destino, arroja en ella rameras o bandidos, que son bestias de dos hombres, que solo tienen ojos de cometa para sondea la oscuridad en aquellos que se encubren para robar el oro ajeno; solo tienen manos para blandir dagas, navajas o trabucos; boca para pronunciar obscenidades y blasfemias!

Si es un crimen repugnante el que comete un hombre al expulsar a un niño del hogar, es imperdonable cuando lo perpetra una mujer. Ser madre significa ser noble, petrificada de dolor y pegada al cadáver de su hijo asesinado.

Llamarse Madre significa decir ternura, cariño, sacrificio, perdón, apoyo, amor santificado. Para la verdadera madre no hay hijos monstruosos, sino desafortunados; ¡Todos son hermosos porque vistos a través del telescopio encantado del corazón, el cristal de los ojos lucidos por las lágrimas!

Una madre que repudia el fruto de su vientre, se hace más pequeña que lo irracional: ¡se deja superar por el pelícano en caricias, sacrificios, afectos, cuando se arranca sus propias plumas para aterciopelar a sus polluelos!

Para ser madre no basta ser mujer; sí, sobre todo, ángel guardián de las cunas y del candor infantil; fanal de conciencias aun embrionarias, un beso para secar las primeras lágrimas; manos para acariciarle y cerrarle los ojos antes de dormirse o llevarlo a la tumba; boca para elevar oraciones al Creador e himnos para acariciar al dulce peregrino que le envía el cielo... o llega a él desde los bárbaros de las oscuras pasiones, para que le señale los campos azules, y suba, con él, la escalera de la redención.

Los pequeños seres que el Sempiterno confía a la mujer son satélites del espíritu materno, que ella debe abrazar en la Tierra y en el espacio, como Él hace con las estrellas: lágrimas divinas, cristalizaciones de luz, hijas chispeantes que Él difunde en el empíreo, ¡para acoger a los hijos de las tinieblas, redimidos en las mazmorras que son los planetas inferiores!

Ser madre es ser un arcángel, cuyos penachos de alvinitos, escondidos en la envoltura de la carne ¡siempre se expanden junto a la cuna de sus encantos, baluartes de toda felicidad mundana y divina, o al borde de minúsculas tumbas, donde entierran todas las fortunas, ilusiones, esperanzas terrenas!

Ser madre significa reflejar la proyección luminosa y protectora de la figura dulce de María de Nazaret, síntesis de todas las excelencias, amarguras, glorias y martirios del corazón materno, que acompaña al *Bambino* celestial, desde el potrero de Belén hasta el cimas del Gólgota, quien, por eso, desde las alturas etéreas donde se encuentra, sonríe a las madres devotas, les extiende sus brazos infinitos en amor y piedad, enjuga sus lágrimas, muchas veces, en los pliegues resplandecientes de su manto de ¡brumas doradas, consteladas con todas las virtudes!

LIBRO V

EN EL CAMINO DE LA CRUZ

CAPÍTULO I

Dusmenil, la noche que encontró al desgraciado expósito en la nieve, tuvo que regresar al castillo, llegando allí muy tarde, ya que el recién nacido necesitaba comida y atención médica.

Fabrício, desde que lo vio, sintió miedo. ¡La apariencia siniestra de aquel desafortunado niño le resultaba intolerable! Lo encontró horroroso y repulsivo, parecía alguien desenterrado en inicio de putrefacción, sin brazos devorados por gusanos o perros hambrientos... El rostro del pequeño mutilado mostraba hematomas e hinchazón, probablemente provocados por una caída sobre los bordes de una piedra o hielo. Los labios estaban partidos como con una daga afilada. Parecería una muñeca grotesca, modelada por un escultor borracho.

No fue posible determinar si era claro o marrón, ya que estaba morado y magullado.

Cuando, ya entrada la noche, lo entregó tiritando al cuidado de Marta, ella, aterrada, le dijo:

– ¡Parece que lo arrancó de alguna tumba, señor! Es horrible y paralizado...

¿Para qué debería vivir?

–¿Quién lo hizo tan horrible, Marta? ¿Quién lo envió al valle de las lágrimas con esta apariencia? ¿No fue Él, el Creador de todas las maravillas? ¿Es falible en alguna de sus obras? ¿Por qué solo lo bello debería merecer afecto y amor?

Cuando amemos a todos los seres, Marta, hermosos y horribles, justos y pecadores, ¡la Humanidad estará cerca del Reino del Señor!

Mira: si Renê fuera como este pequeño desgraciado, ¡lo habría amado aun más, si fuera posible, por verlo infeliz...! Lo amé tanto, no porque fuera hermoso y dulce, sino enfermizo y frágil. Creo que él es quien trae a estos pequeños desventurados a mi techo, donde hay pan y luz, para que, protegiéndolos, merezcan su perdón y cariño...

Muchas veces creí verlo – una sombra de niebla y estrellas –, llevando a los desdichados a mis brazos; cuando creo poder tenerlo en mi seno... regresa al firmamento...

✳ ✳ ✳

Pasaron los años.

El niño recogido por Giácomo expresó, con intensidad, el resplandor de una inteligencia inusual.

Era de piel oscura, con cabello aterciopelado de ébano y ojos negros grandes y expresivos. Si no fuera por los labios rotos y los dientes desalineados en las mandíbulas defectuosas, sería hermoso.

Dusmenil, en los primeros meses, sintió – aunque no lo expresó –, una aversión instintiva hacia él, pero trató de eliminarla. Luego se acostumbró y una compasión infinita sustituyó al primer sentimiento de aborrecimiento.

A veces, recordando al infortunado pequeño, en horas de recogimiento, conjeturaba:

– ¿Realmente tenemos, como decía la querida Eloísa, varias existencias terrenas unidas como eslabones sucesivos de una cadena de hierro, con nuestros desvíos y crímenes lentamente reparados a lo largo de los siglos? ¿No deberían ser las similitudes físico–morales de todos los individuos la solución plausible? ¿Los grandes pecadores, o los desviados de las Leyes divinas, están marcados por defectos orgánicos, como si estuvieran marcados por el hierro del destino?

Porque unos nacen hermosos y afortunados, y otros nacen imperfectos y mutilados, los cuales, miserablemente marginados, necesitan la ayuda de otros para vivir, como este nubio que encontré, como una piedra inútil en el camino, expuesto a la voracidad de los lobos, ¿como si hubiera sido generado a partir de malas hierbas o de cieno de páramo?

¿No es esto; sin embargo, una prueba más de la misericordia de Aquel que gobierna los mundos en medio de las estrellas, más que de la crueldad del destino, el ejecutor de los decretos divinos? ¿Quién nos dirá que este infortunado expósito no perpetró en la antigüedad crímenes nefastos y, por tanto, fue estigmatizado como los asesinos de antaño, con un hierro candente? ¿Quién sabe si las armas cortadas, que yacen en otros lugares, divididas por el machete de la Justicia Suprema, ya habrían traído desgracias a la Humanidad, herido a inocentes, destruido vidas preciosas?

¿Quién sabe si los labios golpeados por un puñal invisible no son los del falsificador, blasfemo o calumniador, como los de Ariel?

Sus ideas, sin poder sufrirlas, evocaban el pasado, y, de pronto aterrorizado, recordó a Hamed:

– ¿Dónde estaría? ¿En qué mazmorra del Universo estaría cumpliendo una condena severa? ¿No merecería una pena igual a la de Nubio? Que blandió un arma contra una dama indefensa y virtuosa; contra un amigo y contra el propio corazón; ¿Quién destruyó un hogar feliz y la vida de dos personas nobles? ¿Quién se manchó los labios con el virus de la calumnia?

¿Quién sabe si Ariel y Nubio, dos cuerpos diferentes y un solo espíritu siniestro, no fueron arrojados en mis brazos para, por compasión, perdonarlo y conducirlo a la luz redentora?

¿No es ésta la resurrección de la carne, tal como se describe en las Sagradas Escrituras? La presencia de aquel infortunado le producía malestar.

Los otros niños le temían y no lo querían como compañero de juegos. Los traviesos, a la menor diablura, amenazaban con golpearlo en ausencia de Dusmenil, quien, al enterarse, buscaba castigar a los culpables.

Solo su benefactor y María lo trataron con amabilidad y preocupación. Cada vez que lo veía llorar, Giácomo se conmovía y preguntaba:

–¿Qué tienes, Nubio?

– Me golpearon – confió, sollozando.

– ¿Por qué?

– ¡Porque Cláudio dijo que me encontraron en una cueva de lobos, que no tengo padre ni madre, que soy hijo de Satanás! Me enojé y le di una patada y él me golpeó.

– Hijo mío – dijo Giácomo, acariciándolo –, escucha: es verdad que te encontré, no en una guarida de lobos sino al borde de un camino desierto... Tus padres, bohemios desalmados, te abandonaron criminalmente, porque eres lisiado.

Esta es la realidad y debes adaptarte. No te rebeles más cuando lo escuches. Quienes, teniendo que amarte, te desecharon en una noche de invierno, son delincuentes ante el Creador, el Padre de misericordia, que no repudia a un niño por desgraciado que sea. Sé bueno y serás bello y feliz. Responde al insulto con silencio o con lágrimas. De esta forma conseguirás amigos y no enemigos. No puedes ser hijo de Satanás, porque Satanás no existe, es solo el símbolo del mal; y si existiera… ¡sería nuestro hermano, hijo de la majestad suprema! Solo Dios es el Padre extremo de todas las criaturas...

– No puedo creer lo que me está diciendo, señor...

– ¿Por qué dudas de mis palabras, Nubio?

– Porque... si Dios fuera mi Padre, y bueno como dices, no me habría dejado así paralizado, blanco de burlas. ¡Y al menos, si lo hiciera, tendría brazos fuertes para castigar a quienes me insultan y lastiman!

– Precisamente en la privación de las armas se manifiesta la sabiduría divina, porque con tu genio impulsivo, si las tuvieras serías vengativo, acabarías quizás en un calabozo, o en la guillotina...

Dios quiere que seas humilde y tolerante; que puedas suavizar la fiereza de tu temperamento; que ya no hagas el mal. ¡La humildad y la paciencia son las virtudes supremas que el espíritu necesita adquirir para poder sobrevivir a las pruebas terrenales y ascender a mansiones luminosas! Alguna vez fuiste cruel y orgulloso.

– ¿Qué cruel y orgulloso, si me pisotean todos, menos tú y Marta, cuando solo tengo nueve años?

– En otras existencias, Nubio, cuyas deplorables consecuencias rescatamos con lágrimas y martirio... No hay un cuerpo para cada alma, sino varios cuerpos para una sola alma, como un solo hilo para un collar compuesto, a veces, de cientos de cuentas...

¡Es necesario hacerlo, para que haya tiempo de redimir todos nuestros crímenes y conquistar todas las virtudes!

Por unos momentos más, explicó las ideas que, en flujo, iban surgiendo en su mente iluminada, como lirios en un rocío brumoso, haciéndole tomar conciencia de la causa de las desigualdades de fortuna, el origen de las deformidades físicas e intelectuales, a través de la transmigración de espíritus, o vidas sucesivas.

El niño escuchó atentamente y, a partir de entonces, se notó un cambio saludable: ya no atacaba a quienes mencionaban su desgracia; se volvió refractario al entretenimiento y se dedicó a los estudios impartidos por maestros hábiles, revelando una inteligencia inusual a su edad.

Se volvió humilde y reservado.

Cuando lo insultaron, sin provocar provocación por parte de sus compañeros, él solo dejó que lágrimas ardientes humedecieran sus mejillas. Marta lo sorprendía a menudo mirando al horizonte, con los ojos nublados por las lágrimas.

–¿Qué buscas más allá? – Preguntó.

– A Dios… quería verlo…

– ¿Para qué?

– Para pedirle... la muerte y que me conceda otro cuerpo, perfecto, para poder trabajar y proteger a los niños abandonados en los caminos, como piedras deslizadas de las montañas bajo el impulso de las inundaciones.

Tenía una percepción sorprendente y se podría decir que su mirada luminosa devastaba las conciencias y los sentimientos más secretos.

Los profesores lo elogiaron.

Giácomo también pareció complacido y lo acarició, diciéndole, cuando ya era un adolescente:

– ¿Ves, Nubio, cuán amado te has vuelto desde que te volviste humilde y dedicado?

Bajó la cabeza, se movió y respondió:

– Has sido de una bondad ilimitada. Reemplazaste, con ventaja, a los padres desalmados que me negaron cariño y pan. Verás que no tengo manos para trabajar... ¡ni siquiera para mendigar! Ahora quiero estudiar canto. No quiero ser un parásito inútil de la sociedad, ni ganarme el pan amargo de los mendigos. ¿Qué será de mí en el futuro, sin tu apoyo y cariño?

Solo tú me amas de verdad. Observo los pensamientos de quienes me rodean.

¡Sé que inspiro aversión en quienes me ven!

– Nubio, alabo mucho tus nobles aspiraciones. Es digno el deseo de trabajar por tu propio mantenimiento, pero no te atormentes por el futuro, que no quedarás huérfano de mi cariño o de mi desamparo: cuando vaya al Más Allá, seguiré velando por ti, incluso aunque no podrás verme, y tendrás unos pequeños ahorros con los que podrás vivir modestamente, sin necesitar limosna ajena. Pero ¿por qué quieres cultivar tu voz?

– Porque soñé que la tenía hermosa, con modulaciones de ruiseñor.

– Bueno, no te preocupes. El señor Mozzi vendrá pronto a dar su opinión al respecto.

– Pero primero, señor, permítame besar tus generosas manos.

Por la tarde, el excelente director de orquesta de Arras se presentó ante Dusmenil tocando un magnífico violín.

Cuando se enfrentó al adolescente, pálido de emoción, se volvió hacia Dusmenil y le dijo sonriendo:

– ¿No ves que esos labios partidos necesariamente cambiarán su aparente voz? Como una flauta rota, solo pueden emitir un sonido imperfecto, o sin melodía…

Antes que el castellano le respondiera, Nubio, ofendido y humillado, dijo:

– ¡Mis labios son bífidos, sí, pero mi garganta no, y ésta, y no aquellas, es la flauta de la que hablas!

– ¡¡Ya veremos, muchacho!! Sigue la escala que tomaré en este instrumento. Afinando el violín, el maestro comenzó a crear una variedad de sonidos, acompañados con sorprendente precisión, como el canto de un pájaro encantado, por la dulce voz de Nubio.

El profesor Mozzi quedó asombrado y habló con entusiasmo:

—¡He cultivado este arte sublime durante mucho tiempo y solo hoy me ha sido posible encontrar un violín humano, ya que nunca he oído una voz más pura y melodiosa que la de este joven!

En poco tiempo, Nubio fue maestro de los arcanos de Euterpe, superando galantemente todas sus dificultades; la voz, mezcla de contralto y barítono, tenía sonidos muy dulces y aterciopelados, como si en esa garganta se escondiera un arpa maravillosa.

En una fiesta católica, en Pascua, el señor Mozzi le regaló un sorprendente solo de sentimiento, arte y belleza que, cantado por Nubio, hizo llorar al numeroso público, en uno de los templos de Arras.

Se podría decir que aquella voz, ligeramente temblorosa en algunas modulaciones, era un juego de cítaras, flautas y violines, un trino de ruiseñores montenegrinos, un grito gutural de seductoras sirenas, vibraba en el alto y sereno mar, bajo el cielo constelado de los trópicos... Para que no se notaran sus labios deformes, cantaba con el rostro velado, desde las sienes hasta la barbilla, por una lupa de terciopelo negro. Desde entonces, todos los que lo oyeron y aplaudieron lo llamaron el Ruiseñor Enmascarado.

Dusmenil, conmovido y lloroso, lo tomó en brazos y, cuando lo llevaron a sus habitaciones, pensó:

—¡Dios mío! ¡Cómo reconozco tu poder y clemencia en todo! ¡Cómo recuerdas a todos tus hijos y les concedes a todos dones incomparables, que solo pueden ser concedidos por tus infalibles decretos! ¡Este miserable tullido, hijo del anonimato, repudiado por los malvados que lo concibieron, es capaz de sostenerse con su propio esfuerzo y trabajo, con el metal de su voz llena de magia! ¡Cuán engañados fueron los que lo arrojaron a un camino desierto, como a un guijarro inútil! ¡La divina providencia les envió un tesoro en él, y con él, y ellos, locos, lo arrojaron al abismo!

¡Querían un mendigo vulgar y Dios les había dado una alondra maravillosa, cuya garganta valía diamantes! Los que leen el destino en las palmas de las manos ajenas.... se olvidaron de observar sus misteriosos rasgos, y los ciegos arrojaron al barro un tesoro de valor incalculable.

CAPÍTULO II

El día primaveral amaneció hermoso. Parecería que el firmamento hubiera sido retocado por un artista magistral, un divino Murilo, con pinceladas de turquesa diluidas en oro líquido...

El resplandor, contemplado por los campesinos de Arras, tenía algo de fantástico, de apoteosis celestial: parecía haber una grieta en el solar del soberano del Universo, acontecimiento de una fiesta suntuosa, y de allí brotaban ondas de lúcido púrpura, rompiendo lámparas de rubíes y topacios, cuyos reflejos se proyectaban sobre el Levante, prendiéndolo en llamas silenciosamente, sin consumirlo...

En casa de Dusmenil; sin embargo, la tristeza de sus rostros contrastaba con el radiante esplendor de la Naturaleza: reinaba la desolación en lugar de la alegría, porque el noble estaba enfermo desde el día anterior.

Nubio, el entregado alumno, alarmado, no lo abandonó, conteniendo apenas las lágrimas que brotaban de su alma dolorida.

Giácomo, reclinado sobre grandes cojines, confundía el alabastro de su rostro con el color del lino que lo rodeaba.

La tarde anterior, como de costumbre, el castellano había ido a orar a la tumba de Eloísa y Renê.

El rostro marmolado de su amado hijo nunca le había parecido tan expresivo. Parecía animado, traslúcido, revelando una dulzura infinita, iluminado por una reverberación interior.

Oró durante mucho tiempo, mirándolo embelesado. De repente, escuchó el crujir de alas que revoloteaban cerca de su frente, como si allí hubiera una flor invisible que se besara.

De repente se le ocurrieron estas palabras:

– Tus ojos materiales lo contemplan por última vez...

Se sintió un poco aturdido, pero murmuró humildemente, como si hablara con algún ente presente, en un sueño imborrable:

– ¡Padre, que tus sacrosantas intenciones se cumplan! ¡El sirviente está a su merced!

Entonces quiso irse, pero no pudo, sentía las piernas entumecidas y un repentino entumecimiento invadió todo su cuerpo.

Nubio, que lo vio partir hacia la necrópolis, lo siguió cantando en voz baja, como solía hacer, para advertirle de su presencia. Cantó una canción de indefinible suavidad y melancolía.

Dusmenil nunca había estado tan emocionado, escuchándolo y recordando a los seres queridos por los que oraba, con los ojos llenos de lágrimas.

– Donde me espera él –consideró.

Un nuevo y extraño rumor llamó su atención. Pensó que los pájaros, ya anidados, y repentinamente despertados, revoloteaban alrededor de la tumba, donde había rosas; pero no podía distinguirlos, como si fueran intangibles o encantados.

Incapaz de controlar la oscuridad que lo invadía, rodó al suelo como una estatua caída de su pedestal.

Así lo encontró, inanimado, el cantante adolescente. Una camilla lo llevó, aun inconsciente, al castillo.

Los médicos declararon muy grave su estado, ya que se trataba de un colapso cardíaco.

Apenas entendía lo que le pasaba, pues solo tenía algunos destellos de lucidez, como el parpadeo de una bombilla rota, a punto de consumir la última gota de aceite.

Todo estaba listo para la partida, esperada desde hacía mucho tiempo.

Al amanecer de un hermoso día, rodeado de amigos y protegidos, exhaló su último aliento en una gran sala, cuyas ventanas abiertas dejaban entrever, como un panel divino, el Levante esmaltado con rosas de oro y rubíes, similar a un ganador de los juegos florales de antaño, en la decantada Hellas o en la legendaria Roma.

Durante unas horas permaneció en completa inconsciencia, aniquilado. La sensación de algo muy serio flotaba dentro de él. Dejó de ver a sus seres queridos que lo miraban consternados; de sentir los besos de Nubio en su mano derecha, era como descender dentro de sí mismo una espesa cortina que lo ocultaba todo y oscurecía su mente. Los párpados se volvieron bronce, presionados por una fuerza invencible.

Sin embargo, sintió que su alma se había volatizado por cada poro, por un momento se había dispersado, pero pronto se había reunido, y un éter refrescante comenzaba a dividirse, como una góndola de nubes en medio del espacio. Supuso que estaba profundamente dormido, con su cerebro en total eclipse. El Universo pareció desaparecer. El pensamiento dejó de fluir del cerebro, abruptamente agotado por la poderosa succión de un vampiro mágico. Se olvidó de su propia personalidad y de sus reminiscencias, descubrió un punto lejano, un cielo de zafiro traslúcido. Vio acercarse a un guerrero rubio, esbelto, hermoso, una especie de nobleza principesca.

¿Dónde había visto esa fisonomía inconfundible? ¿No sería la de Renê, si se convirtiera en adolescente?

Quiso correr para sostenerlo, pero lo vio tambalearse, llevándose la mano derecha al pecho, herido por un afilado puñal, blandido por un individuo de rostro bronceado, vestido como un otomano.

Dusmenil intentó gritar. Quería elevarse, pero estaba anquilosado sobre un suelo de bronce, o perdido en el espacio, en el vacío inconmensurable de las regiones interplanetarias... Al menor movimiento, sería arrojado a un precipicio insondable. Parecería que la puñalada que había sido recibida por el apuesto joven había vibrado a través de su propio corazón, perforando su conciencia también... Una desesperación indescriptible lo excitó por completo. Intentó gritar, pero su voz se apagó en su garganta, la que parecía estrangulada por un puño de hierro.

Fue arrastrado al palacio real, donde presenció las festividades de la boda de su hermana con el cruel potentado, que lo dominaba profundamente.

Luego los vio a plena luz.

Fisonomías inolvidables: ¡estaban grabadas en su propio espíritu! Ella, deslumbrante de belleza, blanca como el alabastro, de cabello negro y ondulado y mirada luminosa, estaba vestida de tierra blanca, pero sobre su cabeza había un corazón roto, goteando sangre sobre su frente, como el de Jesús cuando estaba ceñido. alrededor de su cabeza corona de espinas: él, alto y robusto, vestido ostentosamente, tenía ojos de ofidio, brillantes de alegría.

¡Horror! ¡Horror! ¡Acababa de reconocer a Eloísa y Ariel en sus matrimonios reales!

¿Sería posible que Dios permitiera tal consorcio?

Hizo esfuerzos increíbles para separarlos de un solo golpe, pero ¿qué podía hacer? ¡Estaba inerte, anclado al suelo, endurecido! ¡Solo el alma vivía, se movía, sufría, sollozaba!

Vio que los seguía, llorando, al joven soldado con el pecho atravesado por un puñal afilado, que decía dolorosamente a su novia:

– ¡Traidora! ¡Traidora!

Esa voz que retumbó en el aire lo angustió. Solo él la escuchó. Quería arrodillarse y pedirle perdón, tenerlo en sus brazos con ternura, porque sus bellos rasgos no le eran desconocidos y le recordaban los de su amado Renê...

De repente, un rayo de oscuridad cruzó por su mente. Las escenas quedaron eclipsadas. Luego observó, con la proyección de nueva luz, luego se vio a sí mismo como un atrevido filibustero. Vagó de tierra en tierra, sembrando el terror, enriqueciéndose con los tesoros ajenos que, en una espantosa noche de tormenta, desaparecieron en las profundidades del Océano Índico, así como con su cadáver despedazado por peces voraces.

Todos los recuerdos conmovedores le desgarraron lo más profundo: había vivido largas vidas de oprobio, cautiverio, humillación, sacrificios y remisión.

Su carácter se fortaleció en la forja del deber y la virtud.

Luego fue transportado a la mansión d'Argemont y se conmovió al ver nuevamente lugares familiares y queridos.

Interiormente disfrutó de una maravillosa rosa. Ningún punto negro en el alma, que no estuviera inundado de luz rosada, argentina.

Sin embargo, creyó que iba a volver a quedarse dormido y, sintiendo una serenidad indescriptible, escuchó que alguien le hablaba, dulce y afectuosamente:

– "¿Reconociste, querido amigo, en las tragedias de tus vidas pasadas, a los cómplices del acto ocurrido recientemente en Arras? ¿Sabes ahora quiénes fueron la reina pérfida, el déspota sanguinario y el bello guerrero?

¿Entiendes el vínculo indisoluble que une sus almas, en el engranaje incoercible del destino? ¿Entiendes ahora por qué Ariel se enamoró de la pobre Eloísa, quien pasó por una terrible prueba para redimirse de uno de sus crímenes más abominables: el de la traición?

¿Comprendes la repulsión que Renê sentía por su ex verdugo, y que volvió a sentir en su última existencia terrena?

Un océano de recuerdos yace en el abismo de todas las almas. El surgimiento de sentimientos que dormitan en cráteres psíquicos se produce cuando se reencuentran seres amados u odiados.

El monarca bárbaro, derribado de un trono sangriento y, después de dolorosas expiaciones, humillado como un sirviente, no olvidó a la esposa a la que había idolatrado, pero que siempre había sentido una instintiva molestia hacia él.

Ella nunca lo amó. Se casó con él para satisfacer su vanidad indomable. Fue castigada por el remordimiento, con merecidas desventuras.

El destino, a lo largo de los siglos, transformó su posición social, pero no sus sentimientos. ¡Así los opulentos y los tiranos pasan del poder a las profundidades de la penuria y del pisoteo redentor!

Sin embargo, mantienen latentes en su espíritu las semillas, a veces milenarias, de soberanía y despotismo, y, si se les concediera nuevamente la realeza y la opulencia, perpetrarían otros crímenes y venganzas execrables...

No es necesario que revivas la angustiosa tragedia de tu última encarnación, de la que estás empezando a despertar: la tienes evidente, indeleble al retenerla... ¡Comprendes la pasión violenta de Hamed por la casta Eloísa y cómo ella borró, con dignidad, la mancha del pasado, inmolando su felicidad, su vida y la de su amado hijo, a la fidelidad que te consagró! Marcos, el hermoso soldado romano, el hombre engañado que perdió la vida y la felicidad por tu denuncia, era el dulce y frágil Renê, a quien amas, sacrificado dos veces por los mismos verdugos...

Él; sin embargo, espíritu redimido y radiante, eligió esta breve y dolorosa misión para unir, para siempre, las almas de quienes fueron sus progenitores, separados por resentimientos mutuos. El propio Ariel, reconociendo la sublimidad de los designios supremos, ya lo ha perdonado y lo ayudará a guiarse hacia el Eterno...

Pronto los verás radiantes de felicidad y belleza psíquica, por cumplir, aunque con un sacrificio sin precedentes, su corta misión terrenal.

CAPÍTULO III

– Recordemos también al infortunado Ariel... a quien ya habrás reconocido en el inspirado y malvado Ruiseñor Enmascarado, un miserable descendiente de bohemios, abandonado en la nieve en un camino desierto...

Él que había roto los corazones de madres amorosas, en diferentes avatares, robándoles los tesoros invaluables que el Señor les había confiado, aniquilando vidas preciosas para satisfacer anhelos y anhelos impuros, sin un beso de quien les dio su ser...

¿Por qué vino al mundo mutilado en los labios y sin brazos? Para nunca manchar estos labios con calumnias, blasfemias, perjurios, homicidios, suicidios... La mano que empuñaba armas ultrificantes; que habían firmado sentencias inicuas; que había destruido fortunas, fue cortada por los ejecutores de las sentencias dictadas por el Egregio Tribunal Divino, para que no reprodujera los mismos crímenes de las dañinas existencias pasadas en pantanos de crímenes nefastos...

El final de esta encarnación actual será muy conmovedor, ya que su espíritu, ya proclive al bien y a la virtud, será despojado de muchas manchas que lo denigran y le hará redimir casi definitivamente muchas iniquidades. Terminará sus días preso, en una noche sin amanecer... ¡como los ruiseñores de Montenegro! No contemplará las exquisiteces de la Naturaleza, que voluntariamente dejó de ver, cortando el hilo de su propia existencia.

Los ciegos son las galeras divinas, zapateros castigados por decretos supremos; los que ofendieron grandemente al Creador y atormentaron a la Humanidad; los que cayeron de las cumbres sociales y rodaron de tronos sangrientos…

No hay infierno en una determinada región, sino en las almas de los réprobos; o, mejor dicho, de transgresores de las sublimes Leyes del amor, del deber, de la fraternidad y de la moral. No es impune que las criaturas contraen deudas con el bondadoso soberano y Padre – Dios –, que las colma de beneficios y cuidados; lo que les da un organismo portentoso, un mundo en miniatura, en sensaciones, en percepciones, con facultades admirables y maravillosas; que les concede la inmortalidad, que les hace herederos de todas las maravillas del Universo y, por tanto, es rebelión superlativa rebelarse contra las expiaciones redentoras que les aplica para corregirse de crímenes reprobables, para librarse de defectos y vilezas indecibles…

Generalmente, la persona ambiciosa aspira a alcanzar la cima de los privilegios mundanos: ser monarca, dirigir al pueblo, poseer tesoros, dominar, destacar en las comunidades; sin embargo, es en este estado social donde más fácilmente olvida sus cargas humanas y celestiales, se deja traspasar por la cúspide del orgullo, de la jactancia, de la arbitrariedad, del esfuerzo, y cuanto mayor es la caída, mayor es la altura alcanzada.

Es precisamente en posiciones mediocres y humildes, en lucha con la suerte adversa, con la escasez de comodidad y tranquilidad, pisoteadas, infames paladines, abandonando muchas casas profanadas, de donde las esposas y doncellas más hermosas fueron arrebatadas y arrojadas a burdeles…

Has tenido varias existencias terrenales; has sufrido expiaciones dolorosas, esenciales para cincelar tu espíritu, y todas culminaron en tragedia.

No es tu deformación física lo que inspira desagrado a quienes te ven, sino tu alma, que, como polo magnético negativo, repele a otras criaturas a las que ya has disgustado y que intuyen al monstruo de antaño.

Cuando, en Siberia, terminaste dramáticamente aquella existencia tempestuosa en la que te conocieron con el nombre de Ariel y salvaste la vida, para luego arrojarte a un aluvión de tormentos indecibles, tu espíritu fue profundamente atormentado por más de una glosa. No fue capaz, en ese lapso de tiempo, de desprenderse del lugar siniestro donde puso fin a su vida material; experimentaste, inmerso en la oscuridad, la descomposición de tu propio cuerpo, al que estabas magnetizado por un vínculo fluidico, torturándote como si no fueras un cadáver, con el desmoronamiento de tus miembros aplastados por voraces animales acuáticos, sintiéndote siempre impregnado de frialdad polar... Mientras tu cuerpo no quedó reducido a la estructura ósea, no se le permitió emerger del Lena, y, por una fuerza invencible, permaneció encadenado a sus orillas, ciego, sintiendo el frío de las avalanchas, perforando tu espíritu, como puñales ebrios.

¡Tu sufrimiento y desesperación, a veces, eran atroces e indescriptibles!

Blasfemaste, criticaste y, como paralizado, el eco de las épocas prehistóricas respondió a tus gritos de rebelión... Risas, gemidos confusos, aullidos de jaurías hambrientas, convulsiones de vendavales frenéticos que te aterrorizaron y te incitaron a luchar con seres intangibles, o puñaladas vibrantes en el propio corazón destrozado, ¡como si fuera posible aniquilar lo inmortal! ¡Pero tus brazos se sentían carcomidos, inútiles, inarticulados!

Un día; sin embargo, recordando toda la ignominia, reconsideraste todas las iniquidades y te sentiste abrumado por un profundo remordimiento.

– ¡Todo lo que sufro, un infierno de tormentos morales, no es más que la repercusión de lo que he infligido a mis miserables vasallos de otro país! –Murmuraste aterrorizado –. ¡Es el rebote de las desventuras que sembré en la Tierra lo que ahora golpea mi alma! Es la vibración de las perversidades que hice sufrir a mis hermanos, la que ahora me atormenta.

Con la impetuosidad de un ciclón africano, repetiste en tu memoria, a golpes de fuego, todo el espantoso pasado, y, cuando las siluetas angelicales de René y Eloísa se proyectaron sobre ella, una extraña emoción sacudió todo tu ser, como si se estuviesen desencadenando dentro de ella un violento nombre de situación, y oleadas de plantas, fragmentos del alma, fluyeron desde su núcleo como una corriente ininterrumpida, durante muchas horas.

– ¡Renê, perdóname! – Gritaste, haciendo una genuflexión –. ¡Ten piedad del infortunado Ariel, que ha sufrido mucho! ¡Reconozco ahora la justicia divina que me martiriza profusamente, para que pueda comprender el sufrimiento de mis víctimas de una vez... tú que fuiste dos veces!

¡Tú; sin embargo, eres del cielo, Renê! ¡Sé compasivo y perdonador con tu verdugo: aniquilado, derrotado, aplastado por el garrote del destino! ¡Aquí ya no está el autócrata que hizo temblar miles de corazones heridos por su crueldad, sino un harapo humano, un fragmento de oscuridad, una nada inmortal que llora, sufre, solloza, azotada por la vida eterna!

¡Tengo terror de lo que he sido, del mal derramado en el mundo, que cubrí de cadáveres y lágrimas, recordando todos mis crímenes y vilezas! Parabram es justo y bueno: ¡un verdugo de mi calibre debe sufrir las torturas con las que atormentaba a sus súbditos y prisioneros indefensos, cuando se consideraba un soberano invencible! Tú; sin embargo, Renê, que eres del Empíreo, ven en mi ayuda, ¡quiero pedirte a ti y a tu amada madre misericordia y perdón!

¡Apiádate, ella y tú, del monstruo desconocido, perdido en los glaciares siberianos... en un antro de Gehena!

Un destello repentino y muy suave penetró en lo más profundo de su alma.

Desde que se suicidó, siempre se había visto ensombrecido por un eclipse espiritual, en una densa oscuridad; De sus sentidos solo quedaron los de la sensación refinada y el oído, que se convirtieron en la quintaesencia para percibir los más mínimos ruidos, el susurro de Lena, un crujir de alas, el aleteo de un insecto, el silencio mismo... Tenía; sin embargo, un deseo de escuchar una voz humana, sentir un apretón de manos, pero si intentaba alejarse de ese lugar, sería arrojado al suelo, inmovilizado, golpeado con látigos de hielo y devorado nuevamente por morenas hambrientas...

En ese momento en que vislumbró el resplandor rosado, sintió por primera vez una suave serenidad invadir su espíritu, le pareció que un amanecer nácar se había proyectado en aquel rincón sombrío, como si un fragmento hubiera sido cortado del firmamento y que la cinta del crepúsculo tropical, que se extendía desde el cielo hasta la Tierra, le parecía un camino maravilloso por el que descendería una hermosa estrella de color elodendro...

Se postró impulsado por una fuerza imperiosa. Pudo abrir sus párpados, que parecían eternamente vendados por bandas de oscuridad, y entonces distinguió frente a él dos entidades de belleza peregrina, con túnicas de plata etérea, con aurora y pureza de lirios radiantes.

Sus bellos rostros revelaban tanta nobleza sublime, tanta majestuosa austeridad, que él, aturdido, se llevó las manos a los ojos, sintiéndose indigno de mirarlos, temiendo mancharlos con la vista borrosa por prejuicios execrados...

– Ariel – dijo uno de ellos, con aspecto de joven muy amable, abrazando a su brillante compañero –, ¡me llamaste...aquí me tienes! Pero no me temas. Soy un humilde servidor del Soberano del Universo.

Conozco tu pasado y todos tus crímenes. Ya te he perdonado por lo que me hiciste sufrir... Con esto acortaste mi partida a las bienaventuradas regiones del Más Allá, mi progreso espiritual se aceleró.

Bendigo, pues, el amargo dolor que me causaste. Yo mismo elegí la breve y dolorosa existencia en la que me conocías débil y enfermo... Al acercarme a ti; sin embargo, mi alma sufría intensamente, sintiendo a su cruel verdugo de antes. ¡Tú me inspiraste aversión y repugnancia...! Pero, cuanto mayor sacrificio se hace en el cumplimiento de un deber, o de una misión terrena, mayor es el mérito adquirido. ¡Triunfé en esta dolorosa prueba, aunque sacrifiqué la vida planetaria misma!

Ya no te odio Hamed. Ahora te veo arrepintiéndote de tus crímenes atroces.

Yo y aquel a quien tanto has suplicado moralmente nos hemos visto extenderte una mano fraterna, ayudándote a elevar tu alma al Ser Supremo, a quien tantas veces has ofendido con tus iniquidades...

–¿Qué escucho, oh Parabram? – Exclamó jadeando, levantándose y retirándose con las manos tapándose la frente –. ¿Es realmente cierto lo que escucho? ¿Está presente señora?

¿Finalmente volviste tu mirada angelical hacia la repugnante víbora que tantas veces atravesó tu corazón, en lugar de aplastarlo con tus pies? ¿Ya no me excreta, señora?

– No, desgraciado Ariel – le dijo Eloísa conmovida –. Puedes mirarme sin miedo. Hoy comprendo la trama del destino, que tejió todas las amarguras que me crucificaron... ¡pero fueron transmutadas en gozo eterno!

Dios permitió que, después de tanta amargura pasada, mi querido Giácomo velara por mí en mi lecho de agonía. Morí serenamente, rehabilitada, feliz, rodeada de aquellos a quienes apoyaba y que me parecían flores cubiertas de rocío adornando mi lecho de muerte...

Todos los tormentos del pasado se desvanecieron, como nieblas de un amanecer tropical.

Me esperaban, en el plano espiritual, seres idolatrados, compañeros en los dolores, en las batallas de remisión de diferentes avatares...

Sabes desde hace mucho tiempo que la criatura no desciende a la arena planetaria solo una vez, sino un número incontable de veces, tantas como sean necesarias para la mejora psíquica.

Sería injusta la creación del Averno: una cueva de perversidad para torturar inútil e incesantemente a los réprobos; es decir, a los transgresores de las Leyes divinas y sociales, a los torturados por llamas ardientes que se vuelven incombustibles, ¡sin alcanzar jamás la remisión!

Quienes así piensan están engañados.

Aquí pecamos, aquí redimimos nuestros crímenes.

Aquellos a quienes hacemos infelices están siempre vinculados a nuestra existencia, de modo que, al hacerlos felices, podemos aliviar sus torturas morales y físicas; otras veces, para arrancarlos del socavón del crimen y de las pasiones nefastas, que alguna vez despertamos en ellos.

Por eso, con el alma iluminada por las sublimes verdades siderales, venimos a extenderte nuestras manos fraternales. Nuestros verdugos del pasado a veces se convierten en nuestros protegidos, nuestros amigos en el futuro.

Recuerda, Ariel, tu pasado milenario: mira cómo tus manos aun están enguantadas de sombras negras... o tintes de sangre humana: un rastro claro de las iniquidades que cometiste en el apogeo de la falsa gloria real, en la cima de un trono profanado... Eras, como sabes, un soberano cruel. Pudiste satisfacer todas tus fantasías. ¡Tus órdenes se cumplieron con la velocidad del rayo, de modo que las cabezas cayeron al suelo ensangrentado!

Arrojaste doncellas y esposas fieles a los lupanares; traicionaste, asesinaste, desventuraste a innumerables criaturas… Fuiste un verdugo despiadado, en diferentes encarnaciones. ¡Por eso, Hamed, tu presencia inspiraba repulsión en tus víctimas del pasado!

Viviste solo, sin cariño, temido, execrado, hasta tu última existencia.

¿Por qué?

¡Las almas, como las falanges doradas y rosadas, sienten la podredumbre de los espíritus reencarnados, de los cuales huyen aterrorizadas y solo buscan el néctar y el aroma de las plantas en flor!

Un día; sin embargo, el Juez Supremo mira a los verdugos de la Humanidad y murmura: "¡Basta!" y no les permite continuar más por el camino oscuro. Son, a partir de entonces, escoltados por los gendarmes celestiales. Por qué, de ahora en adelante, serás inútil para el crimen. Patrullas divinas te siguen.

Estás bajo la Ley suprema. No seguirás por la ruta fatal, ya has sido humillado y serás aun más humillado.

La humildad es la lejía de los seres orgullosos y arrogantes.

Has caído solo en los temblores del mundo, al que te encuentras encadenado por los grilletes de la Justicia de la Altísima Majestad.

Dejaste las alturas sociales para arrastrarte por los pozos y las miserables chozas.

Nunca inspiraste un afecto sincero; tu apariencia… no, ¡la putrefacción de tu alma provocó una aversión invencible!

En esta última existencia, podrías haber progresado con las facultades psíquicas que ya posees, si hubieras puesto en práctica los sufrimientos de la última encarnación que acababan de purgar mi alma, inmunizándola de los miasmas del mal. La han purificado, la han redimido y, de ahora en adelante, solo regresaré a la Tierra en una misión de caridad.

Por esto tus rugidos de angustia resonaron con estrépito dentro de mí y quise ser útil a quienes también me han dado profundos dolores, especialmente a quienes, cuando la vanidad me invadió, me ofrecieron un trono y muchos tesoros que, en lugares siderales, no han fallecido ¡de barro dorado! Es necesario que nos perdonemos recíprocamente, Ariel.

Así, los adversarios de diversas existencias, los cómplices de muchas bajezas, se reúnen cristianamente para que, con la mirada fija en el Más Allá, de donde brotan las manos de luz del cultivador de todos los portentos de la Creación, sigan impertérritos la ruda, pero bendita hoja de ruta de la redención.

Venimos a decirte que, pronto, iniciarás una nueva peregrinación terrena. ¡Pero qué doloroso será, desgraciado Hamed!

¡Serás privado de caricias maternas… como se las perdió el querido Renê! Serás marcado por la Justicia suprema e incapaz de transgredir los decretos divinos, con una apariencia inolvidable… ¡Me estremezco de conmiseración, por tus futuros sufrimientos!

Pero no te rindas. ¡Nunca te faltará la ayuda de los dedicados invisibles, que te apoyarán al borde del abismo del desánimo y el escepticismo…!

Por un momento, Eloísa guardó silencio y Ariel permaneció en silencio.

De repente; sin embargo, extendiendo sus brazos hacia quien le había hablado.

Después del resplandor, ella murmuró:

– Si me hablaras para siempre, te escucharía para siempre. ¡Tus palabras, incluso las de reproche, valen un legado del cielo!

– ¡Olvida esta pasión dañina, que te ha llevado a crímenes y vilezas reprobables! – Exclamó enérgicamente Eloísa.

– ¿Olvidarte? ¡Nunca, señora! Solo tú me llevarás al Paraíso. Has sido, durante siglos, mi tormento, mi martirio, pero harás que mi espíritu se redima de todos sus crímenes. Desde que te me apareciste… ¡Olvidé todos los tormentos, pensando que estaba encadenado durante milenios, en este calabozo de oscuridad!

– Solo hay una glosa de la que estás prisionero aquí…

– ¡Solo un brillo! ¡Te engañas a ti mismo! ¡Imposible! ¡Mis ojos ya se han adelgazado por tantas lágrimas derramadas durante siglos y siglos, en esta región de torturas inimaginadas por Alighieri! Es cierto que este río caudaloso, cuyo incesante murmullo escucho dentro de mi propia alma, se formó a partir de las lágrimas que han corrido por él desde una eternidad.

– Te rebelaste contra el destino, contra la sentencia dictada por el Juez Supremo. ¡El suicidio es la mayor ofensa de la criatura al Creador! Y la rebelión de las galeras que, antes de cumplir su condena, que les libraría de mucho dolor, agravaría sus faltas, tienen derecho a nuevos y duros castigos… Quién sabe si este río que retumba en tu alma y piensas es formado a partir de tus propias lágrimas, ¿no fueron las de tus víctimas, Ariel? ¿Quién sabe si ese ruido incesante que truena en tu interior no proviene de los sollozos y gemidos de tu antiguos súbditos, torturados por tus siervos ciegos, y que están impregnados en tu espíritu, cuando es insensible al sufrimiento de los demás?

– ¡Allá! ¡Qué doloroso se ha vuelto para mí el recuerdo del pasado! ¡Qué cruel e infame he sido, señora! Estoy horrorizado conmigo mismo. ¡Si los fantasmas pudieran ser apuñalados… aniquilando su angustiosa inmortalidad, yo ya me habría dado otro golpe en el pecho, librando así al mismo desierto del monstruo que he sido! ¿Por qué no fui siempre un paria, un perro hambriento, incapaz de satisfacer mis instintos salvajes?

– ¡Hoy lo crees así, de manera muy distinta a cómo pensabas antes, cuando anhelabas las riquezas y las glorias desastrosas de monarcas crueles! Pero, como no es posible revertir el curso de un caudaloso río, ¡no te preocupes más por el tiempo limitado que ha pasado, sino por la eternidad que te espera!

– ¿Cómo tendré la serenidad para afrontar el futuro – abandonado, desterrado, plagado de remordimientos, en esta región de tortura sin fin, y sabiendo que, en apenas unos instantes, volarás hacia las mansiones luminosas y tal vez –, tan indignas que soy? ¡soy! ¿El Creador ya no te permite acercarte a mí?

¡Allá! Señora, antes que se vaya, tal vez para siempre, permítame expresarle mis pensamientos… ¡De todos los martirios que sufrí, el que ahora más me atormenta es no poder contemplarte, grabar tus rasgos angelicales en mi alma, por los siglos de los siglos, como conservo los de la Tierra, que ya parecían el cielo! ¡En el relicario de mi adoración!

¡Antes que partas, tal vez durante toda la consumación de los siglos, permíteme revelarte todos los tormentos de los que eres causa involuntaria!

– ¡Infeliz, cállate! ¡Debes consagrar este culto solo al autor del Universo y no a una de sus criaturas!

Este deseo nunca mitigado de afecto en el que has estado viviendo es quizás tu redención. No cedas más a esta pasión desastrosa y suplica al increado su clemencia y los medios para redimir tus crímenes, para que puedas emprender benditas mortificaciones terrenas…

– No puedo poner en práctica lo que me aconsejas, por mucho que lo intente… Este cariño que te rindo es mayor que el infinito del que está formado el Universo: el día que lo extirpes de mi alma, supongo. perderé mi inmortalidad, mi ser será aniquilado; ya no tendré vida eterna, seré metamorfoseado en un mineral inerte. ¡Esta pasión es la que hace vibrar mi espíritu, es mi tormento y gozo incesantes!

No me atrevo a pedir el perdón que me recuerdas, porque lo siento. Hay un vacío dentro de mí tan vasto como el Pacífico… ¿Qué digo?

Como el propio espacio inconmensurable, estableciendo un abismo entre mis pensamientos y los de Parabram, cuando intento dirigirlos hacia ellos y se pierden en el éter, absorbidos en un sumidero que nos aleja perpetuamente. ¡Por eso mis gritos y sollozos se pierden en el vacío y nadie los escucha!

– Te equivocas, Hamed... Los escuchó. Renê y yo, al oírlos, nos apresuramos a ir a ayudarte. Ve cuán compasivo y bueno es el Padre celestial. Lo que se siente es el vacío que produce el mal cometido; es la ausencia del bien que ya podrías haber realizado, si hubieras querido. La práctica de acciones nobles es lo que nos acerca a Creador, el viaducto dorado, el cable luminoso que conecta al ser humano con el Omnipotente...!

La práctica del mal es lo que nos separa de Él, creando un caos insuperable a nuestros propios pensamientos... ¡Humíllate, arrepiéntete y te sentirás en comunión con el eterno, en la que se esparcirá el refrigerio de la divina conmiseración!

– Ruega por mí, señora, para que pueda adorarlo más que a quien me habla en este momento. ¡Eres un ángel benéfico al servicio de Parabram! Si entendieras cuánto he sufrido por tu culpa, ya habrías sentido pena por mí... Sé que también te he causado amarga pena. Tu dolor fue intenso, enorme, lo reconozco, cuando viste manchado el armiño de tu virtud, cuando arranqué de tus brazos a tu amado hijito; pero, señora, el dolor inconsolable es el que todos ignoran, es el que se origina en el remordimiento, tras la práctica de un acto vil, de venganza o de odio; es la de haber contaminado el alma; es, en definitiva, la tortura del mal mismo, comparable a un carcinoma que irrumpe en el corazón, erosionando todas las alegrías o placeres que se podrían haber disfrutado, ganándose un cariño leal, organizando un hogar humilde pero feliz...

Los sufrimientos que se soportan, enviados desde lo Alto son amargas, pero en una conciencia incontaminada y serena siempre hay consuelo para todos los martirios, hay un claro de luna balsámico de las almas inmaculadas, que suaviza todos los tormentos de la vida... Sin embargo, cuando el sufrimiento surge en las conciencias contaminadas, manchadas por las concepciones torpes, los recuerdos dolorosos no les dan tregua, parecen herirlos como cardos envenenados por los indignantes Borgia; hay momentos en los que parecería que fueron arrasados por un fuego infernal, que los quemó durante muchos siglos...

¡Este sufrimiento estuvo estancado, entumecido en mi última encarnación, hasta el momento en que te conocí! Desde entonces, fascinado por tu incomparable belleza, atraído por el imán de tu alma luminosa, que ya me pertenecía como servidor y soberano, comencé la tortura indescriptible de reconocer tu superioridad social y moral, sin esperanza de ser correspondido siquiera por un segundo y devorado por una pasión vibrante e insaciable. Picado por los celos de su marido, hasta entonces considerado su mejor y único amigo. Sufrí mucho, en silencio, reprimiendo mis propios sentimientos, despreciado, humillado, miserable; pero, en cuanto destruí tu casa, cuando creé una vil calumnia, comenzó el tormento sin precedentes: Creí que mi propia alma estaba uncida a la picota incandescente, azotada por verdugos invisibles, pero... inquisitoriales...

Me pareció que vivía, desde entonces, con la mente ennegrecida, carbonizada por los pensamientos de fuego que estallaban en ella, y, cuando me arrojé sobre el Lena, un eclipse total y permanente la oscureció por completo: ¡la Naturaleza y la amplitud sideral dejó de existir para mí!

Estoy vivo desde hace mucho tiempo, solo subjetivamente... ¡Soy una nada que sufre y piensa, un átomo humano martirizado por un dolor infinito!

Bien sabes que apuñalé mi propio corazón, que desde tiempos inmemoriales venía apuñalando por los sufrimientos más amargos, por los celos y los remordimientos; por eso me justifiqué poniendo fin a mis iniquidades...

Mi suicidio – ¿quién sabe? –. ¡Debe ser una solución más a mis crímenes, pues ya he herido innumerables corazones, especialmente el tuyo y el de Renê, en diferentes avatares!

Solo entonces podría apreciar el dolor de otras personas. Tuve la sensación, al caer ensangrentado del porche – que recuerdo con terror –, de ser sacudido por las manos de un titán y arrojado a una vorágine de oscuridad, de aguas pútridas y heladas, cuya profundidad también era ilimitada, y descendiendo, descendiendo vertiginosamente, sintiendo mi corazón fuera del pecho desgarrado, torturado, desgarrado por las fauces de monstruos hambrientos, de hace muchos siglos...

Noté la descomposición de los tejidos, vinculé amargamente el espíritu a una estructura sensible, cuyos huesos poco a poco se resquebrajaban en las fauces de los peces voraces, luchando por las migajas más pequeñas... Sentí las aguas del Lena, a veces en llamas que abrasaban mi alma, a veces transformadas en avalanchas de hielo que aplastaban A mí, carbonizaron mis últimos huesos, me asfixiaron, me paralizaron, convirtiéndome en un fósil inmortal, con una sensibilidad por excelencia... Escuché, en el susurro de las aguas cuando se movían, maldiciones, sollozos, gemidos de criaturas torturadas, resonando en mi intimidad en estruendosos ruidos metálicos...

Entonces comprendí el murmullo de los torrentes, el rodar de los guijarros en sus vibraciones más sutiles...

Sin embargo, lo que más me ha torturado, superando todos los tormentos pasados, es estar segregado de toda vida humana, atrapado en estos lugares de oscuridad, barro, llamas, hielo... ¿¿Cuántos milenios he vivido así, señora?? Un rayo, ¿dijiste? ¡Imposible! Pienso que el mundo de antaño ya se derrumbó, ya desapareció en el vórtice de lo inconmensurable; ¡Que solo existe caos y soy el único superviviente encerrado en las mazmorras del Universo, olvidadizo de Dios y de toda la humanidad sideral, azotado por remordimientos y maldiciones!

¿Entiendes, por fin, cuánto me han torturado... ¿Y dices que hay clemencia en las sentencias del Ser Supremo? ¡Espejismo! Ya no puedo engañarme.

– ¡No blasfemes, desgraciado Ariel! ¡Considera que las torturas que te han aplicado representan un correctivo saludable a tus crueldades! Recibes, de rebote, las desventuras que sembraste en la Tierra. Redimes dolorosamente tremendas deudas... La redención es el logro de la felicidad a través del sufrimiento.

Tu sufrimiento no será perpetuo. Así se manifiesta la clemencia de Dios. Castiga para corregir; no duele por toda la eternidad, sino solo mientras el ofensor cumple la sentencia divina; una vez pasado esto, todos los sufrimientos se transforman en plácida dicha: el *bombix–mori* de la desgracia se metamorfosea en el deslumbrante deleite de la felicidad. ¡Y el Padre abre sus brazos compasivos para recibir, exultante, *ab ctemum*, al hijo pródigo contrito, que somos todos! Una vez agotadas tus pruebas de remisión, te esperan perennes consuelos, ¡pero es necesario que bebas, hasta la última gota, el cáliz de las agonías extremas y redentoras!

Entonces olvidarás los vapores del Universo para descubrir sus paraísos; la luz en todos los cambios; las armonías en toda su plenitud; y tus tormentos serán recordados con el agradecimiento del enfermo que, tras el suplicio de una intervención quirúrgica, recupera plenamente la salud deseada...

– Si usted viniera siempre aquí, señora, sería feliz... ¡aunque mis torturas fueran peores! No deseo otra oportunidad que escucharte...

– ¡He venido aquí innumerables veces, pero no sentiste mi acercamiento porque tu alma ha quedado sumergida en absoluta oscuridad! Recé por ti y me fui, sintiendo pena por tus sufrimientos...

– ¡Allá! ¡Señora, qué piadosa y buena eres! Siempre he reconocido tu superioridad moral y fue esto lo que me fascinó, al medir la distancia que nos separará durante muchos siglos por venir.

¡Yo, el carbón negro, alma caliginosa, siempre he amado el diamante luminoso de tu virtud! Y; sin embargo, adorándote, ¡cuánto te he hecho sufrir! ¡Pero cómo me pagas con el alivio de la compasión las angustias que te infligí! Bienaventurada seas, pues, y dime: ¿cómo puedo proceder para aliviar mi martirio?

– Humillarte, arrepentirte de tus crímenes atroces, resignarte a la expiación que te impone la Corte divina. Finalmente, prepárate para iniciar un peregrinaje planetario lleno de penurias y dolores, pero fértil en triunfos psíquicos, si lo realizas de acuerdo con la voluntad suprema.

– ¡Gracias por el bálsamo con que refrescas mi alma ulcerada, vulcanizada y ardiente de indescriptible sufrimiento! Tus palabras, incluso cuando acusan, son rocíos divinos que suavizan mi ardor...

– Escucha, Ariel, lo que te voy a revelar: pronto comenzarás otra peregrinación dolorosa y llena de amarguras, pero cuando la completes bendecirás todos los contratiempos...

– ¡Sácame de esta región sepulcral, donde el frío arde como llamas y soportaré todo el martirio sin quejarme! ¡Quiero, como antes, vislumbrar un rayo de Sol o de Luna, un trozo de cielo azul, un pájaro, una flor!

– ¡Infeliz! lo que suplicas no te será concedido: ¡tú dictaste la sentencia atroz contra ti mismo, como la infligiste a tus miserables vasallos, que fueron hacinados en mazmorras oscuras, húmedas, asfixiantes!

¿No recuerdas sus gemidos en un calabozo infectado, entumecidos por el frío y clamando en vano compasión?

¿No fuiste tú quien, con tu propia mano, apagaste la luz de la vida física, arrojándote al fondo de un torbellino?

– Sí, pero ¿qué iba a hacer yo con mi desventura sin precedentes, cuando la vida parecía intolerable? ¡Era imposible soportar el tormento moral en el que estaba sumergido…! Escúchame ahora, te lo ruego. Quiero desbordar el cáliz de la tortura… No te vayas sin dejar escurrir la bilis que amargó toda mi última encarnación, confesándote todo lo que sufrí por ti… Miento, señora, grabada en mi alma, con cincel ardiente, tu imagen incomparable, de muchos siglos. Ha sido revivido desde que te encontré en la morada principesca, por el faro de recuerdos imborrables…

¡Te reconocí inmediatamente y, a partir de entonces, comenzó el calvario indescriptible!

Para ganarme tu cariño, he cometido locuras incalculables…

Cuando yo era gobernante de Persépolis, hice matar a tu prometido.

– Sí, este mismo Renê, que está aquí a mi lado y al que heriste por segunda vez, mortalmente, en Arras…

–¿Qué dice usted, señora? ¿Es cierto que Marcos Donati y Renê Dusmenil son la misma criatura? ¿Y respondiste a mi llamado, Marcos? ¿No te disgusta mi presencia? ¿No? ¡Qué magnánimo eres! Déjame caer a tus pies…

¡Perdón! ¡Lo siento Marcos! ¡Nunca te maté, porque solo maté la felicidad misma, la paz de mi conciencia! ¡Cuánto más afortunado eres de ser víctima y no victimario!

– Cálmate, Hamed – le dijo Renê, conmovido y compadecido –, los dolores del pasado se han ido, como fue el bendito Jordán que purificó las manchas de mi alma. Ya te he perdonado por lo que me hiciste sufrir. No a mí, sino a la Majestad

Suprema, debes pedir perdón... Prometo ayudarte para que asciendas al Cielo...

Hamed, sollozando, tanteó entre las sombras, intentando acercarse a Renê y sintiendo un océano de dolorosos recuerdos surgiendo en su interior.

Renê, compasivo, le tendió su radiante mano derecha. Tanto resplandor desprendía su frente estelar que Ariel pudo ver sus nobles rasgos, aureolados por una luz divina...

–¡Oh! ¡Qué hermoso, qué generoso Renê Dusmenil! ¡Quiero que me vuelvas a decir que me perdonaste por haberte inmolado con anhelo, privándote de las caricias de tu santa madre! ¡Oh! ¡El recuerdo de aquel crimen atroz es como una víbora de fuego que pica sin cesar mi alma!

– ¡No escarbes más en el pasado con el lápiz de los recuerdos, Ariel!

– ¿Cómo voy a olvidarlo, Marcos, si para mí no existe más que el mundo subjetivo? ¿Si el presente y el futuro están rodeados de una espesa oscuridad? ¿Qué soy yo en el Universo, Marcos, sino el más miserable de todos los seres, un abismo de culpa, un océano de remordimientos, una cantidad infinita de dolor sin esperanza de alivio?

Me rodea esta oscuridad que ya se ha infiltrado en mi espíritu hasta lo más profundo... Quiero escapar de este martirio y no puedo. Quiero correr rápido, liberarme de estos lugares execrados y me encuentro hundiéndome en el suelo; quiero rugir estruendosamente para que me escuchen y mi voz desaparece en mi garganta, como líquido en una botella rota; mis sentidos se adormecen, dejándome solo con la sensibilidad de todo lo que me toca y hace vibrar las fibras de mi alma, estremecerse y mi oído es muy agudo, para solo escuchar los gritos y sollozos de mis víctimas, como si estuvieran impregnados en los míos. Inexpresable también es mi tacto, que se vuelve cada día más sutil al sentir, ahora el hielo polar que me rodea, ahora las llamas ardientes que me devoran... ¿qué?

El alma, el amianto divino, dejándola siempre intacta y más viva, más refinada para el sufrimiento...

– ¡Pero todo lo que estás sufriendo existe solo dentro de ti, Ariel! Es la secuencia, la repercusión del pasado culpable.

– ¿Entonces no tiene mérito mi sufrimiento, Marcos? ¿No existen factores atenuantes para mis delitos?

– No, hasta que no te humilles, reconozcas la integridad de la Ley suprema, eleves tu pensamiento a regiones siderales, en busca del Juez universal...

– Pero, ¿cómo puedo controlar los impulsos rebeldes de mi espíritu, reserva inagotable de sentimientos indómitos y violentos, que brotan de mí sin que la voluntad pueda paralizarlos?

– ¡Pide desde lo Alto la fuerza psíquica para domesticarlos y lo lograrás, Ariel!

– Escúchame, Renê, para que comprendas mi martirio milenario... ¡La locura se ha apoderado de mí desde que encontré a esa criatura que está ahí a tu lado! ¡Cómo dormitaba en mi mente el recuerdo imborrable de sus rasgos angelicales! ¡Cómo recordaba su voz, sus gestos, su orgullo! ¡Cómo deseaba, de nuevo, un trono para poner a sus pies súbditos y reinos, como antes! Pero, ¡ay!, ¡ella era otra, intangible por virtud! ¡La vi feliz, al lado de su amado, mi benefactor! Muchas veces los seguí, loco de celos, arrastrándome como una serpiente malherida por los callejones del parque, cuando los veía entrelazados, dichosos, disfrutando de las delicias de la tarde o de los encantos de la Luna... Quería acercarme, con los brazos ya en alto, para apuñalarlos de un solo golpe, pero una fuerza sobrehumana me detuvo y me obligó a retroceder, doblando el pecho, ¡como los huracanes doblan las palmeras del Sahara!

¡Oh! ¡Cómo se desgarró mi corazón al ver la clara y profunda felicidad de aquel bendito hogar tuyo!

¡Cuánto deseaba ser amado en la Tierra, por una esposa y una personita hermosa, llena de franqueza, para besar sus frentes inmaculadas!

Esta embriagadora aventura de tener mi propia casa, un pedacito de cielo en un mundo vil, me estaba prohibida en este mundo, del que solo conozco las amarguras y lo desagradable… Me sentía execrado y repelido dondequiera que iba…

– Era la Justicia divina que se ejercía con austeridad, para castigar a quienes profanaban los hogares honestos, repudiaban a esposas e hijos espurios, no creían en el amor sino como goce carnal – ¡dijo tristemente Eloísa!

– ¡Sin embargo, lo habría soportado todo con heroísmo si no la hubiera reconocido, señora!

Tu presencia, la armonía y alegría de tu menage, me fascinaron y tú, señora, haciendo que mi sufrimiento se intensificara, me mostraste asco, me evitaste como si fuera un cocodrilo…

– Fueron las reminiscencias de lo que ya me habías hecho sufrir y la premonición de lo que aun me tenías reservado, el pasado y el futuro, lo que levantó entre nosotros un impenetrable muro de odio.

– Podrías haber evitado esa gran desgracia. ¡Y mi perdición, si me hubieras escuchado en aquella tarde inolvidable en que amenacé con quitarte la vida, en un momento de suprema locura y desesperación! ¡Fuiste despiadada! ¿Por qué rechazaste lo que te rogué con humildad? Solo un beso y habrías hecho mi felicidad sin sacrificar la tuya. Me habría suicidado inmediatamente, dejándote libre… ¡Al rechazarme ofensivamente, causaste mi ruina y la tuya! Viví insatisfecho, despreciado, infeliz… ¡Un beso, para mí, era la felicidad suprema! Si hubieras mostrado compasión, habría muerto bendiciéndote, mientras que tu desprecio me convirtió en un sinvergüenza…

– No me arrepiento de haber hecho esto. ¡Ariel! – Dijo Eloísa con austeridad –. ¡En el Código de Honor y Virtud no hay artículos ni párrafos que deban transgredirse! Son preceptos de bronce, no hay camartel que pueda destruirlos. Una mujer honesta no hace concesiones a quienes invierten en ella, sin cometer un grave error. Cuando amas y aprecias al compañero a quien has jurado fidelidad absoluta ante un altar, en nombre de Dios, no debes oscilar entre la infelicidad y el sacrificio.

Entre la deshonra y el martirio, preferí el martirio.

Encontré consuelo en medio de mis agonías, en mi conciencia impoluta, blanca como las camelias. Pasé la prueba de la lealtad, como afirmaban mis protectores siderales, y de rodillas agradecí al Padre magnánimo por darme la oportunidad de rehabilitarme de las perfidias del pasado, superando la dura expiación que me impuso la divina autoridad…

– ¡Cómo siento que todavía me desprecias, señora! – gritó Ariel exasperado.

– ¡No, pobre Hamed! Cálmate. ¡Esto es solo el recuerdo del sufrimiento pasado, que brota como un Etna, del alma, prendiendo fuego y haciéndola temblar en sus más íntimos adornos! Eres desafortunado, lo sé, y tu sufrimiento me causa dolor. Perdóname por lo que te hice sufrir. Olvidemos el oscuro pasado. Para mí ya no eres un adversario, sino una aflicción psíquica, digna de mi compasión, y a quien deseo ver curado y liberado de pasiones nocivas, para ser liberado en las mansiones de la paz. ¿Por qué recordarme lo que ya se ha logrado? Hablemos del futuro que te espera…

Escucha, Ariel: tu próxima encarnación será larga y dolorosa. El vacío, el desánimo, la desesperación que guardas dentro de ti, solo se disipará cuando te sometas a una ardua prueba y en el logro de refinadas virtudes.

Olvida el horrible pasado. Es necesario que os humilles, que seas compasivos con los desventurados, que adores a Dios más que a sus criaturas... Si llevas hasta el final la severa, pero fructífera sentencia que te ha impuesto el Tribunal divino, adquirirás méritos que te harán justicia a muchas fortunas, soñadas en vano hasta ahora. Te acompañaremos a partir de ahora, estés donde estés. Notarás nuestra influencia beneficiosa en innumerables ocasiones. Tus dedicados mentores espirituales han luchado durante mucho tiempo para liberarte del flagelo de la ignominia. Seremos, Renê y yo, ayudantes revelados de estos compasivos protectores.

Cuando con lágrimas, con contrición, con la práctica del bien y del deber, redimas todos tus crímenes, te concederé el beso que me rogaste con el alma llena de pasión y de sentimientos atormentadores, porque luego se lo haré al convertido de la virtud, al hermano redimido, purificado por el martirio y capaz de adentrarse en mundos radiantes que no conoces...

– ¿Qué escucho señora? ¿No me he vuelto loco por un exceso de dolencias sin precedentes? ¿Tú, inmaculada, noble, bella reina del cielo, prometes a los pobres, al desdichado harapo humano, a los malditos, a los aprisionados en las tinieblas eternas, un beso de luz? ¡Ciertamente me deleito!

– Jesús, el gran Nazareno, cambió el beso repugnante de la perfidia de Iscariote, cuando se redimió, por un beso sublime de amor y de perdón.

Quiero imitar al excelente Redentor. Sabré cumplir mi promesa.

Quiero comprar tu redención con ese beso que tanto anhelas desde hace muchos siglos... ¡Y Dios me permitirá lograrlo!

¡Seguirás envuelto en sombras durante algún tiempo, hasta que recuperes una envoltura carnal!

– ¡Horror! ¡horror! ¿Cómo te veré entonces?

– Con visión psíquica. Me sentirás y escucharás mi voz en los momentos más angustiosos.

– ¡Ahora me resigno al destino, por amargo que sea! Nunca volveré a quedar ciego. ¡Tú eres para mí el Sol, la luz, el amanecer! Solo seré ciego, incluso si Parabram concede a mis ojos la luz de las estrellas, ¡si me abandonas, señora!

– ¡Locura! No digas blasfemias. El Sol que luce el alma es el Astro–Rey del Universo: ¡Dios! Él lo ama, únicamente, con ese sentimiento profundo y vibrante. Humíllate, Ariel. Póstrate. ¡Quiero enseñarte a orar, a agradecer al Creador, a llegar al espíritu intimo el voto vehemente de no transgredir nunca las exaltadas Leyes, y de venerar y amar, sobre todos y a todos, al Ser Supremo, alejándonos de las pasiones mundanas! ¡Adiós!

No te olvidaremos en nuestras oraciones...

CAPÍTULO V

.

Por un momento, un silencio polar reinó dentro de Dusmenil. Se diría que los ruidos de la Creación, perceptibles para el oído por excelencia de los desmaterializados, cesaron repentinamente.

La meliflua voz del ente que conversaba con él calló y repitió, en un susurro, todo el diálogo entre Eloísa, Renê y Ariel.

Un bienestar inefable lo levantó suavemente.

Entonces, un repentino destello le hizo abrir sus párpados inmateriales, que hasta entonces parecían unidos, pegados entre sí por un poder invencible y desconocido.

Un resplandor muy tenue, con matices rosados–esmeralda, cayó sobre él, abriendo un viaducto inclinado en el firmamento hasta el lugar donde estaba tendido.

El silencio se rompió, abruptamente, y notó vibraciones de flautas, violines, arpas y cornetas argentinas, que descendían en sonoras Niágaras, desde el espacio a la Tierra, combinadas con voces que debían ser emitidas por currucas mágicas, cuyas gargantas tenían textura de terciopelo o felpa divina.

Entonaron una canción en honor del Soberano universal. Nunca había escuchado un recital tan maravilloso.

Se puso de pie ágil, erguido, contemplando la extensión sideral, ebrio de las extrañas y mágicas modulaciones de los instrumentos OB y de los etéreos artistas. Se sentía tranquilo, ligero.

El mundo subjetivo había cesado.

Al despertar a la vida psíquica, percibió que todas las facultades del alma eran refinadas, quintaesenciales.

– ¿Dónde estoy? – Preguntó escudriñando todos los detalles del lugar donde se encontraba –. ¿Qué región será ésta? ¿En qué continente estoy? Yo que he pasado por casi todos, este no lo conozco. ¿Dónde encontraré a Eloísa y Renê?

Estaba en la cima de una gigantesca cadena montañosa cubierta de nubes rosadas como la nieve, parecida a los nidos de todos los colibríes terrestres, desmantelada para construir uno solo, de infinitas dimensiones, para albergar a todas las aves del empíreo.

Amanecía. Pensó que los artistas celestiales, con pinceles bañados en oro y rubíes licuados, dibujaban paisajes ideales en el borde del horizonte, paneles rafaélicos para un concurso de números.

Había, frente a él, un resplandor azul, como proyectado por un faro de zafiro, basado en alguna estrella brillante, y anunciando la aproximación de una galera luminosa. Fascinado, se arrodilló un momento, uniendo las vibraciones de su propio pensamiento a las de los rapsodias del infinito.

Un contacto repentino de una mano diáfana, sobre su hombro izquierdo, le hizo darse la vuelta y revelar, a su lado, un ente inmaterial de impresionante belleza y majestuosidad.

Iba vestido al estilo romano, de la época de los Césares, con un montón de nieve que irradiaba reflejos prismáticos.

– Giácomo Dusmenil – le dijo, sacudiendo matemáticamente su frente –, ¡aquí estás de nuevo desencarnado...! Te saludo, querido hermano, y te felicito, porque has adquirido valiosos méritos en tu camino terrenal. Has logrado el más hermoso y precioso de los ascensos: el de entidad sideral. Solo regresarás a la Tierra en misiones elevadas. Ya has recordado, en lo más profundo de tu alma, todo lo que hiciste y sufriste en los siglos pasados y no hace falta reiterarte lo que no ignoras. Mientras estabas entumecido, recorriste mentalmente toda la gama de tus avatares desde el principio.

Eres un espíritu formado en los principios del dolor, del deber y del honor. ¡La prueba real, tomada por Dios, matemático incomparable, comprobando el mérito y el demérito de cada ser, al cumplir cada etapa planetaria, exige la redención de todas sus deudas!

Fuiste efectivamente castigado para poder redimir el crimen de traición, de egoísmo, de insensibilidad ante el sufrimiento ajeno, pero, gracias a la influencia de la Alta y noble Eloísa d'Argemont, saldaste hasta el último centavo de tus oscuras deudas... ¿Has comprendido lo que pasó últimamente en el castillo donde vivías y en varias ocasiones pensaste en el desafortunado niño que acogiste, repudiado por padres antinaturales, Nubio, que es la reencarnación de Ariel... Ya habías sospechado de él y supiste ser cristiano, tratándolo como a un hijo, cuidándolo, protegiéndolo...

Le perdonaste así el execrable crimen que cometió contra la casta Eloísa y que destruyó todas tus fortunas terrenas, que siempre fueron efímeras.

Aliados que fueron una vez, en existencias sucesivas, para alcanzar muchas iniquidades, heridos por rebotes en sus corazones, por los dolores que sembraron, por las fortunas que destrozaron, pudiste escalar una posición de prominencia, conociste la prosperidad y el bienestar material; sin embargo, tú, antes que él, entraste en el recto camino del deber; pero ¡ay de ustedes! – Tenías tu alma unida a la de él con lazos forjados por el oscuro pasado...

El miedo a ser traicionado, que te torturaba cuando eras soltero; el juicio pesimista que hiciste sobre la lealtad femenina se basó en la intuición de la sentencia que dictó contra ti el divino Tribunal Supremo, para rescatar los perjurios y falsedades que cometiste, causando deshonra a los hogares honestos, en otros tiempos. Hay seres evolucionados que intuyen el futuro, tal como el marinero de pelo gris en las batallas oceánicas predice la proximidad de las tormentas…

Todos los crímenes, perpetrados o imaginados, están en los arcanos del espíritu, indeleblemente pirografiado, y, muchas veces, la criatura tiene conocimiento previo de lo que le sucederá en un nuevo avatar, de la dolorosa sentencia que le fue impuesta para compensar sus errores, y, por tanto, intuye el futuro en tiempos de calma, o de exteriorización psíquica.

Por eso los seres ya espiritualmente elevados profetizan acontecimientos futuros, incluso desde niños, y son generalmente melancólicos, no entran al plano material despreocupados, sino entristecidos y anticipando la ejecución de la sentencia que vinieron a cumplir, para redimirse.

Los últimos choques de las existencias planetarias son siempre los más dolorosos, para calibrar la perfección del alma que ya está a punto de emprender su vuelo definitivo.

Fuiste injusto con tu esposa Eloísa, pero reparaste esa falta dolorosamente; sufriste valientemente sus consecuencias, sufriste quizás más que la prisión amurallada de una isla prisión, aislado, hambriento, recordando sin cesar todas las fortunas desaparecidas más allá, en un rincón de un continente encantado, presagiando un futuro de sombras, decepciones, inconcebibles de dolor. Influenciado por tus mentores y por Eloísa – un espíritu brillante bajado a la Tierra solo para rescatar el último centavo y con todos los deberes de una mujer cristiana ya claros en su mente –, terminaste tu camino terrenal haciendo el bien, secando lágrimas, superando el reprobable egoísmo en que viviste. Abriste tu corazón y tu bolsa a los desfavorecidos, aliándote, como decías, con el espíritu luminoso de Vicente de Paúl, uno de los divinos Nautas, embajador de la paz y de la bondad, enviado a la Tierra por la Majestad Suprema… Sin embargo, tus labores terrenas no han terminado: todavía, por tiempo indefinido, velarás por tu antiguo compañero del pasado, infundiendo en su corazón esperanza, generosidad, resignación; sosteniéndolo cuando debilite en amargas luchas, levantándolo de alguna caída, de algún desvío del deber, porque los rescates impuestos al calumniador y al suicida son siempre tremendos...

Al recordar los siglos pasados, te conmueves hasta las lágrimas, hermano mío; y más aun, cuando recuerdas al Nubio mutilado... Comprendo bien la emoción de tu alma ya despierta a los más sutiles y nobles actos afectivos. ¿Crees que el Padre clemente no sufre cuando tiene que dictar una sentencia severa contra un hijo amado?

El cirujano también simpatiza con el operado, pero ¿no se ve obligado a torturarlo para recuperar su salud?

Dios es el cirujano de las almas cancerosas, para limpiarlas y embellecerlas. En todos los seres está la huella de su ciencia y de su bondad.

Cada ser es un mundo en miniatura, microscópico en apariencia, pero ciclópeo en su grandioso futuro, donde se elaboran sentimientos, ideas abominables y sublimes; todo ser humano es heredero del mirífico monarca, por tanto, ¿para quién hizo los portentos del Cosmos? ¿Para el deleite de tu radiante visión? Para satisfacer la vanidad indomable?

No. ¡Para recompensar a los héroes, a los ganadores de premios planetarios!

Amados hijos de tan amable genitor, debemos cumplir sin titubeos sus incuestionables intenciones. Por cualquier desviación, cualquier infracción de sus Leyes integrales y armoniosas, es necesario que, por la agudeza del dolor, los degenerados, los que se desvían de la virtud, sean castigados, como hijos pródigos de tan justo y amoroso Padre...

Cuando en este oscuro planeta ya nadie se queje, no habrá más sufrimiento ni llanto... Pero, ¡ay! ¿Cuándo amanecerá esta era de resplandor y felicidad? A lo largo de milenios… La humanidad es débil y vacilante, propensa al mal, a la fatuidad, a la incursión de los defectos morales, y no será sin tremenda lucha que será inmunizada del contagio de las iniquidades…

Ahora estás en un período de descanso.

Dejemos por unos días este calabozo de oscuridad temporal.

Aquí; sin embargo, vendremos innumerables veces, cumpliendo misiones sacrosantas.

No dejaremos de trabajar, ni aquí ni en ningún otro lugar.

El trabajo es el factor del despertar psíquico. La inercia, como un pantano, es estéril y malsana: es el estancamiento del progreso. La bienaventuranza no existe en el Universo, excepto en las almas ignorantes, que se agachan a la sombra de la ociosidad improductiva. ¡Seres útiles no son aquellos que escapan de las luchas de la existencia, los frívolos, los juerguistas, los ociosos, sino aquellos que trabajan desde el amanecer hasta el atardecer, aquellos que brindan apoyo a sus semejantes construyendo refugios, monumentos, obras de arte, difundiendo instrucción, mejorando los ánimos, aliviando el dolor, surcando el aire y el mar, actuando, en fin, para que la condición de los demás sea, día a día, bendecida con inmensos beneficios!

¡Solo así ascenderemos a los dichosos centros turísticos donde se encuentran los evolucionados, los incontaminados, los inmunizados del error y del mal! En muchos de estos resorts encontrarás familiares, ya intensamente amados en diferentes avatares, y que te esperan con ansias.

Son los satélites eternos de tu alma, o constelaciones espirituales alrededor de las cuales has gravitado durante muchos siglos…

Leo tus pensamientos, que se vuelven radiantes en las frentes de los vencedores de las pruebas terrenas, como un faro a través de vidrieras cristalinas, interrogándome sobre los seres que idolatras: Eloísa y René...

Los volverás a ver pronto.

Escucharás de sí mismos lo que percibiste con tu oído psíquico, mientras estabas desmayado. Estuvieron a tu lado hasta que despertaste.

El momento de su encuentro se prolonga, porque, al esperar más un emprendimiento, éste se vuelve más vivo e integral.

René y Eloísa son dos almas en marcha ascendente hacia el factor de todos los portentos y ya cuentan con nobleza seráfica.

Te felicito, Giácomo Dusmenil, por el austero cumplimiento de todos tus deberes individuales y colectivos, en el último cuarto de tu recién terminada encarnación, sin los cuales no serías digno de asociarte con esos seres pulcros.

Superaste con valentía duras pruebas, como los antiguos templarios a las que eran sometidos, para ser juzgados dignos de pertenecer a una noble asociación cuyo alcance era la moralidad, la ayuda mutua y el bien secreto.

Sin embargo, antes que te alejes del orbe donde permaneciste durante tantos siglos, elevemos nuestro pensamiento a lugares etéreos, uniendo el nuestro a las vibraciones armoniosas de los juglares o bardos siderales...

CAPÍTULO VI

Con hermosas y diáfanas manos entrelazadas, pensamientos al unísono, aquellos dos seres ennoblecidos en los campeonatos del dolor y del deber, nivelados por los más puros sentimientos, combinaron con los sonidos luminosos del infinito sus súplicas y agradecimientos al Creador del Universo, formando así un hilo de luz, desde el espacio hasta la sombría Tierra.

De repente, bajo la influencia de la voluntad, Dusmenil y su brillante compañero se despreocuparon, se separaron de la cordillera como copos de niebla llevados por la brisa, sintiendo que les faltaba fuerza centrípeta y comenzaron a dividir verticalmente el espacio.

Cuando Giácomo supo que había llegado a la región interplanetaria, experimentó una sensación desconocida, embriagadora, dulce, inefable.

Rápidamente se vio envuelto en la luminosidad que unía el orbe terrestre con el espacio exterior y pronto un sonido indescriptible lo penetró, el mismo sonido que había escuchado desde la alta montaña donde había estado poco antes.

– Es la oración – le dijo el bello compañero –, la que pone a las almas del Universo entero en comunicación con su Creador y Padre, formando un viaducto radiante que atraviesa todos los abismos y extensiones cósmicas.

– ¡Me parece – respondió Dusmenil con miedo –, que si me falta tu apoyo, perderé el equilibrio y me veré arrojado a un caos sin fondo!

– ¡Todos piensan así, querido hermano, cuando por primera vez, al final de las tribulaciones planetarias, ascienden a los páramos etéreos!

Prisionera de la carne durante muchos siglos, el alma pierde la capacidad de flotar en el espacio sideral. Las fallas que se practican son lastres de bronce que lo atan al terreno terrestre; Después de intensas batallas, de la práctica del bien y del honor, se vuelve imponderable, sutil, omniabarcante, ya nada la detiene en el planeta, que huye de sus pies, excepto la impresión de los grilletes que le fallaron.

Los satélites, bajo la influencia de las estrellas centrales, parecían falanges centelleantes, corolas semiiluminadas arremolinadas, que se destacaban de la oscuridad que los lloraba al otro lado del Sol, como si fueran pantallas móviles, perfiladas por una estrella sideral.

– ¡Observa los portentos de la Creación con creciente entusiasmo! – continuó el mentor de Dusmenil –. Ningún ruido disonante, ya sea de la Tierra o de sus perpetuas compañeras, porque el Istomo, el mecánico inimitable, produce los más formidables motores silenciosos para la Humanidad planetaria, pero; sin embargo, llenos de sonido para los seres etéreos, mientras el hombre se esfuerza en vano. Para conseguirlo, solo basta con crear máquinas ruidosas, ¡a veces ensordecedoras!

Aquí están, cómo trabajan tranquilamente bajo el control de Dios, sin estancarse; no requieren descanso ni reparaciones; ¡sin ser lubricados durante milenios, como si cada uno estuviera dotado de un alma inmortal como la nuestra, con inteligencia y razonamiento, emitiendo no ruidos, sino sonidos melodiosos, que solo los espíritus purificados pueden apreciar!

Escucha, querido hermano, esta sinfonía que crees que proviene de las alturas consteladas, de un recital celestial: cada estrella, cada planeta, cada nebulosa, son las cuerdas de un arpa maravillosa, tocada por el Supremo David, o como las teclas de un órgano portentoso, sobre el cual pasó por manos intangibles, pero que debe estar hecho de niebla radiante que desprenda modulaciones mágicas, dulces, sublimadas…

Pero, ¿qué digo? ¿Dedos divinos que los hacen vibrar? ¡No! ¡Es solo el pensamiento del Todopoderoso, difundido por todo el Universo, el que interpreta incesantemente las más estupendas y magistrales partituras, porque su pensamiento es luz, aroma, melodía…!

Por un momento, equilibrándose en la inmensidad, contuvieron el maravilloso oleaje, contemplando el asombroso espectáculo sideral, escuchando las melodías que, al principio en un susurro, luego con el vigor de un crescendo sensacional, evolucionan desde los mundos – rubí, esmeraldas, topacios, que giran con gracia a través del infinito.

Una emoción indefinible se apoderó de Dusmenil, quien dijo al distinguido guía:

– Maestro, ¿cuáles son nuestros dolores, nuestras amarguras en comparación con la felicidad que el Creador reserva en sus luminosos Edenes?

– Nada, querido hermano; sin embargo, en momentos de agitación moral, parecen intolerables y superiores a nuestras energías psíquicas… La ignorancia del futuro que nos espera *post– mortem* es lo que perjudica a la Humanidad terrenal.

Las enseñanzas erróneas que recibió le quitan la esperanza de alcanzar la felicidad, que; sin embargo, es una realidad encantadora para todos los seres, sin distinción… Cada uno, a través de rectas pruebas, trabajo, virtud, bien, puede alcanzar la felicidad que en vano busca en la Tierra y que se le escapa como su propia sombra, cuando se acelera su paso…

– ¡El conocimiento terrenal es limitado, maestro! ¡Cuán asombrados se quedarían los astrónomos si vieran el grandioso espectáculo que ahora nos enfrentamos: ¡Moisés que parecen flores, crisantemos de luz entreabiertos suspendidos por hilos invisibles, bailando en una velada celestial! Y cuántos, más bellos, hay por todo el espacio. ¡De todos los cambios, de todos los matices aun desconocidos en la Tierra!

– Éstas son las moradas de los espíritus más evolucionados, de los que ya se acercaron al Altísimo. El color es, para los seres astrales, de suma importancia, pues representa la diversidad de categorías de cada mundo, o de cada ser.
Los ascensos o accesos por grandes méritos se realizan con ceremonias indescriptible en la dialéctica humana.

– Dime, querido maestro, lo que me preocupa desde hace mucho tiempo: ¿Es Jesús el máximo Embajador divino descendido a la Tierra? ¿Está seleccionado entre uno de esos orbes brillantes que observamos con creciente admiración?

– Ciertamente, querido hermano; solo te engañabas en un punto: – Jesús no es seleccionado entre el inmenso rebaño que el Padre clemente le ha confiado; su brillante pensamiento es el que mueve y dirige este rebaño, en el oscuro planeta que ahora has dejado. Sin embargo, existen innumerables entidades en la misma jerarquía que Jesús. Cada uno es responsable del dominio que le ha sido concedido y se esfuerza por apreciar las almas bajo su cuidado y protección.

– ¿Cómo entonces yo, pobre terrateniente, puedo, sin su permiso, ascender a otro mundo al que me llevas? ¿No dejo desde ahora de pertenecer a la autoridad del Nazareno?

– No. Vas a un mundo académico, uno de los muchos que hay en el Universo. Eres un espíritu ascendido a otro planeta más avanzado, pero aun estás bajo la égida de Cristo, pues a él no solo le fue entregada la Tierra, sino otros orbes solidarios con ella, bajo su jurisdicción.
Las almas, después de ser purificadas, ya no tienen una patria específica: son camándulas o perlas celestiales que caen bajo la

influencia del eterno y se convierten en eficaces ayudantes de todas las entidades de la jerarquía de Jesús…

– ¿Sabes en cuál de estas casonas se encuentra el inmaculado Pegureiro de los peregrinos terrenales?

– Sí. ¿Ves esa sorprendente constelación, que destaca por su brillo a nuestra derecha, con una aparente textura de rubíes incandescentes? Es allí donde se congregan las entidades seráficas, de la categoría de Jesús.

Estas incomparables radiaciones provienen de sus almas radiantes; sus pensamientos lúcidos arrasan los orbes más lejanos, como si estuvieran presentes en ellos.

– ¿Puedo esperar verlos algún día?

– ¿Por qué no? El perfeccionamiento psíquico hace que todos los seres humanos alcancen la perfección y, poseyéndola, puedan acercarse al Soberano Universal y a sus altísimos heraldos… Nuestro futuro es la eternidad y no hay nada que no podamos lograr en el transcurso de milenios.

- ¿Solo los rebeldes, los malvados, los precipitados son arrojados a la Tierra indefinidamente?

– No; hasta que la contrición los restablece en los arcanos de la conciencia… ¡Entonces, bajo el látigo del dolor, con el prelium del deber, se purifican, se vuelven ligeros como aeróstatos, pierden su fuerza centrípeta y ascienden al infinito!

Dusmenil miró fijamente, maravillado, al Sol, observando la rotación y traslación de todas las esferas y sus satélites, como si estuvieran en equilibrio por un malabarista encantado…

Una vez más se emocionó, mirando a la Tierra, recordando lo que allí había sufrido, y más del desdichado Nubio, que, en un abismo de sombras, se abre camino hacia tan hermosas regiones…

De repente; sin embargo, se estremeció y sintió que lo invadía una extraña sensación de felicidad: la esperanza de volver a ver a sus seres queridos, por quienes había derramado tantas lágrimas.

CAPÍTULO VII

— ¿Dónde encontrar a Renê y Eloísa? – Preguntó Dusmenil, quien hasta entonces parecía absorto en la contemplación de maravillas cósmicas desconocidas para él –. ¿De qué me serviría todo lo que me deslumbra, sin la certeza ni la esperanza de volver a verlos, para transmitirles todo el anhelo que burbujea en mi alma? ¿Cuán defectuoso y egoísta es el paraíso católico, que inculca la bienaventuranza eterna y la bienaventuranza del pecador redimido, pero separado, a veces perpetuamente, de sus seres queridos y encerrado *per omnia secula* en la Gehena?

¡Consideremos, ahora, la magnanimidad paternal del Creador, que no castiga eternamente, sino que abre sus brazos al pecador contrito, a los hijos pródigos que abandonaron el techo hospitalario y, cuando regresan a la casa de amor que Él construye en todos corazones, los hace partícipes de sus luminosas estrofas, diseminadas por el espacio exterior! El bien vence al mal, y éste y no aquel es perecedero. ¡No hay castigo ilimitado, sí, hay bienaventuranza eterna!

Si no fuera por la invaluable asistencia de los mensajeros divinos - ustedes y todos los amados mentores de la Humanidad -, ¿cómo podría alguien descubrir el paradero de seres queridos en este océano infinito de éter y mundos?

— A través de la telepatía, querido hermano. Así como piensas incesantemente en los satélites de tu alma, ellos también hacen lo mismo y el pensamiento es el imán que reúne a quienes se aman con fervor, incluso a través de billones de kilómetros...

Una armonía inefable, un vínculo invisible envuelve a los espíritus amantes, regenerados por el dolor y el sacrificio. Una perfecta solidaridad reina en todo el Universo, uniendo a todos los seres que pertenecían a la misma familia, al mismo grupo de miembros emparentados… Los detectives divinos vigilan y escudriñan toda la Creación y ningún ser, ni ningún pensamiento, les es desconocido…

Se acercaban ahora a una estrella de fascinante belleza, como tallada en luminosa turquesa, arremolinándose en el espacio, rodeada de una fotosfera azul, de suavidad aterciopelada.

Los perfiles dorados de las montañas y los contornos de los minaretes destacaban, resaltando en la luz que lo rodeaba, como si fueran filigranas de oro y mágicas turmalinas.

Una sinfonía, interpretada por maestros celestiales, emerge del ambiente fosforescente, acompañada en silencio por verdaderos juglares encantados, en las más dulces volatas de ruiseñores divinizados.

– ¡Éste es uno de los lugares de descanso destinados a los vencedores de los conflictos planetarios, a los convertidos al bien, a los liberados del mal! – Murmuró el guía espiritual de Dusmenil –. Entremos en este ambiente donde nos esperan con alegría.

– ¿Cómo saben de nuestra llegada, amado maestro?

– Bueno, ¿no te lo he dicho ya, querido hermano? A través de la radiofonía universal del pensamiento. En los mundos inferiores, las ideas y noticias, a difundir, se registran en papel, constituyen libros, periódicos, revistas; en los superiores se transmiten a mayores distancias. Forman una especie de vínculo radiante, donde se ven fotografías lúcidas, que une incesantemente a los seres evolucionados, y dondequiera que estén, este vínculo no se rompe y los pone en contacto entre sí: basta con un pensamiento emitido por ellos, solicitando la presencia de alguien, para que sus hermanos de igual categoría, dispersos por el Cosmos, pronto los comprendan y respondan al llamamiento fraterno.

Descendieron suavemente sobre la hermosa región, indescriptible en el lenguaje humano.

El suelo estaba formado por extensas llanuras e imponentes cadenas montañosas, como en algunas partes del mundo terrestre, pero su textura no se podía comparar con ellas: ¡podría decirse que eran turrenas azules, impregnadas de chispas doradas! Aparecieron encantadoras casas solariegas, separadas solo por pequeños intervalos, modeladas por ondas de azul y jade, como borlas de zafiros y topacios, con incesantes destellos. ¡Estas elegantes casas, esbeltas y brillantes, están construidas con minerales preciosos, de los cuales solo quedan migajas en la Tierra, y allí se encuentran en enormes bloques, donde están esculpidas las mansiones de las entidades triunfantes en las campañas del bien!

Estaban separadas por muros – que no sirven para desconectarlas, sino para embellecerlas –, en las que predominaban las líneas curvas, como si del suelo surgieran olas azules, orladas de espuma dorada, como petrificadas en maravillosas filigranas.

Un bienestar inefable excitó el espíritu de Dusmenil, movido por la esperanza de ver dentro de unos momentos a los seres queridos por los que tanto había sufrido. De un vistazo recordó todas las escenas de felicidad y desgracia que compusieron sus vidas, indeleblemente ligadas entre sí...

Verlos de nuevo, poder transmitirles sus pensamientos, plasmar la ternura y el anhelo que había en su alma, sería la felicidad suprema, la recompensa de todo el dolor, la agonía y el tormento anteriores.

Se detuvieron en el suelo donde se deslizaban multitud de esbeltas criaturas, vestidas con túnicas multicolores, similares a las de los antiguos Augustos romanos, con penachos de gasa luminosa, espuma de tonos muy suaves, con fragmentos de arco iris transformados en túnicas vaporosas.

Todos formaron alas, con los brazos levantados sosteniendo flores etéreas, que parecían entretejidas en nieblas, con todos los matices del crepúsculo y el resplandor tropical, deliciosamente perfumados, embalsamando el ambiente.

Se movían con gracia, con gráciles ademanes, al son de una hermosa melodía arrancada de esbeltos instrumentos, liras como alas de falenas doradas, que recuerdan a alondras que sueñan con idilios dichosos.

Todas las viviendas brillaban con destellos policromos, como si hubieran sido moldeadas con brillantes gemas por arquitectos divinos.

Un palacio circular, rematado con una cúpula de topacio traslúcido, destacaba del resto de edificios por su exquisita escultura.

– Es aquí – dijo el Cirene de Giácomo –, donde se reúnen las entidades más puras y hermosas, para celebrar la recepción de los recién liberados de las encarnaciones planetarias, antes de ser asignadas a exaltadas misiones espirituales.

Luego, abrazándolo fraternalmente, dijo:

– Participemos de la emocionante fiesta que hoy celebran aquí en honor al exiliado que llegó de la Tierra oscura, después de una larga y victoriosa cruzada.

– No creo que sea digno de asistir – respondió Giácomo, conmovido, como si estuviera a punto de desmayarse, mirando las inmaculadas ropas de sus invitados.

Joven esbelto - como de hecho lo son todos los habitantes siderales, ya que la niñez y la senectud son fases transitorias de la raza humana, inexistentes en las mansiones superiores, donde predomina la eterna juventud, aspiración de todos aquellos que se encuentran en los mundos de oscuridad y ociosidad. ¡No te resignes a perderlo dentro de unos años!

Se dirigió al recién llegado y, sacudiendo la cabeza, dijo:

– ¡Amado hermano, te saludo como vencedor del mal!

– ¡No merezco tus felicitaciones, hermoso joven, porque lamento no haber cumplido mejor con mis deberes terrenales!

– Ganaste noblemente las campañas morales, algunas intensamente dolorosas; ¡Te mereces la fraternal bienvenida que te brindan tus amigos!

– Me encuentro asistiendo a una reunión tan selecta con esta ropa incolora, que me parece andrajosa y sucia, en comparación con la tuya...

– Puedes tener otras, siempre que quieras y no estén en desacuerdo con tu jerarquía espiritual. Concéntrate e idealiza la vestimenta que deseas, porque el pensamiento de los redimidos es una fuerza gratificante, desconocida en la Tierra, porque a quienes están encadenados por el dolor no se les permite poseerla, para no ser utilizados en la venganza y el mal, y lo lograrás obtenerlas prontamente.

Dusmenil obedeció. Su túnica sencilla y descolorida se derritió como la niebla, y otra, realmente embellecida por la influencia de la voluntad, la reemplazó, pareciendo cortada en el crepúsculo invernal, con masas de amatistas.

Todas aquellas entidades, elegantes y jóvenes, de fisonomías serias y nobles, comenzaron a hacer evoluciones encantadoras, y sus vestimentas multicolores parecían flores que danzaban y formaban maravillosas guirnaldas y frases simbólicas, fragmentos de oraciones al Creador...

De la mano del mentor develado, Dusmenil entró en el majestuoso deleite donde eran recibidos los conversos al bien.

Festones de flores luminosas adornaban las columnas de cristal, de todos los tonos, que rodeaban el vasto salón. Una tribuna hecha de encajes de jaspe, que parecía espuma petrificada, se elevaba hasta el centro del anfiteatro, donde la gente se reunía para las fiestas más solemnes. Una hermosa oradora ya estaba en el estrado y superó a todos los asistentes en belleza y resplandor. Se podría decir que, de su frente y pecho, brotaba una luminosidad de luz de luna opalina, mezclándose con la del espacio suave y florido.

Cuando él, alargando la mirada y levantando los brazos en oración, evocó la bendición divina, una vela hecha de espuma dorada se rompió y se reveló una orquesta de innumerables músicos, con túnicas blancas como la nieve, que preludiaban silenciosamente una protofonía tan conmovedora e inefable, que Dusmenil, ebrio y sensibilizado, cayó de rodillas sollozando, recordando en aquellos momentos de magnitud un rincón de la Tierra, un templo en Arras, donde había oído chirriar al Ruiseñor Enmascarado.

El joven que lo había acogido lo tomó en sus brazos y lo invitó a orar con quienes lo rodeaban.

De todos los frentes en profunda concentración salieron efluvios argentinos que formaron sonidos melodiosos, a los que se sumaron los instrumentos musicales que brillaron en los focos.

Vocalizaciones de divinos ruiseñores entonaron un salmo conmovedor, que vibró extrañamente en el alma muy sensible de Dusmenil.

Cuando resonaron dulcemente los últimos acordes de la sorprendente oración, el hermoso joven que lo había saludado levantó la cabeza, seguido por una entidad femenina, que lo imitó.

Ambos lo flanqueaban, con los brazos en alto por encima de la frente, sosteniendo una guirnalda de lilas con reflejos dorados.

Giácomo, que parecía a punto de desmayarse de emoción, percibió lúcidamente en aquellas dos maravillosas entidades de nobleza y belleza, a través de una sensación de infinita ternura, Renê y Eloísa espiritualizados, hermosos, por excelencia…

CAPÍTULO VIII

Para Dusmenil había sonado el momento de la felicidad y la compensación, siempre inalcanzable en el orbe terrenal...

Todas sus amarguras, todos sus desánimos, desesperaciones, lágrimas, sueños rotos, se desvanecieron como por arte de magia y, de una mirada, se transformaron en dulces placeres, en inmensa ternura y amor infinito por aquellos dos seres dignos y purificados.

Consideró todas las duras pruebas por las que había pasado, en confrontación con la inefable felicidad que entonces lo embriagaba.

Lamentó no haberlos soportado con mayor valentía y resignación. Los bendijo, sintiendo que las lágrimas brotaban de su alma, transustanciadas en gotas de luz.

Los entrelazó en un solo impulso y, formando el grupo de los tres seres graciosos, fueron alcanzados por una cascada de flores muy delicadas, que se fundían en el ambiente, como niebla cambiante, apenas rozaban sus puras frentes, reavivando aromas muy sutiles.

Después de los aplausos y los besos fraternos, todos cantaron un himno de inexpresable suavidad, consagrado al Absoluto.

– ¡Todavía no merezco tal fortuna, queridos míos! – Murmuraron muy conmovidos –. Tengo la impresión que todavía quedan relatos imborrables en mi espíritu.

– Todos lo sienten, querido amigo – le dijo Eloísa conmovida –, porque el alma, recién liberada de la materia, después de las duras batallas para lograr la redención, conserva la reminiscencia de los crímenes perpetrados a lo largo de los siglos, que dejan huellas en lo más profundo, se va, hasta que, en muchas oraciones vehementes, se disipan por completo...

Pero olvidemos los dolorosos episodios del pasado, para recordar únicamente al increado, que nos unió de ahora en adelante, por los siglos de los siglos. Unamos las vibraciones de nuestro espíritu redimido con las voces celestiales... ¡Dejémonos reconocer por Aquel que nos concede infinitas gracias y extiende la mano augusta, de Majestad Suprema, para salvar del dolor a los náufragos, a los que emergen en el océano infinito de dolores sin nombre, en las tierras profundas!

Los tres, todavía cogidos de la mano, se encontraban frente a la tribuna del divino parlamentario, cuya jerarquía espiritual superaba a la de sus asistentes por el esplendor de sus vestimentas, como incendiadas por una luna llena interior.

Una campana de sonidos argentinos vibró en el ambiente y el silencio reinó en el maravilloso espacio.

Con una voz profunda, más parecida a la modulación de un instrumento melodioso, el deslumbrante tribuno inició su oración, que, traducida al lenguaje planetario, se volvería inexpresiva y sin vigor, por la falta de resonancia, como si se tratara de una partitura de Rossini interpretada en un instrumento sin fibras sonoras...

– "Queridos hermanos: el Altísimo nos escucha en este momento... ¡Su alma radiante se despliega en este ambiente, metamorfoseada en un suave aroma, en una dulzura exquisita, que penetra dulcemente en lo más íntimo de nuestro ser, provocándonos una sensación de paz y felicidad inefables, nunca percibidas mientras nuestro espíritu vagaba entre los temblores de vicio, que nos alejó de Él a distancias inconmensurables! La felicidad a la que aspiran todos los seres en el caos de la angustia y las amargas pruebas no es un mito: ¡es una completa realidad en los confines exteriores! Los que no lo disfrutan todavía cargan con el peso de tribulaciones ineluctables y remitentes; quien no cumple austeramente sus deberes, transgrediéndolos, manchando el alma con el derroche de malos sentimientos, no lo disfruta....

Solo aquellos liberados del mal pueden lograrlo, como las águilas reales que estuvieron enjauladas durante siglos, pero, en los albores del resplandor milagroso, liberadas de su oscura prisión, ¡se elevaron en toda su amplitud! Lo sienten quienes cumplieron, con lágrimas, sacrificios, cuidados, las tareas más dolorosas; los que se crucificaron en el árbol de los castigos más punzantes, se lucieron en las campañas del bien y de la virtud, se convirtieron en paladines celestiales, defensores de las Leyes divinas, heraldos de verdades trascendentes, fieles soldados del Mariscal Supremo...

Todos ustedes conocen el objetivo de nuestro gran encuentro: unirnos a una de las solemnidades más conmovedoras del Universo: la de la redención espiritual de un hermano que aun luchaba en las sombras planetarias, compañero del pasado, cómplice de nuestras caídas, un adversario, a veces, un amigo revelado, otras. Completó una de las batallas más feroces de sus encarnaciones terrenales, aureolada de triunfo inmortal. Para él cesaron las luchas terrenales, comenzó la eternidad sin límites, sin el obstáculo de los avatares, como una rosa perpetua.

Dios, en su omnisciencia absoluta, decidió crear seres humanos con todas las facultades del alma, que yo llamo negativas y positivas, simbolizando esta última el bien, la primera el mal.

Podría hacerlos puros, inteligentes, infalibles; pero, si así fuera, ¿cómo ganarían el mérito para ser recompensados? ¿Qué general ascendería a un guerrero inactivo que nunca había luchado ni realizado un acto de valentía?

¿Cómo podemos adquirir conocimientos antagónicos al mal, si no realizando actos de benevolencia, en la lucha contra las iniquidades?

¿Cómo se fortalecen los poderes morales si no es en la fragua de la adversidad?

¿Cómo se reafirmarían las personalidades si todos vivieran en la dicha, sin trabajos duros, disfrutando de una fortuna gratuita, sin méritos apreciables?

Serían todos iguales, uniformes, como gotas de rocío sobre una misma flor, como perlas de un mismo collar divino...

¿Cómo se podría apreciar la luz sin conocimientos de caligrafía?

¿Cómo disfrutarían del descanso sin el cansancio del trabajo? ¿Cómo estimarías la felicidad si no hubiera desgracia? ¿Cómo querrían la unión, si no hubiera un anhelo conmovedor, las dificultades de la separación?

Él, la Inteligencia Suprema, lo consideró todo: hay que luchar con los vicios, con las pasiones fatales; con el rigor del invierno, el calor del verano senegalés; con dolor, perversidad, de modo que el temperamento del alma, como el del acero sometido a temperaturas extremas, se vuelve tenaz y adquiere dolorosamente los tesoros de la virtud, afinando los sentimientos, fabricando vestidos, haciendo pan, limpiando ciudades, aniquilando instintos disolutos, se vuelven noble, volverse inquebrantable, volverse por excelencia, volverse angelical, para merecer el privilegio de disfrutar paz de conciencia, paz espiritual en las mansiones siderales, con los seres idolatrados que, con el paso de los siglos, se vuelven inseparables de ella; se acerca finalmente al Soberano universal: ¡el logro supremo!

¿Cómo lo logran, sin embargo? ¿En una sola existencia, en una sola campaña? ¿Sería posible, en un segundo de pruebas, conquistar una eternidad de felicidad? Espejismo... El ser humano es creado con inmortalidad, una herencia divina del Creador de todos los portentos del Cosmos...

Podría haberlo dejado puro e impecable, pero no lo hizo porque, de ese modo, el esfuerzo nunca sería valorado; no habría selección entre quienes cumplen, o no, austeramente, sus deberes planetarios; el mérito nunca sería otorgado.

¡Es necesario que haya lucha, abnegación, sacrificio, adquisición dolorosa de la virtud, para que las almas puedan entrenarse, volverse más ligeras, inmunizarse contra el mal, etérearse y hacer justicia a las misiones redentoras!

En los momentos de batallas tenaces, en las batallas de la adversidad, todos maldicen la desgracia, pero cuando reconocen su valor, no pueden dejar de rendirle un culto sincero.

Nosotros, los compinches de los tiranos, los malvados, los profanados, los injustos, los traidores, los perjuros de los últimos milenios, somos los Aasveros de los pantanos, que ascendemos a las luminosas regiones del deber.

Libres del mal, no permanecemos inactivos, inmersos en el Leteo de la bienaventuranza; seguimos la lucha, siempre trabajando, haciéndonos útiles a los desafortunados, sosteniéndolos a través de nuestras ropas rotas. Quienes más allá, en los ámbitos planetarios, están comprometidos con las campañas luminosas de la caridad, son aliados de los hermanos siderales. Los bienhechores de la Humanidad, los que sostienen a los enfermos, a los indigentes, a los huérfanos, a los ignorantes; los que secan las lágrimas e iluminan los corazones, culminan en las pruebas más dolorosas, concluyen su formación de dolor, de logros dolorosos. La máxima caridad; sin embargo, no debe consistir en saciar el hambre y la sed de quien la tiene, sino en hacer el bien con piedad, en secreto, sacando almas de los burdeles, de las cárceles, y enviándolas al redil de Jesús.

Quien proporciona alimento al marginado, con dureza, no practica un acto de altruismo, pues lo anula con la humillación infligida a un desdichado; quien detiene una lágrima con piedad y hace germinar la esperanza en un corazón desanimado y afligido, éste es un emisario del Altísimo.

Este hermano nuestro que entra aquí, que se une a las legiones divinas, supo ser un digno apóstol de Jesús, cerró el ciclo de sus reencarnaciones con la llave de diamante del desinterés y la compasión por los desafortunados.

No desdeñó a los desgraciados, a los mutilados, los acogió bajo su techo, que se convirtió en refugio de los desgraciados, inspirado siempre por su noble esposa, eterna compañera de sus más nobles hazañas, y que supo inculcar en su dúctil alma la ideales más bellos y generosos y hoy se regocija por el triunfo alcanzado por él y sus líderes espirituales.

Para estas dos almas redimidas, el cáliz de las angustias terrenales está agotado; se convirtieron en perpetuos aliados para las sublimes misiones del bien y de la virtud.

Hoy se está produciendo su consorcio espiritual: una unión de dos seres encendidos en los premios planetarios, una alianza perenne bendecida por el Supremo Sacerdote del Universo.

En la Tierra, abismo de oscuridad y sentimientos insanos, todavía se celebran nupcias que desafían la armonía de las leyes siderales: son compromisos de intereses en los que, a veces, prevalecen la concupiscencia y la codicia. Eligen consortes basándose casi exclusivamente en su estatus, patrimonio, posición social, colimando el disfrute de los placeres materiales.

Son raros los que buscan un consorcio de trabajo doméstico, un consorte descubierto que comparta sus alegrías y sus decepciones, un amigo que consuele su corazón en los días de tormenta, que sorba en una misma copa el ajenjo de las duras pruebas.

Vínculos en los que no predominan la afinidad de sentimientos puros, la concordia, la honestidad, la fidelidad mutua, se rompen al primer choque de pasiones, al primer soplo de adversidad; se rompen como eslabones de cristal arrojados a la roca.

Los hogares casi siempre se ven manchados por el perjurio y la traición, cuando no tienen, para defenderlos, la falange invicta de la lealtad, comandada por el amor y la virtud, generales supremos de corazones nobles y amorosos, ¡invulnerables a la traición!

Dos entidades, unidas únicamente por intereses represibles, solo conectan sus cuerpos, pero sus almas se repelen como polos isonómicos. Las convenciones sociales los encadenan en abrasadores *chafers* de bronce; los obligan a representar la farsa o la tragedia del amor conyugal, pero, en el fondo de ambos, hay un flujo inextinguible de repulsión, hipocresía, asco...

Se separan, a veces odiándose. Tienen recuerdos recíprocos que los pican como víboras de fuego, y, muchas veces, se matan en la misma mente que los generó, cuando no lo hacen en su propio cuerpo con armas asesinas...

Sus hogares, casi siempre, son destruidos y sus descendientes – si los hay –, son infelices y emprenden el camino del crimen o del prostíbulo.

Es raro el consorcio en el que los novios se dejan guiar por sentimientos emocionales y espiritualizados; un consorcio que une almas eternamente, unidas hombro con hombro, llevando el madero aplastante de las pruebas cruciales hasta el Gólgota de la Redención.

Constituyendo un hogar, un fragmento de cielo en la Tierra, un trapo de luz en las sombras planetarias, un paraíso en miniatura, un reino minúsculo para dos elementos soberanos, modestos o confortables, impulsados por pensamientos dignos y donde los novios son acogidos con calidez, ternura, que flota en los planos espirituales, atraídos por el imán de los corazones amantes, para convertirse en niños temblorosos, ovejitas que deben ser guiadas al redil de Jesús, a través de enseñanzas fecundas, puliendo el diamante de sus sentimientos, educándolos y haciéndolos útiles para la colectividad, es concebir y realizar una de las empresas humanas más sublimes. Así se reúnen espíritus afines que, a lo largo de los tiempos, se unen indisolublemente y realizan inolvidables hazañas de amor y devoción. Para éstos no hay mayor tormento que el de la separación y, para lograr su unión perpetua, soportan tranquilamente el más tremendo martirio, ¡porque para ellos no hay nada más desolador que la ausencia material de quienes idolatran! El verdadero amor es la amalgama de dos almas que, se podría decir, se intercambian en los cuerpos que se encierran, están unidos por lazos luminosos que los ponen en contacto dondequiera que estén, fusionan sus pensamientos, sus sentimientos vibran a través del mismo diapasón de oro, perciben la pulsación al unísono de sus corazones, incluso lejos, viven una vida de soltero, aspiran a una única suerte: ¡su alianza indestructible!

Estos son los espíritus gemelos, que al final de la eternidad cumplen las mismas misiones dignas, caminan, uno al lado del otro, por el camino de las existencias planetarias, sufren las mismas desgracias, derraman las mismas lágrimas, forjando así, con el paso de la décadas, los vínculos sacrosantos de afectos que los vuelven angelicales y los arrojan a los campos estrellados, en un solo impulso, ¡en un veloz estallido de cóndor divino, encontrando estrecha la prisión terrenal para expandir su infinito amor!

Estos amados hermanos, que hoy celebran su eterno consorcio, almas recién llegadas de las regiones planetarias, golondrinas reanimadas que abandonaron los duros inviernos terrenales buscando la interminable primavera celestial, concluyeron su dolorosa etapa, egresados del Areópago del sufrimiento y la virtud, y ahora se conectan perpetuamente para realizar juntos tareas superiores. Su consorcio terrenal no se logró mediante riquezas o goces efímeros, sino que fue impulsado por un afecto mutuo y completo.

Crearon un hogar pacífico donde siempre prevalecieron los deberes conyugales. ¡Ay de ellos; sin embargo, que debían redimir una deuda terrible, contraída en un momento en que parecían estar fuera de los códigos divinos, ocupando una posición preponderante en la sociedad, envidiados, archipotentes, temidos, execrados...!

Luego, fueron cegados por la codicia de los más altos cargos y, para satisfacer deseos inmoderados, no dudaron en inmolar un afecto inmaculado, en destruir y hacer añicos los corazones amantes.

¿Por qué; sin embargo, sondear el océano hueco del pasado con el traje de los recuerdos amargos? Perdónenme por hacerlo en este momento... Ya se han redimido estoicamente de estos tremendos crímenes y hoy, gracias a explicaciones higiénicas y eficaces, estos tres nobles seres se encuentran magnetizados entre sí por los sentimientos más profundos e inmaculados, que son los otorgados a sus herederos de la divinidad.

Eloísa, nuestra intrépida hermana, pasó por una de las pruebas más arduas, de esas que solo pueden superar las almas ya endurecidas en el bronce invulnerable de la virtud: la fidelidad.

Bella y versátil, al comienzo de su existencia planetaria, habiendo sido perjura y pérfida innumerables veces, le llegó el momento de revelar al Creador que ya no había un solo átomo de infidelidad dentro de ella...

¿Cómo ganaste esta maravillosa prueba? ¡Que lo digan quienes la apoyaron en los días de enloquecedores enfrentamientos!

El corazón más tierno de una madre y de una esposa inmaculada fue traspasado por el dardo envenenado y ardiente de la calumnia y la deshonra...

Vio, con el alma desgarrada, la destrucción de su honesto hogar y de todos sus deseos, pero no transgredió ninguno de sus deberes conyugales, sorbió la copa de la amargura hasta la última gota...

No menos digno es nuestro hermano desvelado Marcos, o Renê, quien, con extremo desinterés, fue el guion de oro que encadenó eternamente los corazones de dos maridos fieles, de dos almas redimidas por el amor santificador...

El pasado, entonces, como un bárbaro infinito, cayó en el abismo de la eternidad. Sospechas, resentimientos, odios, fundidos en la fragua divina de las pruebas remitentes, donde las almas contaminadas se refundan, y ahora, como oro radiante sobre los restos impuros de los sentimientos malsanos, se eleva por encima de Giácomo, reconociendo a su amigo revelado, lo abrazó afectuosamente y suplicó al Señor que lo recompensara generosamente por su ayuda en sus días de mayor angustia, infundiendo valor y esperanza en su espíritu amargado y debilitado.

Después de la partida temporal del Mentor, para realizar elevados y bellos estudios psíquicos, se instaló en la casa solariega ocupada por Eloísa, Renê y otros seres queridos, vinculados a él en sucesivos avatares.

Era una maravillosa casa señorial, traslúcida y de encaje, donde vivían en la más íntima comunión de sentimientos.

Dusmenil y los dos hermosos seres que lo seguían, en una liberación que los deleitaba, se transmitían recíprocamente sus pensamientos más ocultos, todas las reminiscencias de sus encarnaciones vivían en común. Una vez, Giácomo le dijo al bello Renê que, para entonces, ya tenía otra designación nominal, intraducible en la dialéctica terrenal:

– Querido, me alegro de verte tan hermoso como una estrella, sin el insoportable miedo de perderte, con tu salud permanentemente en buen estado, pero ¿por qué no confesarte la realidad? ¡Me gustaría verte – por solo una fracción de segundo –, tan pequeño y frágil como antes, cuando, en mi adoración y miedo de perderte para siempre, quería esconderte en mi corazón, morir cuando tú murieras!

¡Oh! ¡Cómo conservo todavía, en mi alma, tus rasgos seráficos! ¡Cómo sufrí, por no haber creído la cándida revelación que me hiciste en aquella noche funesta… cuando te fuiste, dejándome en mis brazos un pequeño cadáver besador de flores… que quise sepultar en el abismo de mi ser de luto, en una desesperación inaudita! ¡Quisiera mirarte por última vez, como en aquellos días de desgracia, cuando eras mi único tesoro en la Tierra! Abrazarte con amor infinito, como anhelé hacerlo en las interminables horas de amargura, desánimo, anhelo, desesperación... ¡sin los cuales, nuestra actual aventura estará incompleta!

Escuchándolo, conmovido, Renê satisfizo su deseo amoroso.

Una abrupta metamorfosis se produjo en su fluido y radiante organismo; lo constreñía, como si estuviera encerrado en un cofre lleno de hollín, todas las moléculas en cohesión le daban el aspecto del hombrecillo enfermo de Arras... Se diría que se había apagado una lámpara, o que un fanal envuelto en un sudario de oscuridad... Al verlo así, conmovido, abrazando contra su pecho la pequeña figura de Renê, Dusmenil exclamó:

–¡Oh! ¡Qué mezquina es la eternidad para mostrar el cariño inconmensurable que se tumulta dentro de mí, por estos dos seres queridos! ¡Cómo siento que todos mis crímenes de épocas oscuras pasadas han sido amortizados! ¡Cómo bendigo, en esta afortunada región, esas horas de tormento moral en que mi alma rescató siglos de ignominia! ¡Cuán ilimitada es la excelencia del Soberano del Universo, que olvida todos nuestros crímenes más atroces y forja los grilletes de oro y luz que atan para siempre a los redimidos por el dolor y la virtud!

¡No es la alegría, sino el sufrimiento, lo que cura perpetuamente a las almas!

¡Bendigamos, pues, esos días que hoy nos parecen momentos de martirio indomable, porque los dolores que soportamos fueron el cauterio curativo de las úlceras cancerosas de nuestro espíritu saciado de mal!

La eternidad es pequeña, repito, para que en ella podamos ampliar nuestro afecto mutuo y expresar la gratitud que entra en nuestras almas. ¡Él que, después de fructíferos tormentos, nos concede bendiciones inefables y bendice la unión indisoluble de los redimidos, eximiéndolos de todas las pruebas dolorosas!

– Sí, amigo mío – le dijo la casta Eloísa –, los milenios nos son insuficientes para hacer esto; sin embargo, como servidores descubiertos del Señor misericordioso, no dejaremos de exaltarlo en nuestras almas, donde esparció la inmortalidad – ¡la herencia divina!

– Recordemos, de ahora en adelante – respondió Dusmenil –, la felicidad que alcanzamos y olvidemos el dolor infinito que atravesamos en ese océano de oscuridad – la Tierra. Despreciemos al eterno para que el bálsamo del consuelo pueda calmar los dolores de los afligidos, de los que aun redimen con lágrimas y gemidos los crímenes del presente y del pasado.

– ¿Olvidemos el pasado, querido? – dijo Eloísa – ¡No! Evoquémoslo constantemente: ¡el alma sin el recuerdo de los tiempos pasados no puede disfrutar de la felicidad del presente, porque carecería de mérito, mientras olvidara las dolorosas batallas de la conquista, el valor del triunfo!
¡Bendigamos las reminiscencias de lo que sufrimos, de nuestras luchas, de nuestras caídas y de nuestra subida a la perfección! ¡Recordemos eternamente lo que sufrimos y extendamos la mano fraterna a quienes, en la Tierra, aun nos aman, sufren y nos redimen!

– ¡Siempre igual y siempre noble! – murmuró Giácomo, besando la frente vestal de Eloísa –. ¡Tu virtud es tan grande que se transmite a quienes se acercan a ti! ¡Fue a través del contacto de dos dulces almas que la mía fue redimida!

¡Cuán magnánimo es el Creador, que da a todos los náufragos en los mares de la iniquidad un ancla de salvación radiante e inquebrantable!

CAPÍTULO X

Pasó algún tiempo en el cronómetro de la eternidad. Dusmenil y quienes son como chispas de su alma – Eloísa y Renê – la pasaron en una verdadera transfusión de sentimientos, recordando deseos pasados, ampliando afectos tiernos, compartidos por otros seres queridos que los rodearon y también les confiaron sus luchas por la remisión.

Días perpetuos, sin el más mínimo atisbo de sombra, fluyeron en esos lugares afortunados: centros turísticos de paz y consuelo que necesitan los afectados por las campañas del dolor y el deber.

Una vez, sus campamentos dedicados le fueron presentados en las tormentas planetarias.

– Ya vimos, hermanos – dijo uno de ellos tras un afectuoso saludo –, encomendarte una misión elevada y meritoria... Tienes que volver a Arras y, durante algunos años – como se cuentan los viajes terrenales –, custodiar a quien, en diferentes encarnaciones, estuvo vinculado a ti; es decir, Nubio, en orden de labor en el pulido definitivo de su espíritu...

Vas a comenzar la dolorosa y sublime tarea de ser mentor de criminales, que ya empezaste incluso en la Tierra.

Lo acompañarás en su *vía crucis*: compadécete de sus amarguras y decepciones; apóyalo en sus días de angustia y desánimo; asiste a sus protectores develados, que han sufrido mucho con sus caídas y revueltas.

Después de unas horas de cónclave fraternal, los tres aliados partieron hacia el espacio exterior, guiados por la maravillosa brújula de la voluntad, en busca del negro y diminuto planeta que creían haber abandonado hace muchos siglos.

Una sensación dolorosa los excitó mientras se sumergían en la atmósfera terrestre, pensando que se asfixiarían, privados de la sutileza del éter en el que se bañaban.

– ¿Cuánto le debemos a las entidades desinteresadas que nos han vigilado durante siglos? – Murmuró Dusmenil –. Qué sacrificio tan intraducible hicieron los suyos, qué intraducible sacrificio hicieron, ya integrados en los mundos superiores, permaneciendo aquí, a veces durante siglos, desempeñando su inestimable papel de centinelas infatigables de los pecadores que no cumplen con sus deberes morales y psíquicos, y perpetran graves crímenes.

– Es la devoción y el sacrificio los que realzan las almas sazonadas de los convertidos al bien – murmuró Eloísa – . ¡Son como madres amorosas, que sostienen a sus amados hijos, desde la cuna hasta la tumba, y nunca piensan demasiado en lo mucho que sufren y hacen por ellos! ¡Así es como el Omnipotente forja afectos eternos, une a los espíritus en la consumación de los milenios!

Descendieron a una región terrestre, en plena temporada invernal. Reconocieron los alrededores de Arras, las tierras y el señorío que les habían pertenecido y donde Renê había expirado en brazos del consternado Dusmenil. Una emoción intraducible, inexpresable en el lenguaje humano, estremecía sus almas al volver a visitar aquellos lugares donde, incluso con sus envolturas materiales, la felicidad les sonreía, donde se amaban y sufrían tanto.

Invisibles para los encarnados, recorrieron todo el castillo, conmovidos por la presencia de la familia, sus amigos y los muebles que evocaban recuerdos amargos o felices. Atraídos por el imán de un pensamiento que vibraba en su interior, como si de una maravillosa campana se tratara, fueron transportados a la necrópolis donde sus cuerpos carnales fueron pulverizados.

Se detuvieron en el propio mausoleo y, con las manos entrelazadas, oraron largamente, dando gracias a Dios por su infinita bondad y el triunfo alcanzado en las pruebas más dolorosas, por su alianza indestructible.

Momentos después, se acercó una figura masculina, envuelta en una larga capa negra, de pies a cabeza.

Sólo se descubrió el rostro, donde brillaban ojos meritorios de ónice luminoso, que denotaban una penetración e inteligencia inusitadas.

Lo dominaba un profundo y visible desaliento, absorbido por ideas depresivas. Era el joven Nubio.

La nieve, como fragmentos de blanco y plumas, flotaba en el aire. El firmamento estaba oscuro, desplegado en un camino de nieblas grises.

El alumno de Dusmenil se detuvo ante la tumba de su benefactor y murmuró una queja:

— Padre amado, sólo tú me has brindado un cariño inigualable... ¡Cuánto ha pesado sobre mí la cruz de la existencia desde que te fuiste al Más Allá, dejándome lleno de tristeza y añoranza! ¡Siento que, en este mundo, ningún cariño superaría el que te doy! Todos me miran con terror, o con lástima... A veces, perdono a la madre que me dio a luz y, en un impulso de rebelión contra el destino cruel, ¡me arrojó al barro del camino! Otras veces, la odio, porque sólo ella tenía el deber de amarme, de consolar mi corazón desprovisto de ilusiones y fortunas... Sólo ella debía tratar de aliviar las tribulaciones de la vida, consagrándome con cariño invencible, porque Dios me arrojó en sus brazos, privándome de los míos... Y; sin embargo, ella, desalmada, me lo negó todo.

Aquel que preside nuestros destinos nunca le perdonará su nefasto crimen, contra un grupo heterogéneo de personas, un pequeño monstruo indefenso. Pero ¿qué he hecho yo, Señor, para merecer de Ti, que eres superlativa clemencia, tan cruel suerte?

¿Por qué concedes a todos los seres dos protectores develados y a mí me quitaste el único que tenía? ¿Por qué te llevaste a mi generoso amigo, el único en la Tierra que me abrió sus brazos de ternura, en lugar de sacrificar mi vida estéril por la suya, tan preciosa para tantos desdichados? ¡Cuántas ganas tenía de besarle la mano generosa, como la de la Santa Reina Isabel! ¿Qué digo? ¿Beso? ¡Oh! Nunca lo lograría, por mucho que lo deseara... No me diste labios para esa caricia inefable; ¡No me diste manos para unirme a ellos en súplica, para secar las lágrimas que brotan de la fuente perenne del corazón, presionado por el guante de la desesperación y el anhelo!

¡Se arrodilló sobre la alfombra de nieve, levantando hacia el cielo los dos muñones de sus brazos, que apenas eran visibles bajo el manto negro, como dos ramas cortadas de un solo golpe!

Los amigos que miraban y escuchaban conmovidos se acercaron a él, y formando una corona con las manos, rogaron por el infortunado, que ya estaba a punto de desmayarse de la consternación.

Un largo suspiro escapó de su pecho oprimido, y, como sonidos de tumba reverberando en su alma, escuchó palabras de cariño y consuelo:

– "¡Querido nubio, no te rebeles contra el juicio divino que te juzgó y condenó a la tortura moral por la que estás pasando! Redimes así un larguísimo pasado de vileza y flagelos... Tus manos, en avatares anteriores, fueron teñidas con la sangre de muchas víctimas, inmoladas."

En la acera se podían ver instrumentos musicales y, por la noche, se reunían allí los asistentes del famoso cantante, apodado por el público el Ruiseñor Enmascarado.

Al llegar a su habitación, allí encontró al director de orquesta y a sus compañeros esperando su llegada para los primeros ensayos de las ceremonias de Semana Santa, que, dentro de unos días, tendrían lugar en la catedral de Arras.

Alto y esbelto, con el mentón velado por una pequeña máscara de terciopelo negro, comenzó a vocalizar un canto sagrado, de inefable melodía y suavidad, acompañado por la orquesta que había organizado.

Quienes lo rodeaban lo escuchaban con emoción, visibles e invisibles. Aunque no tenía la armonía de las filarmónicas siderales, Dusmenil y sus compañeros la encontraron sorprendente y hermosa, ya que el arte sublime de Euterpe es el único lenguaje universal. La naturaleza y la gente más culta lo entienden, las propias bestias; los pájaros intentan imitar los más bellos arpegios musicales. ¡Hay música en la Tierra, en el espacio, en los planetas más oscuros y en las estrellas más brillantes! Es, como la luz, uno de los eslabones que unen a todos los seres en la Creación, dándoles la impresión de lo bello y lo sublime, ¡es una de las manifestaciones más elocuentes del Artista Supremo!

Unos días después tuvieron lugar las celebraciones.

CAPÍTULO XI

Arras regurgitó de forasteros.

Los lugares públicos estaban inusualmente ocupados.

En las afueras de la ciudad, los humildes peregrinos eran alojados en terrenos baldíos, evitando el aumento de los costos de posadas y hoteles de lujo.

El Nubio, casi siempre acompañado de un sirviente que le ayudaba en lo que necesitara, le ordenó que lo esperara en la iglesia, donde se celebraban las ceremonias religiosas.

De alma contemplativa y melancólica, le gustaba vagar solo por lugares menos ruidosos, recoger impresiones y observar la Naturaleza.

Aquella tarde llamó su atención el incalculable número de puestos en los que se refugiaban pobres peregrinos, comerciantes ambulantes, atracadores y aventureros de todo tipo.

En una tienda de campaña, una de las más aisladas e incómodas, estaba sentada una mujer harapienta que parecía haber vivido más de sesenta años de existencia dolorosa y disoluta. Por sus ropas rotas se la podía identificar entre las tribus nómadas de Bohemia. Trigueña, con un pañuelo de colores muy vivos que rodeaba su frente, había dejado al descubierto unos mechones de pelo rizado, en evidente contraste de ébano y jaspe; los ojos eran negros y brillantes – último vestigio de juventud, pues las mejillas estaban hundidas y surcadas de profundas arrugas que delatan pasiones violentas, como pequeñas serpientes, o bultos del alma grabados en el rostro por el cincel de los vicios y de las pasiones malsanas.

Cuando lo vio, sus ojos brillaron, iluminados con llamas de codicia. Casi de un solo salto, como un tigre atacando a un indefenso peregrino del bosque, se acercó al niño exclamando en tono lastimero:

– Mi señor rico, ¿quiere que le revele el pasado y el futuro?

Nubio se estremeció, la miró con profunda repulsión y estuvo a punto de alejarse sin responderle, pero la gitana se paró frente a él, repitiendo en mal español:

– ¡Mi rico señor, déjeme leer su fortuna, será muy buena!

– ¿Cómo puedes saber si aun no has visto las líneas en mi mano?

– Intuyo el destino de quien se acerque a mí, como lo hacen todos mis familiares.

– ¿Crees, entonces, que Dios, único Ser que puede asomarse a los arcanos de la Humanidad en los siglos venideros, concede este privilegio a criaturas como tú que precisamente no tienen patria ni hogar y, a veces, ningún honor?

– Es el don que Él nos concede, privándonos de todo lo demás... porque así podemos ganarnos la vida, leyendo en nuestras manos el destino de los hombres.

Nubio sonrió amarga y burlonamente, diciéndole:

– Desafío a los Fados y a la ciencia de todos los buenos lectores de la fortuna ¡porque ninguno podrá desentrañar mi destino!

– ¿Dudas? – respondió la zorra – ¡Ya verás! A ver la mano... Desde ayer me muero de hambre, pero no te cobraré ni un real.

El niño dio un paso atrás y la interrogó irónicamente:

– ¿Cuánto sueles cobrar?

– Veinte reales.

– ¡Bueno, te daré mil o dos mil, si puedes decirme mi fortuna!

Así hablando, con un rápido movimiento de hombros descubrió la barbilla, la boca con los labios partidos y el brazo derecho cercenado, dándole "un aspecto macabro de espectro mágico."

La gitana se desplomó lanzando un grito de terror. Nubio, furioso, avanzó hacia ella con una sonrisa de calavera:

– ¿Te niegas a contestarme?

Ella, aterrada, se cubrió el rostro con sus sórdidas manos, jadeando de emoción, ¡muda, petrificada!

Nubio soltó una carcajada de infinito desprecio y amargura:

– ¿No quieres adivinarme la fortuna, maldita? Bueno, también sé desentrañar el pasado, penetrar en lo más profundo de los corazones criminales: tú, maldita gitana, eres una madre antinatural, que arrojaste al barro de los caminos, al azar, a los perros, el hijo que el Creador a ti encomendado para que la amada y protegida… Madre despiadada, que no supiste imitar a las fieras que amamantan y guardan a sus crías; no quisiste burlarte del infortunado niño, que por tus crímenes y los de tu amante, nació picado por la Justicia divina; ¡no querías pensar con tus afectos en los miembros que no fueron generados en tu vientre maldito! Querías la muerte para quien dio una vida desgraciada, para que el desdichado no te causara vergüenza, ¡como si una verdadera madre pudiera ver a su hijo como un monstruo y no como un ángel!

Concebiste a un hombre desafortunado, pero, Dios lo bendijo, es mucho más afortunado que tú, porque puede mantenerse honestamente en la sociedad, sin saquear las bolsas ajenas, sin vivir en harapos y sin ser despreciado por los honestos y sensatos.

¡Ese hijo repudiado, al que nunca acariciaste, al que abandonaste en un lugar desierto para ser alimento de lobos hambrientos, hoy se cree feliz porque quienes lo parieron no lo conocen! ¡Esta es tu cosecha y tu única aventura en la Tierra!

Sí, me moriría de vergüenza si supieran que mi madre es una fanfarrona hipócrita, que engaña la credulidad pública con mentiras, y, bajo su manto raído, esconde, tal vez, un puñal afilado para herir a quienes no le arrojan monedas.

La bohemia se levantó de un salto como una hiena herida. Fue horrible. Parecía como si una máscara trágica y satánica se hubiera tensado sobre su rostro; sus ojos brillaban con odio mientras miraba al hombre mutilado que tenía; de repente, el sonido argentino de una campana avisó al infortunado Nubio que la ceremonia de ese día estaba por comenzar. Se alejó tambaleándose como un borracho, dirigiéndose hacia el templo donde se conmemoraba la pasión del Redentor:

El sirviente, que lo esperaba impaciente, le ajustó la máscara negra a la cara, le levantó el manto y, antes de empezar a cantar, Nubio se arrodilló, abrumado por un intenso dolor...

Nunca, hasta entonces, había sentido tan agudamente su desgracia. Dotado de una lúcida intuición desde los primeros años de su existencia, comprendió la situación, el doloroso calvario que atravesaba.

Quería rebelarse contra las inclemencias del destino que lo había castigado sin causa aparente, volverse despiadado con quienes lo ofendían, pero las saludables advertencias de Dusmenil lo hicieron humilde y compasivo.

Se mostró resignado a los designios superiores, aunque albergaba en su interior incesantes torturas... Estaba marcado por la aguja divina, una criatura que nunca participaría de los placeres mundanos, salvo como triste espectador, ya que su presencia causaba una dolorosa impresión en todos. Vivía, con envidia, mezclada con un dolor indescriptible, parejas jóvenes en idilio, idealizando sueños de aventura; veía hogares tranquilos, llenos de seres amigos, de niños felices, después del trabajo del día, reunidos en conversación maternal, como gráciles efigies sobre altares sacrosantos, intercambiando besos y caricias y estas imágenes, más que las demás, le causaban un disgusto desgarrador, apuñalado profundamente en su alma. ¡Él solo nunca crearía un hogar feliz! Sus labios partidos nunca experimentarían la caricia de un beso, especialmente el de una niña cándida y hermosa; Vivió aislado, melancólico, sin afectos sinceros, ya que Dusmenil había liberado el espíritu generoso en las regiones consteladas... Fue condenado a vivir en el abandono, sin cariño, sin familia, sin hogar...

Solo lo consolaba el Arte sublime que adoraba. Los momentos de triunfo compensaron los siglos de amargura soportados en el silencio del dormitorio, en las noches interminables de meditación y angustia...

Finalmente se acostumbró al peso de su dolorosa cruz.

Se había resignado a su vida de asceta. A veces recordaba el pasado y una pregunta pasaba por su mente:

– ¿Dónde estarían sus padres antinaturales? ¿Tendría hermanos? ¿Serían hermosos? ¿Se arrepentirían sus padres de lo que le hicieron?

Cuando cumplió tres décadas, su espíritu tranquilo –como un Mediterráneo antes agitado y turbulento – seguía dormido, sin pasiones, sin aspiraciones, sin quimeras... Aquella tarde, de repente, se produjo un sobresalto que lo hizo estremecerse en sus fibras más recónditas, como una región devastada por un terremoto, con la violenta erupción de lavas de rebelión y desesperación... ¡Un volcán que creía extinto!

Esa mujer con apariencia de horca y ropas sórdidas, lo había sentido desde que su mirada se fijó en ella.

– ¡¡¡Era su madre!!! ¿Madre? No. Mamífero sin alma, que no sentía ninguna simpatía por su desgracia; que lo había arrojado a un camino desierto, como un guijarro al fondo de una cisterna o de un cráter infernal; arpía que le había infundido repugnancia y miedo, cuyas manos estaban sucias y a veces manchadas por crímenes secretos; le habría dado asco besar...

Finalmente entendió por qué sus labios eran bífidos, inadecuados para la caricia muy suave de un beso, para que no se lastimaran al rozar su mano derecha hinchada.

¡Era, en realidad, fruto espurio de aquel ser monstruoso debido a los vicios y sentimientos corruptos que se grababan en su rostro, como si profundos arabescos, que alguna vez grabaron inscripciones eternas en la piedra, perpetuando una existencia de robo y libertinaje!

Se sentía miserable y deshonrado, como el más bajo de los mortales: pareciera que se hubiera producido un cataclismo en su alma, dejando todos los sentimientos loables y altruistas en escombros, destrozados, dejándolo ileso ¡solo la sensación de un tormento que la aplastaba, que lo doblaba hasta el suelo, llevándose su corazón de plomo ardiente, donde se agitaban los áspides furiosos del odio y de la rebelión! El árbol de las pruebas, que hasta entonces llevaba con resignación, se había convertido de repente en granito aplastante.

Lloró por dentro, pero no había lágrimas en sus ojos y, si las derramaba, serían como chispas de una llama que quemaría todo su cuerpo o su espíritu...

Su palidez, que era como de alabastro cuando entró al templo, fue notada por un colega de la orquesta, quien le preguntó:

–¿Qué tienes, Nubio? ¿Estás enfermo?

– Dame un vaso de Aterrado, bajó del carruaje y, seguido del criado que rara vez lo dejaba, a la luz de una linterna buscó el lugar donde se encontraban.

De repente, notó que, tirada en el suelo, estaba la miserable gitana con la que había discutido esa tarde, casi sin vida, con la ropa empapada de la sangre que brotaba de su pecho paralizado.

—¿Qué hiciste, desgraciada? — Preguntó retrocediendo aterrorizado. Con voz estridente, ella respondió:

— Te seguí para matarte cuando saliste de la iglesia, porque sabía que no podías defenderte… Pero entré, escuché tu canto sublime… y nunca sentí tanto remordimiento por mis crímenes… Hay tantos… ¡Tengo la sensación que, si siguiera viviendo, todavía te amaría y estaría más deshonrada por tu desprecio! ¡Horrible! Pero me estoy muriendo… ¡dame tu perdón!

Nubio, erguido como una estatua de granito negro, se había quedado en silencio.

— Di eso… que tú me perdonas… mi…

—¡Imposible, desgraciada! Le mentiría a Dios si te dijera que perdono. No hay perdón para las madres antinaturales que abandonan el fruto de sus entrañas al abismo.

— Ten piedad… Miente… ¡al menos para que pueda morir!

— Que Dios, ante cuyo tribunal comparecerás, juzgue tu procedimiento. ¿Qué vale para ti mi perdón sin el suyo?

Ella no pronunció una palabra más, entró en un espasmo de dolor y permaneció inmóvil para siempre.

Nubio, después de algunos momentos de indecible amargura, sosteniendo un combate íntimo que parecía durar siglos, murmuró, mirando el cadáver de la infortunada bohemia:

— ¡Que el Altísimo nos juzgue! Procedí según mi conciencia.

Tambaleándose, volvió al carro y fue a informar a las autoridades de lo sucedido, el sangriento desenlace de la infortunada mujer que ya no tuvo el valor de volver a ver, y que, tras el peritaje, fue enterrada con sus sórdidas ropas, en una fosa común…

Al entrar en la modesta habitación que ocupaba en la antigua mansión de Dusmenil, el Ruiseñor Enmascarado se sintió enfermo y más infeliz. Se retiró a la cama, sacudido por fuertes temblores y, durante algunos días, pareció devorado por la fiebre tísica.

A menudo deliraba, lanzaba imprecaciones y gritos de rebelión, incomprensibles para quienes lo vigilaban.

Cuando la fiebre bajó, se dijo que su cráneo había sido devastado por un violento incendio, carbonizando incluso su satinado cabello negro, que se transformó, perdiendo su brillo y mostrando mechones descoloridos. Una debilidad extrema le impidió, durante algún tiempo, ejercer su profesión.

Oró durante mucho tiempo, pero permaneció insaciado, aguijoneado por un dolor secreto, cuando necesitaba recibir consuelo, escuchar una voz cariñosa, una advertencia amistosa. El silencio del Campo Santo amargó su alma sensible, la envolvió en un espeso crepé...

Se retiró del lugar silencioso donde se alzaban los mármoles y las hermosas tumbas y, con dificultad, por debilidad orgánica, subió la escalera central del castillo, entrando en la sala, que se había conservado tal como estaba en la época de los anteriores propietarios.

Una tarde, sintiéndose mejor físicamente, pero profundamente entristecido y pareciendo tener lágrimas en el corazón, se dirigió al cementerio donde yacían Dusmenil y sus seres queridos.

De una pared colgaba un exquisito lienzo que representaba a Dusmenil, su esposa y su pequeño hijo: rubio y cándido, como un rubí vestido de blanco, que parecía un eslabón de flores o de luz, aliando para siempre a los dos seres orgullosos que lo abrazaban tiernamente.

Al ver aquel cuadro, una repentina emoción se apoderó de todo su ser.

– Padre – murmuró suavemente, mirando el retrato de Dusmenil –, ¿será posible que tú también me abandones, inexorable por el crimen que cometí al repeler al monstruo... no, a la miserable criatura que me concibió? ¡Piedad, querido padre! Cuánto anhelaba volver a ver tu efigie, para que escucharas mis lamentos y conocieras mis desventuras... Pero, ¿por qué la veo hoy con un toque de serenidad que nunca observé en ella?

En la penumbra que envolvía la habitación, se diría que los seres allí retratados revivieron, se separaron de la pared y se dirigieron hacia el Nubio.

Una ternura infinita, una ola de emoción incontrolable, como una ola indómita en una tormenta, subió desde su corazón hasta sus ojos, que estallaron en lágrimas. Le parecía que, en la habitación donde permanecía absorto, contemplando el hermoso lienzo, algo extraordinario o misterioso le susurraba palabras desconocidas, que le recordaban otra época de existencia oscura...

Su mirada llorosa se posó en su gran amigo y luego pasó a las encantadoras personas que lo flanqueaban, en el apogeo de su felicidad terrenal. Cuando los vio, una emoción más vívida hizo que su corazón latiera salvajemente: el prisionero secreto, el enajenado que nunca se liberó, el enterrado vivo, que solo fue liberado con permiso divino, cuando su mazmorra se convirtió en polvo...

Era la hora del crepúsculo del radiante verano.

A través de las amplias ojivas de las vidrieras de colores, se filtraba una luz suave, como si hubiera topacios y rubíes diluidos en la habitación.

– ¡Querido padre! – Prosiguió acercándose al panel –. ¡Cuánto tiempo hace que no contemplo tu noble apariencia y cuánto deseo tu guía, confiándote mis desgracias! ¡Qué aislado me siento en este mundo, desprotegido y desafortunado!

Entonces le pareció que un resplandor estelar brillaba sobre los tres hermosos seres, revividos en ese marco. No supo cómo expresar la emoción que lo dominaba, mientras contemplaba por largo tiempo la grácil figura de Eloísa y, por primera vez en su vida, notaba su belleza peregrina.

¡Cuánta excelencia se cierne sobre sus rasgos helénicos! Qué maravillosa belleza son los ojos, el cabello, la tez de jazmín y rosa; ¡qué conjunto tan admirable que recuerda a un modelo de Rafael, que podría seguir el modelo de Aspasia o de cualquier Vestal! ¿Dónde había visto, en qué época, había visto a una mujer tan exquisita?

¡Como nunca había parecido femenino, una plástica tan armoniosa lo había fascinado tanto! Parecería que de su tumba de sombras había surgido una figura humana que se movía, hablándole del pasado lejano...

Luchó, en vano, por liberarse de la extraña seducción que emanaba de la bella castellana, pero su mirada salvaje estaba fija en el panel, se sintió aturdido y, casi independientemente de su voluntad, medio inconsciente, murmuró:

–¿Dónde habría visto ese rostro vestal? He buscado, en vano, en esta existencia, a alguien con esta apariencia, para dedicarle el cariño más profundo, aunque sabía que sería repelido, despreciado, como un reptil. ¡Qué indescriptible fascinación ejerce esta criatura, que verdaderamente debió ser tan digna y bondadosa como la hermosa Madre de Jesús!

Cómo entiendo, ahora, el drama conmovedor, una vez desarrollado en esta mansión, que, supongo, aun conserva, incrustadas en sus majestuosas bóvedas, fragmentos de sollozos, lágrimas, exasperación... que hoy resuenan sombríamente en las cuevas de mi alma...

Cuánto debió sufrir mi querido amigo... y cómo habría soportado todo su martirio, para ser amado por esta belleza incomparable.

Sin poder definir el origen de aquella conmoción, lágrimas ininterrumpidas brotaban de sus ojos.

– Mi único amigo – prosiguió, profundamente conmovido –, me considero doblemente culpable ante ti, vine a implorarte un consejo paternal, a revisar tus venerables rasgos, a mostrarte mi intraducible reconocimiento... y mis ideas tomaron otro rumbo, como si un torrente impetuoso, bloqueado por un muro centenario, de repente rompiera todos los obstáculos que obstaculizaban su vertiginosa corriente y los convirtiera en escombros, ¡victorioso en su brutal omnipotencia! Este pasado milenario, que yacía muerto en los arcanos de mi alma, rompió el muro de la materia, continúa su torrente indomable, se hincha en mí, arrastrando los bloques imperecederos de las reminiscencias de una época que parecía muerta, pero que solo estaba inmersa en un sueño, cataléptico, y el nuevo Lázaro resucitó de su tumba secular... Ahora comprendo por qué, hasta el momento, ninguna mujer ha podido inspirarme más que una fantasía efímera: ¡es que mi ideal, el único que aun embarga mi ser, ejerce divina fascinación en mi espíritu, se reproduce en este estupendo panel! Siento que ya amaba a este hermoso chatelan.

¡Que fue tu heroica esposa!

Padre, escúchame y hazme justicia: desde ahora me considero doblemente criminal; tengo el alma agriada, como si hubiera perpetrado los crímenes más nefastos... Me considero un traidor y un matricida. ¡La situación en la que me encuentro es horrible! Mi conciencia; sin embargo, permanece intacta y sabe evaluar severamente sus propios actos... ¡Me condeno como indigno de volver a ver tu retrato, mi único consuelo en la Tierra!

Me condeno a no contemplarte nunca en esta existencia. Sin embargo, no me abandones en la terrible e interminable vorágine de mi martirio moral.

De rodillas, sollozando, sintió que su cuerpo se entumecía con una languidez invencible, finalmente se entumeció y permaneció inerte sobre la alfombra, de donde fue conducido a la cama.

Durante unos meses más, el Ruiseñor Enmascarado estuvo inactivo, sin poder continuar su gloriosa carrera artística, en la que ya había cosechado laureles inmarcesibles. Se puso gris prematuramente y la tristeza visible nunca abandonó su alma sensible.

CAPÍTULO XIII

Algunos años fluyeron en el reloj de arena de Saturno, pétalos llevados por el torrente de los Evos al océano infinito de la eternidad.

Nubio, siempre dominado por una intensa melancolía, abandonó la ciudad de Arras. Él y otros tres seguidores del arte de Paganini recorrieron las metrópolis más famosas, ofreciendo a sus habitantes conciertos inolvidables, aplaudidos con entusiasmo.

Él, que tenía una fortuna regular, legada por Giácomo Dusmenil, la distribuyó en varias casas piadosas y orfanatos.

Fue constantemente buscado por quienes conocían sus sentimientos altruistas, suplicándole ayuda, que él nunca negó.

Como no disfrutaba de las festividades mundanas, salvo aquellas en las que se veía obligado a participar como excelente cantante, se aislaba durante el día en sus aposentos privados, para iluminar su intelecto con lecturas filosóficas, científicas y morales.

Con el tiempo, se volvió culto e inspirado por ideas generosas, que causaron la admiración de quienes estaban cerca de él.

Su porte señorial, alto y majestuoso, siempre envuelto en un amplio manto castellano negro, era inconfundible y llegó a ser legendario.

Con el paso de los años, su rencor fue creciendo por haber sido tan severo con la antinatural mujer bohemia que le había dado su ser, negándole un homenaje de conmiseración, permitiéndole ser enterrada como una pobre, en una fosa común... A veces, en plena noche, lo despertaban manos vigorosas, pero intangibles, escuchaba sollozos y gritos desgarradores, veía sombras de niebla alrededor de la cama, con los brazos levantados en actitudes de oración o maldición.

Aterrado, oró fervientemente, hasta que, al darse cuenta que las entidades inmateriales se marchaban, se quedó dormido tranquilamente.

Una vez, una voz meliflua lo sorprendió, insinuándose en lo más íntimo de su ser. La escuchó claramente decir: "¡Ser compasivo con quienes nos ofenden es ejercer la suprema caridad...! Tuviste la oportunidad de practicarla y no lo hiciste. Fuiste inexorable, Talión..."

- ¿Cómo responder?

- Así es, Nubio, pero esta abnegación solo la cultivan las almas de élite, evolucionadas, y no las almas incultas, demonios de la crueldad, impulsadas por sentimientos represibles. ¿Alguna vez has visto un murciélago volar por el espacio como un águila real?

– ¿Y los animales no aman entrañablemente a sus crías? ¿Los tiran por los acantilados? ¿Son las mujeres irracionales más cariñosas que las humanas?

– Absolutamente no, ya que las madres antinaturales son la excepción y las madres amorosas y desinteresadas, incluso hasta el sacrificio más sublime, son la regla.

– ¿Por qué entonces no se compadeció de mi desgracia?

– Fue la Justicia Suprema quien dictó tu sentencia, Nubio. Te pareció injusto porque desconocía las circunstancias agravantes que lo motivaban.

En el Código Celestial no se presume la injusticia. ¿No te has dado cuenta desde hace mucho tiempo que el alma no tiene una, sino innumerables encarnaciones terrenales? ¿No sientes, en el fondo, el eco, el murmullo del pasado culpable?

– Sí, es verdad. Esta creencia – la de la transmigración del alma en diferentes cuerpos –, la tengo en lo más recóndito de mi espíritu y, por eso, estoy encantado con la literatura de los brahmanes, o de los orientales...

– Bueno, Nubio, aun conocerás tu pasado tanto más oscuro como poderoso, despótico, vengativo, soberbio, cruel, inicuo. ¿Cuántas fortunas has destruido, cuántos hogares has hecho infames, cuántos pequeños niños has arrancado de los brazos maternales causándoles la muerte?

Cayó postrado sollozando:

– ¡Dios mío! Ya predije esta dolorosa verdad, ahora confirmada por este amigo desconocido revelado... ¡Siempre me consideré indigno de disfrutar de la felicidad terrenal!

Dios es, por tanto, íntegro e imparcial, y soy yo el infame que no se apiadó de la infortunada mujer que, en medio de la agonía, suplicó perdón...

Ella era un instrumento de la autoridad suprema, y yo era más criminal que ella, la desdichada que me abandonó en los albores de mi existencia, ¡como lo hice con ella en los últimos momentos de su vida!

– ¡Perdónala, Nubio!

–Pero ¿cómo puedo hacerlo ahora, amigo?

– Escucha, querido hermano... Una falta nunca es irremisible, cuando hay un arrepentimiento vehemente y un deseo sincero de enmendar... ¿Quieres saber cómo puedes aun perdonarla? Orando por ella... La muerte solo eclipsa el alma, no la destruye...

– Nunca supe su nombre...

– ¡Oh! amigo infeliz! ¿Olvidas aquel al que nunca le hablaste con ternura? ¡Madre! ¿Existe en el mundo algún otro lenguaje más bello que el del Creador del Universo?

Nubio siguió el consejo del piadoso invisible. Sus facultades psíquicas habían alcanzado un alto nivel, con las últimas luchas morales que había vivido. Reveló los secretos más ocultos del alma de un vistazo. Se podría decir que, para él, los pensamientos de quienes lo rodeaban se volvían sonoros, vibrantes, traslúcidos. De noche podía distinguir figuras inmateriales; escuchó sus reproches, sus lamentos, sus palabras de consuelo.

En ese momento se dio cuenta que, junto a él, se encontraban amigos desvelados. Podía escuchar el aleteo de pájaros etéreos. Olas de armonía y cantos inefables llenaron su alma.

En actitud piadosa, alejado del mundo objetivo, comenzó a orar fervientemente; su espíritu flotaba en una región superior, llena de serenidad y melodía.

Escuchó como los preludios de una sonata divina, de algún Beethoven sideral, y trató de distinguir las voces que resonaban en medio del infinito.

"¡Perdón! Escuchó claramente, resonando en la inmensidad del espacio, como un relámpago de maravillosa vibración. ¡Perdón! ¡Sublime sacrificio del alma que se redime y se inmola en los campos de la virtud y la abnegación! ¡Tú, solo tú puedes hacer surgir en los espíritus nublados y pantanosos los nevados lirios del arrepentimiento y de la redención, y olvidar los crímenes, las injusticias, las degradaciones! ¡Eres la espiral de luz que se eleva desde los pantanos terrenales hasta los topes azules de la inmensidad! Eres el despertar del alma que se libera de las cadenas del mal, para liberarse hacia las tierras consteladas. En el momento en que un ser humano la concede a quienes le causaron torturas y traiciones, se acerca al Soberano del Universo, quien acoge, como Padre misericordioso, al réprobo, al fugitivo de su hogar radiante, al extraviado del bien, señalándole a él el camino resplandeciente del trabajo y del deber, que lo conducirá a moradas de eternas delicias.

¿Quiénes, en la eternidad del pasado, no cometieron crímenes atroces, injusticias, crueldades; no manchó, finalmente, el espíritu con el escenario de iniquidades?

¿Qué sería de este acusado, si el Padre magnánimo no lo apoyó, no le concedió el olvido de las vilezas perpetradas, para que, después de haber sido pulido, encendido, regenerado, higienizado, quintaesenciado, coloque en su frente el beso del Perdón?

Así, como un mendigo, de casa en casa, también necesita pedir perdón a aquellos a quienes ha ofendido, maltratado o infelicitado...

¡Perdona, pues, para que tus crímenes sean olvidados, extirpados de tu alma al brezo de las imperfecciones y de la ignominia, refrigerados los pensamientos corrosivos, que destruyen la más pura felicidad...!

Nubio, conocerás aun el océano negro de tu pasado, y entonces verás cuán justa fue la sentencia dictada contra quienes destruyeron hogares felices, arrancaron a niños indefensos de los brazos maternos y arrojaron doncellas castas a los lupanares. ¿Estás llorando? ¡Benditas lágrimas! ¡Ellas, el dolor, el trabajo, el honor, blanquean, como lirios de rocío, nuestra alma contaminada y pecadora!

Inmerso en lágrimas, conmovido como nunca antes, el pequeño elevó su pensamiento a las regiones celestes y, por primera vez, oró por su madre.

Un sollozo prolongado resonó estrepitosamente dentro de él, haciendo temblar todo su ser, y luego lentamente se apagó, como si algo hubiera sido trasladado de su presencia a los confines distantes del Universo...

Desde entonces, su espíritu ha estado en pleno apogeo. Se podría decir que una tela crepé se deshizo en su interior, dejando su alma iluminada por el resplandor opalino, la luna más suave.

CAPÍTULO XIV

Pasaron algunos años en el torbellino del tiempo.

Peregrinando de pueblo en pueblo, Nubio se granjeaba la piedad y admiración de quienes lo escuchaban y aplaudían.

Una noche de crudo invierno, al regresar de un castillo festivo, donde había participado en el recital en honor del cumpleaños de su dueño, a mitad del viaje fue sorprendido por una inesperada y violenta nevada.

Sabiendo que había una fortaleza en ruinas no lejos de donde se encontraba, ordenó a los caravaneros que se dirigieran allí, temiendo que los caballos, desconcertados por la tormenta, los arrojaran por un acantilado.

Débilmente iluminados por la linterna retirada del vehículo, se dirigieron hacia el citado castillo, medio arruinado en tiempos de la primera Revolución, y que aun conservaba algunos compartimentos intactos, cuando los animales, azotados por la tormenta, cegados y desorientados, cayeron en una depresión en el suelo, o mejor dicho, en un foso que divide la fortaleza, con todos cayendo al suelo. Dos solo sufrieron ligeros hematomas, pero la pierna del cantante se fracturó, sus órganos visuales resultaron dañados y su lengua quedó destrozada por los dientes que chocaban y se rompían debido a la violencia de la caída.

A tientas en la oscuridad, los hombres desengancharon a los animales de las correas rotas y, con dificultad, pudieron llevar al desafortunado Nubio a una letrina de la mansión.

Inmersos en las sombras, escuchando el zumbido de las ráfagas que se desataban como manadas de lobos hambrientos aullando desesperadamente en busca de alguna presa, las miserables víctimas, vencidas por el terror, añoraban la aurora. La lluvia; sin embargo, continuó ininterrumpidamente.

Uno de los guías, al amanecer, al encontrar solo un animal – pues el otro había huido asustado –, montó en él y fue en busca de ayuda para el herido.

Pasaron horas muy dolorosas para Nubio y su sirviente descubierto, Fabrício, que solo pudo darle agua recogida de una hoja de leguminosa encontrada entre los escombros de la mansión, donde antes existía el huerto.

Cuando llegaron los recursos que necesitaban para continuar su viaje, el médico, al examinar al herido, dijo con aprensión:

– Se necesita otro profesional que me ayude con los vendajes que deberían haber precedido a la inflamación de los tejidos... De hecho, las lesiones son graves.

– ¡Me quedaré ciego y tal vez mudo! – Pensó Nubio, que lo escuchaba sin poder distinguir sus facciones. Con dificultad logró hacerse entender –. Sé que estoy perdido ¡Que se cumpla mi doloroso cuento de hadas! ¡No quiero que me trasladen de aquí a otro lugar, porque mis huesos se sienten aplastados y sé que no hay cura! ¡Déjenme morir, como nací!

El médico intentó disuadirlo de quedarse allí, pero no pudo. Pasaron horas de angustia indescriptible para los itinerantes, que se encontraban a cinco millas de Nanei. Al no poder continuar su viaje, mandaron a buscar medicinas, comida y ropa, improvisando camas en el suelo ya medio carcomido.

Al cabo de unas horas, el estado de Nubio empeoró. Su lengua, que estaba excesivamente hinchada, le causaba un dolor insoportable. Ya no se le podía entender, sus palabras eran confusas y el delirio se apoderaba de él, como el vencedor de un enemigo desarmado.

Y la nieve no dejó de caer. Se podría decir que una avalancha de cristales rotos caía desde el espacio, amenazando con invadir el Universo.

Una temperatura helada embriagaba a los viajeros que aun se refugiaban en las ruinas, sin consuelo y ansiosos que cesara la tormenta de nieve para remediar la situación. Los caminos estaban obstruidos y parecían acolchados de algodón o de fantásticos encajes tejidos por manos de hadas. Nubio, que padecía una fiebre intensa, tenía momentos de alucinaciones y no podía hacerse entender sin dificultades sin precedentes.

Distraído, incapaz de concentrar energía psíquica para orar, soltó prolongados gemidos que resonaron lúgubremente por todo el castillo en ruinas, como si se hubiera transformado en una cueva de tormentos dantescos.

Vieron a los infortunados itinerantes pasar su tercera noche en aquel lúgubre refugio. Solo una linterna roja los iluminaba débilmente.

Nubio no había comido desde que resultó herido. Pidió agua, con gestos demenciales, pero cuando se la dieron, solo tragó unas gotas.

A veces, lágrimas ardientes rodaban por sus mejillas en llamas, peladas por el amargo sufrimiento que atravesaba. La lengua desproporcionadamente hinchada, apenas contenida en la cavidad bucal, y los labios partidos le daban un aspecto macabro, impresionante. Quería expresar sus pensamientos y no pudo.

El dedicado sirviente, entristecido, intentó reanimarlo:

– Mañana, si Dios nos concede un día soleado, serás transportado en camilla al hospital de Nanei. Después de la cirugía, recuperarás tu salud. Nunca te abandonaré, créeme.

Nubio, que lo escuchaba agradecido y adolorido, con un gemido meneaba la cabeza como si quisiera decir: ¿Por qué vivir ciego y aun más infeliz? ¡Prefiero la muerte, el descanso eterno!

Después dejó claro que quería que oraran por él.

Fabrício, entre lágrimas, le obedeció diciendo una ferviente oración que, en aquel desierto caliginoso, con el silbido del viento, adquirió una gravedad indescriptible. Nubio siguió mentalmente la oración y, cuando terminó, parecía más tranquilo. Desde el día anterior, había comenzado a notar innumerables fenómenos psíquicos. Ya no podía ver el lugar donde se encontraba, le parecía que aquellas ruinas estaban pobladas: había figuras cubiertas de larga clamidia, soldados de aspecto majestuoso, fisonomías a dos aguas, mujeres de aspecto espantoso, ¡como la infortunada madre! Y escuchaba gritos, lamentos, sollozos, risas, el choque de armas blancas, el crepitar de los disparos de fusil.

Una vez escuchó que alguien le decía burlonamente:

– ¡Estos son los últimos momentos de un tirano!

– ¿Por qué tirano? – Respondió, no con sus labios, sino con su alma y le pareció escuchar la vibración de aquellas palabras resonando extrañamente en su interior.

– ¿No soy yo, más bien, el hijo de la desgracia, el ser más maldito y abandonado de este planeta? ¡Extraña realeza mía! ¿Por qué te burlas de mi dolor infinito?

–¿Ya te olvidaste de Dusmenil? – Le dijo otro ente con indescriptible compasión y tristeza, estas palabras penetraron en su alma como un bálsamo inefable, aunque revelaron un tono reprobable y dolido.

– ¿Giácomo Dusmenil? – Preguntó en un dialecto gutural que resultó incomprensible para los dos sirvientes que observaban.

– ¿Por qué esperaste tanto, amado protector? ¡Ten piedad de mí, querido padre! ¡Ora por el más desafortunado de los mortales, porque ya no puedo hacerlo! ¡Mira mi condición y cuánto sufro! ¡No me abandones, buen amigo!

Parecería que, de aquellas ruinas lúgubres donde prosperaban nóctulos y búhos, la agresiva falange de espectros que lo atormentaba había sido repentinamente expulsada. Nubio, que desde la caída que lo había matado, tenía la visión nublada por una niebla sanguinolenta, entonces vio una luz muy tenue, como si a la tormenta le siguiera una luna llena dorada, que no sabía si estaba dentro de él o afuera...

Le pareció que tocaban tranquilamente un salterio encantado; escuchó los arpegios de un himno sagrado y, extasiado, recogió estas consoladoras expresiones de afecto:

– Querido Nubio, hermano en Jesús, ¡olvida tus dolencias mentales! ¡Benditas las regiones serenas de la paz eterna! Ya has empezado a vislumbrar el fuego que reina en los confines exteriores...

¡No estás abandonado, como crees, sino protegido por amigos desvelados, que, no pudiendo impedir la ejecución de penas dolorosas, para rescatar crímenes oscuros, desde que naciste te han apoyado, te han inspirado, han seguido tus pasos como arcángeles tutelares, guiaste tu alma hacia Dios!

¡Dusmenil y otros invisibles dedicados están aquí y oran por ti, para que tus sufrimientos sean aliviados!

Saturemos, querido hermano, nuestras almas de efluvios divinos, haciéndolas vibrar al unísono con las armonías que escuchas – oraciones sonoras, mezcla de sol y aroma –, que las entidades siderales dirigen a la Majestad Suprema, ahora traída a este ambiente oscuro, en las ondas etéreas, solo perceptibles por los espíritus ya encendidos en heroicas luchas contra el mal, a medida que adquieren facultades mágicas de sensibilidad ilimitada... Escucha y repite en el pensamiento:

"Señor, incomparable Soberano de todos los imperios maravillosos del Universo, que, siendo innumerables, tienes como encerrados en tu corazón augusto y resplandeciente, haciéndolo palpitar, palpitar como tantos otros corazones alados de luz, fragmentos tuyos, metamorfoseados en polillas de diamantes, esmeraldas y topacios bailando graciosamente, formando curvas o parábolas indescriptibles, sin confundir jamás sus alas, para asombro de todos los matemáticos del Cosmos; Padre y Monarca de todos los seres creados por ti, que compartes con tus hijos y vasallos todos tus reinos y portentosos dominios; acepta, benevolentemente, la súplica que ahora hacen tus humildes súbditos, en beneficio de la oveja descarriada que ha regresado a tu redil, que ha redimido con lágrimas, abnegación, virtudes, deberes austeros, los crímenes de un pasado contaminado…

Calma, Señor Magnánimo, los dolores que desgarran mi materia como afilados estiletes empuñados por ladrones emboscados en mi propia alma; simpatizan con las dolencias físicas y morales, que; sin embargo, son arroyos cristalinos que purifican y divinizan el espíritu verdugo de los avatares tardíos…

Ya no es el tirano cruel que alguna vez fue, porque su actual existencia de ascetismo, abnegación y virtud, libre de crímenes y degradaciones, ha adquirido un gran ascendiente espiritual y ya no está contaminada por la práctica del mal. Luchó contra lo represible sentimientos, logro verdadero mérito…

¡De los escombros del pasado, su alma emerge como alabastro níveo, flotando en un lago de aguas pútridas y negras…!

Lo acogí bondadosamente, Señor, después de las batallas del deber y del sacrificio, como una golondrina de luz que huye de la dureza de los inviernos polares…"

Hubo un interregno, una fermata inesperada en el discurso del amable protector, que el moribundo pensó que duraría siglos. Su dolor ya no era insoportable, anestesiado por un refresco muy suave; el espíritu comenzó a emerger de la materia fría, sintiendo que se despegaba del organismo físico, como un capullo frío, el *bombix mori*, y escuchando a lo lejos la vibración de una palabra incomparable – Dios –, que parecía llenar todo el Universo con armonía…

Intentó reproducirlo con la boca todavía hinchada e inmovilizada para siempre, pero solo pudo hacerlo subjetivamente, porque la materia que lo componía ya no era activada por el propulsor que se forma a partir de una sustancia divina, chispa, y ya flotaba en el ambiente, unida al cuerpo tangible por vínculos fluídicos últimos, ebria de los acordes de una orquesta enmudecida – una melodía o un ensueño indescriptible –, que le llevaron al deseo de conocer al sideral Paganini, que la interpretaba magistralmente, tal vez en alguna catedral esmeralda reluciente, decorada con lirios luminosos…

Sus párpados ya no se abrían, por mucho que lo intentara, parecía como si el sufrimiento los hubiera atado eternamente con lazos de bronce.

Había perdido el conocimiento de dónde estaba. Afuera, la nieve danzaba en el aire como faldones de diamantes, o copas de cristal destrozadas en un festín de rajás borrachos o enloquecidos, que querían arrojarlas al infinito…

Comenzó a revelar resplandores dorados y eloendres, más bellos que los imaginados en momentos de fantasía, llenos de suavidad y refinamiento. Vio, una vez más, seres inmateriales, aireados, con túnicas diáfanas, en actitudes de oración, frentes aureoladas por diademas de perlas radiantes.

Entre ellos, reconoció, con alegría inexpresable, a Dusmenil, hermoso, de rostro serio y luminoso, que caminaba hacia él con los brazos abiertos, como invitándolo a compartir juntos la extensión cerúlea…

Un gemido indefinible – mezclado de lamento y alegría –, escapó de su pecho palpitante y fue el último que emitió en aquella dolorosa existencia, al sentir en su frente inmaterial el contacto inefable de unos labios de niebla, que depositaron sobre él un beso de caricia fraternal… – un beso santificador que nunca había recibido, y pensó que era el *flabellum* más dulce de las alas de alguna falena dorada, o de los pétalos aterciopelados de una camelia divina…

FIN

Grandes Éxitos de Zibia Gasparetto

Con más de 20 millones de títulos vendidos, la autora ha contribuido para el fortalecimiento de la literatura espiritualista en el mercado editorial y para la popularización de la espiritualidad. Conozca más éxitos de la escritora.

Romances Dictados por el Espíritu Lucius

La Fuerza de la Vida

La Verdad de cada uno

La vida sabe lo que hace

Ella confió en la vida

Entre el Amor y la Guerra

Esmeralda

Espinas del Tiempo

Lazos Eternos

Nada es por Casualidad

Nadie es de Nadie

El Abogado de Dios

El Mañana a Dios pertenece

El Amor Venció

Encuentro Inesperado

Al borde del destino

El Astuto

El Morro de las Ilusiones

¿Dónde está Teresa?

Por las puertas del Corazón

Cuando la Vida escoge

Cuando llega la Hora

Cuando es necesario volver
Abriéndose para la Vida
Sin miedo de vivir
Solo el amor lo consigue
Todos Somos Inocentes
Todo tiene su precio
Todo valió la pena
Un amor de verdad
Venciendo el pasado

Otros éxitos de Andrés Luiz Ruiz y Lucius

Trilogía El Amor Jamás te Olvida
La Fuerza de la Bondad
Bajo las Manos de la Misericordia
Despidiéndose de la Tierra
Al Final de la Última Hora
Esculpiendo su Destino
Hay Flores sobre las Piedras
Los Peñascos son de Arena

Otros éxitos de Gilvanize Balbino Pereira

Linternas del Tiempo
Los Ángeles de Jade
El Horizonte de las Alondras
Cetros Partidos
Lágrimas del Sol
Salmos de Redención

Libros de Eliana Machado Coelho y Schellida

Corazones sin Destino

El Brillo de la Verdad

El Derecho de Ser Feliz

El Retorno

En el Silencio de las Pasiones

Fuerza para Recomenzar

La Certeza de la Victoria

La Conquista de la Paz

Lecciones que la Vida Ofrece

Más Fuerte que Nunca

Sin Reglas para Amar

Un Diario en el Tiempo

Un Motivo para Vivir

¡Eliana Machado Coelho y Schellida, Romances que cautivan, enseñan, conmueven y pueden cambiar tu vida!

Romances de Arandi Gomes Texeira y el Conde J.W. Rochester

El Condado de Lancaster

El Poder del Amor

El Proceso

La Pulsera de Cleopatra

La Reencarnación de una Reina

Ustedes son dioses

Libros de Marcelo Cezar y Marco Aurelio

El Amor es para los Fuertes

La Última Oportunidad

Nada es como Parece

Para Siempre Conmigo

Solo Dios lo Sabe

Tú haces el Mañana

Un Soplo de Ternura

Libros de Vera Kryzhanovskaia y JW Rochester

La Venganza del Judío

La Monja de los Casamientos

La Hija del Hechicero

La Flor del Pantano

La Ira Divina

La Leyenda del Castillo de Montignoso

La Muerte del Planeta

La Noche de San Bartolomé

La Venganza del Judío

Bienaventurados los pobres de espíritu

Cobra Capela

Dolores

Trilogía del Reino de las Sombras

De los Cielos a la Tierra

Episodios de la Vida de Tiberius

Hechizo Infernal

Herculanum

En la Frontera

Naema, la Bruja

En el Castillo de Escocia (Trilogía 2)

Nueva Era

El Elixir de la larga vida

El Faraón Mernephtah

Los Legisladores

Los Magos

El Terrible Fantasma

El Paraíso sin Adán

Romance de una Reina

Luminarias Checas

Narraciones Ocultas

La Monja de los Casamientos

Libros de Elisa Masselli

Siempre existe una razón

Nada queda sin respuesta

La vida está hecha de decisiones

La Misión de cada uno

Es necesario algo más

El Pasado no importa

El Destino en sus manos

Dios estaba con él

Cuando el pasado no pasa

Apenas comenzando

Libros de Vera Lúcia Marinzeck de Carvalho y Patricia

Violetas en la Ventana

Viviendo en el Mundo de los Espíritus

La Casa del Escritor

El Vuelo de la Gaviota

Vera Lúcia Marinzeck de Carvalho y Antônio Carlos

Amad a los Enemigos

Esclavo Bernardino

la Roca de los Amantes

Rosa, la tercera víctima fatal

Cautivos y Libertos

Deficiente Mental

Aquellos que Aman

Cabocla

El Ateo

El Difícil camino de las drogas

En Misión de Socorro

La Casa del Acantilado

La Gruta de las Orquídeas

La Última Cena

Morí, ¿y ahora?

Las Flores de María

Nuevamente Juntos

Libros de Mônica de Castro y Leonel

A Pesar de Todo

Con el Amor no se Juega

De Frente con la Verdad

De Todo mi Ser

Deseo

El Precio de Ser Diferente

Gemelas

Giselle, La Amante del Inquisidor

Greta

Hasta que la Vida los Separe

Impulsos del Corazón

Jurema de la Selva

La Actriz

La Fuerza del Destino

Recuerdos que el Viento Trae

Secretos del Alma

Sintiendo en la Propia Piel

World Spiritist Institute

www.ingramcontent.com/pod-product-compliance
Lightning Source LLC
LaVergne TN
LVHW041748060526
838201LV00046B/941